한국어로 내려온
New Bible

새로운 성경

제72권

5부 | 총10부

하얀마음

하나님 말씀 중에서

1. 사랑의 하나님

- 세상을 창조하신 하나님은 모두를 사랑하신다. 인간만 특별히 더 사랑하지 않고, 우주 만물을 다 똑같이 사랑하신다. 그러니 하나님이 창조하신 천지 만물과 화친하고, 미물까지도 소중히 대하라.

- 하나님은 특정 종파나 민족만을 더 사랑하지 않으신다. 자기 자신만 구원받겠다는 욕심을 버리고, 자기 종파만 구원받는다는 편협한 교리에서 벗어나야 한다. 종파를 초월해서, 모두를 사랑하라.

- 원수까지 사랑하라 했으니, 이 세상에 사랑하지 못할 자가 누가 있겠는가? 종파가 다르다고 해서 부모 형제와 원수처럼 지내는 자는 인간의 근본을 모르는 자다. 가장 가까운 가족부터 사랑할 때 남도 진심으로 사랑할 수 있다.

- 한 사람을 원수같이 생각하던 마음에서 사랑하는 마음으로 돌리면, 자기 자신의 마음이 가장 기쁘고 행복하다. 하나님께서는 인간의 마음속에 무거움이 없이 기쁘고 행복한 삶을 살기를 바라신다.

- 이웃을 "내 몸처럼" 사랑하라 했으니, 마지막 한 장 남은 천국의 티켓도 이웃에게 양보하라. 자기 중심적인 신앙에서 벗어나서 남을 위해 살아야 한다.

- 독초도, 약초도, 이단도 사탄도 천사도 다 필요하기에 존재한다. 독초일지라도 극소량을 사용해서 생명을 살릴 수 있고, 약초라 하더라도 남용하면 생명을 잃을 수 있다.

- 세상 모든 것을 명약으로 활용하는 것은 인간의 지혜에 달렸다. 어떤 것이든 어떤 사람이든 적재적소에 꼭 필요한 명약으로 승화시키라.

- 사탄도 이단도 천사도 모두 하나님의 주관하에 존재한다. 진정한 하나님의 백성은 사탄과 마귀까지도 감화시켜서 천사로 거듭나게 한다.

2. 기도

▪ 하나님은 인간의 생각까지 모두를 다 알고 계신다. 우리의 소원도 이미 알고 계시기에, 소원의 기도를 할 필요가 없다. 우리가 받을 자격이 되면 내려 주신다.

▪ 죄를 짓고 아무리 회개를 해도 용서받지 못한다. 도둑질한 자는 용서해 달라고 기도하고, 도둑맞은 자는 도둑을 잡게 해 달라고 기도하면, 공의의 하나님은 누구의 편에 서시겠는가?

▪ 자기가 잘못한 것은 그 사람에게 직접 갚고 용서를 구하라. 그가 용서하면 하나님도 용서하신다. 땅에서 매면 하늘에서도 매이고, 땅에서 풀리면 하늘에서도 풀리는 이치다.

▪ "회당에서 기도하지 말고 골방에서 기도하라" 했다. 눈에 보이는 골방이 아니라, 골방과 같이 고요한 마음이다. 잡념을 버리고 하나님을 향해 마음을 집중하며, 사랑하고 용서하는 아름다운 생각만 나오도록 하라.

▪ "두드리면 열릴 것이다." 하는 것은 육의 소원을 위해 두드리라는 것이 아니라, 진리의 깨달음을 얻기 위해 두드리라는 것이다.

▪ 기도하는 방법: 생활 속에서 수시로 기도하는 삶을 살아야 한다.

- "저의 죄를 용서하여 주옵소서." 하는 회개의 기도를 하라.
- 범사에 "하나님! 감사합니다." 하라. 현재 가진 것에 감사하며, 과욕하지 말라. 자기 노력 이상의 것을 더 갖고자 기도하는 것은 도둑놈심보다. 공의의 하나님은 각자 노력한 만큼 주신다.
- "하나님 뜻대로 살아가겠나이다." 하며 마음의 각오를 다지라.

▪ 기도는 하나님의 말씀을 받아서 "행하는 것"이다. 하나님이 계심을 굳건히 믿고, 하늘을 향하여 한 점 부끄럼 없이 사는 삶 자체가 가장 위대한 기도이며, 삶이 곧 예배다.

3. 지도자

▪ 똑같이 사랑한다는 말을 해도, 순수하게 하는 말은 천사의 말이지만, 사기 쳐서 재산을 가로채려고 하는 말은 사탄의 말이다.

- 종교 지도자가 아무리 훌륭한 설교를 해도, 신도의 재물을 거둬서 더 큰 교회를 짓고 자기의 부귀영화를 바라며 설교하면 사탄의 가르침이 된다.

▪ "저희 교회는 만원사례요, 믿음은 다 같으니 이웃의 개척 교회에 가서 예배를 드리시오." 하며, 이웃 교회의 부흥을 먼저 생각하여 제 신도를 보내는 종교 지도자가 있다면 그를 따르라. 그가 하나님의 사랑을 실천하는 자다.

▪ "부자가 천국에 들어가는 것은 낙타가 바늘구멍을 통과하는 것보다 더 힘들다" 하였거늘, 지금의 교회에서는 부자가 되기만을 기도하고 소원하니, 이는 곧 천국을 포기하고 지옥 행 열차의 티켓을 사는 것과 같다.

▪ 예수는 빈손이었다. 종교 지도자가 예수보다 더 호화롭고 편안하게 살아간다면 잘못된 것이다. 부귀영화와 명예를 바라는 자는 절대로 갈 수 없는 좁고 협착한 길이 종교 지도자의 길이다.

▪ 종교 지도자는 유리로 비춰 봐 한 점의 부끄러움이 없이 살아야 한다. 의식주도 직접 일해서 해결하고, 예수의 가르침과 행함을 그대로 따라야 한다.

▪ 종말은 없다. 지금의 잘못 가는 종교 집단에게만 종말이 있다. 보이지 않는 하나님은 보이는 육의 종말은 관여하지 않으신다. 환경 파괴로 인간이 스스로 멸망을 자초하는 것이다. 종파끼리 싸우기 전에, 무너진 인성을 바로잡고 지구의 몸살을 해결하는 데 뜻을 모으는 게 급선무다.

4. 성전이란

▪ 이 세상 자체가 하나님께서 만드신 성전이다. 자연보다 더 아름다운 성전이 있는가? 보이는 건물이 성전이 아니라, 성스러운 마음가짐이 성전이다.

▪ 반석 위에 교회를 지으라 했다. 지상의 단단한 돌은 인간이 쪼갤 수 있으나, 마음속의 굳은 결의는 세상 무엇으로도 쪼갤 수 없다. 바르고 굳건한 믿음으로 성경의 가르침을 실천하는 것이 마음의 반석 위에 교회를 짓는 것이다.

▪ 손으로 지은 건물의 교회에 모여서 복음을 전하는 것이 아니라, 교회를 개인과 가정에 심어 주어야 한다. 무너지고 부서지는 건물을 짓지 말고, 마음속에 영원히 불변하는 참진리의 교회를 지으라.

5. 십계명

- 십계명은 인간이 죽어서 반드시 통과해야만 하는 열 개의 관문이다.

- 부모를 공경하지 아니한 자는 "네 부모를 공경하라." 하는 제5계명의 관문이 열리지 않으니 구원받을 수 없다.
- 살인, 간음, 거짓, 우상 등의 나머지 계명도 마찬가지다.

- 십계명은 하나님의 친필이다. 모기소리만 한 하나님의 음성이라도 들어 보겠다고 여기저기 찾아 헤매지 말고, 십계명부터 암송하고 지키라.

- 십계명은 영혼을 구원하는 양식이며, 십계명을 지키는 것이 구원을 받는 길이다. 인간이기에 지키고자 노력하고 또 노력한다면 지킬 수 있다.

- 십계명을 지키고 천사처럼 아름답게 살아가는 그 마음 하나면 세상에 이루어지지 않는 것이 없다.

6. 보물

- 하나님은 재물이 아니라 우리의 마음을 받으신다. 사랑을 실천하며 천사처럼 변하는 마음이 하나님께 바치는 보물이다.

- 보이지 않는 하나님께 재물을 바치려 하지 말고, 너희를 길러 준 부모에게 용돈 드리고, 찾아뵙고, 효성을 다하라. 그것이 하나님께 효도하는 것이다.

- 하늘에는 선과 악의 창고가 있다. 자기 창고에 선이 많으면 천국으로 구원을 받고, 악이 많으면 심판받아 지옥으로 간다. 그것이 바로 "선한 일을 행한 자는 생명의 부활로, 악한 일을 행한 자는 심판의 부활로" 나오는 것이다.

- "선악과를 따먹지 말라"는 것은 양심을 지키라는 것이다. 선과 악을 구분할 수 있는 양심을 최초에 인간에게 주셨다. 선한 열매는 취하고, 악한 열매는 버리며, 양심에 비추어 부끄럼 없는 삶을 살아가라.

- 가장 작은 거짓말을 하지 않고, 가장 작은 죄를 짓지 않으며, 가장 작은 선행을 하고, 가장 작은 악행을 멀리하는 것이 율법의 일점 일획도 빠뜨리지 말고 다 지키는 삶을 사는 것이다.

7. 우상

- 박물관에 있는 불상은 하나의 예술품이다. 그 조각품에 대고 제 소원을 빌 때 우상숭배가 된다. 십자가라 하여도 그 앞에서 소원을 빈다면 우상숭배하는 것이며, 하나님께 소원을 빈다면 하나님을 우상으로 전락시키는 것이다.

- 지금 기복신앙에 젖어 있는 모든 사람이 우상 앞에 절을 하고 있다. 조각품을 우상이라며 파괴하지 말고, 네 마음속에 있는 욕심의 우상을 무너트리라.

- 생수를 약초가 먹으면 약을 만들고 독사가 먹으면 독을 만든다. 같은 성경을 봐도 선한 지도자는 신도를 천사로 만드는 데 활용한다. 그러나 욕심이 가득한 지도자는 재물을 거두어들여 제가 부귀영화를 누리는 데 악용한다. 그가 바로 성경을 우상숭배의 도구로 전락시키는 거짓 선지자다.

- 성경을 한 획도 빼거나 더하지 말라는 것은, 그 가르침을 빠트리지 말고 온전히 지키라는 것이다. 성경 속에서 자기에게 유리한 구절만 보는 것은, 자기에게 불리한 구절들을 빼 버리는 것이다. 믿음이 제일이요, 행함은 구원과는 관계없다는 것은 자신에게 유리한 쪽으로 성경을 악용하는 것이다.

- 진정한 종교 지도자는 종파에 관계없이 어떤 종파든 어떤 책이든 접하고 보고 깨우쳐 견문을 넓히도록 인도한다. 참진리를 모르고 자신이 없는 자가 남을 이단이라며 배척하고, 신도들의 눈과 귀를 가린다.

8. 예수

- 예수의 재림은 없다. 예수가 다시 온다 해도, 과연 누가 그를 예수라고 믿겠는가? 예수와 같은 삶의 행함이 곧 예수의 재림이다. 각자 모두가 "재림 예수"가 되는, 차원 높은 믿음으로 가야 한다.

- 예수는 "주여 주여 하지 말고, 아버지의 뜻대로 행하라"고 했다. 예수가 전한 하나님의 뜻이 곧 "길이요, 진리요, 생명"이며, 그 가르침이 예수의 보혈처럼 소중한 것이다. 예수를 믿는 것은, 예수의 가르침을 믿고 따르는 것이다.

- 예수는 낮은 자로서 만백성을 섬기고자 했다. 만나는 모든 사람을 다 하나님이라 생각하라. 돈을 벌수록 겸손하고, 높은 지위를 얻을수록 낮아지라.

▪ 예수는 종파를 만들지 않았다. 인간이 만든 종교와 인간의 교리를 따르지 말고, 예수를 통해 전한 하나님의 참진리를 연구하고 따르라.

▪ 예수가 2천 년 전에 만백성을 위해 죽었으니, 지금 이 땅에는 예수의 가르침대로 사는 천사만 존재해야 한다. 예수가 죽어 가면서 바란 것은 만백성이 천사가 되어 예수의 자리를 채워 주는 것이지, 지금과 같이 재물을 바치면서 중언부언 제 소원만을 비는 백성들을 바란 것이 아니다.

9. 구원

▪ 천사가 사는 천국에는 천사만 갈 수 있으니, 천사 같은 마음을 길러야 한다.

- "천국 열쇠를 네게 주리니 땅에서 무엇이든지 매면 하늘에서도 매일 것이라" 했다. 땅에서 천사같이 사는 자가 하늘에서도 천사가 되어 천국에 들어간다. 모든 사람에게 천사같다는 말을 듣는 삶을 살아야 한다.

▪ 천사의 곱고 아름다운 마음은 부모를 공경하고 어른을 어른으로 대접하는 데에서 출발한다. 효도하는 자는 형제와 화목하게 지내기에 가정이 화목해지고, 이웃과 화목해지고, 국가가 화목해지고, 온 인류가 화목해진다.

- 그러므로 지상의 아름다운 소왕국은 가정에서부터 이루어야 한다.

▪ 선택된 14만 명만 구원받는 것이 아니라, 천사처럼 변하고자 하는 14만 명을 기초로 온 인류가 천사처럼 거듭나는 영적인 개혁이 시작되는 것이다.

▪ 천 년에 걸쳐서 하늘에서 이루어진 것같이 이 세상을 낙원으로 만들어, 만백성이 지상의 천국에서 살다가 죽어서 그대로 하늘의 천국으로 들어가는, 영원한 지상 낙원을 건설하는 것이 하나님의 계획이다.

- 이것이 구약과 신약에 이어 "새로운 성경"으로 역사하시는 하나님의 창조의 완성이다.

▪ 지금의 믿음으로 구원받을 수 있다면 그 길을 가라. 그러나 자신이 없다면 하나님께서 직접 내리신 160권의 "새로운 성경"을 읽고 구원의 길을 보라!

하나님 머리말씀

이 새로운 성경을 읽는 너희 모두는
이 율법에 따라 행하면 영원히 구원받을 것이니라.

너희 인간이 수년, 수십 년, 평생
성서를 공부하고 기도하는 것은
하늘나라 나의 곁으로 오고 싶은 소망일진대,

몇천 년 전의 너희 인성과 생각이
지금의 너희와는 판이하게 다르니,

꺾여 가고 병들어 가는 너희를 고칠 수 있는 길은,
오늘 내가 선지자에게 내리는 새로운 성경과 같이
너희가 변화되는 것뿐이니라.

나의 예수가 태어난 것처럼
내가 아들 선지자를 선택하여
나의 새로운 성경을 온 세계에 전하고자 하니,

묵은 것은 버리고 새로운 것은 취하여,
너희 모두는
'여호와 하나님! 저의 죄를 용서하여 주옵소서.'
하는 기도문으로 기도하고, 죄를 뉘우치라.

이 새로운 성경은
수천 년간 내려온 성서를 요약한 것이니,
너희는 이 책을 정독하여 쉽게 깨달음을 얻고,
이대로 실천하여 하늘에 오르라.

대역자 머리말

■ 하나님의 율법을 지키는 선지자로 선택을 받도다.

저는 남들처럼 그저 열심히 살아온 평범한 사람이었습니다. 그러나 50대 중반에 사업에 실패하여 많은 부채에 시달렸으며, 건강도 악화되어 눈이 잘 안 보이고, 걷기도 어렵고, 두통이 심해서 잠을 이룰 수 없는 고통의 나날을 보냈습니다. 그때 제가 선택할 수 있는 것은 육의 삶을 끝내는 길뿐이었습니다.

죽기 직전에 그동안에 죄를 지은 이들에게 용서를 빌고 인생을 끝내기로 작정하였습니다. 어려서부터 지은 죄를 빌고 빌다 보니 끝이 없었고, 죽음으로도 그 많은 죄를 용서받을 길이 없다는 생각에 하염없이 눈물이 흘렀습니다. 그 순간 '재래식 화장실의 구더기는 죄를 짓지 않는데, 나는 인간으로서 구더기만도 못한 삶을 살았구나.' 하는 생각이 들면서 괴로움에 몸부림칠 때, 갑자기 하나님의 음성이 들렸습니다.

"나는 여호와 하나님이니라. 너는 십계명을 암송하고 내가 내려 주는 메시지를 받아 책으로 만들어 만백성을 구하라." 하시며, 제 눈을 손으로 문지르게 하시고, 아픈 머리와 다리를 손으로 두드리게 하셨습니다. 그러고 나니 눈도 잘 보이고 걸을 수 있었으며 머리의 통증도 말끔히 낫게 되었습니다. 그때부터 십계명을 암송하고 나면 들려주시는 말씀을 기록하였고, 1999년 8월부터 2004년 7월까지 권당 288쪽, 총 160권을 받아서 "새로운 성경"이라는 책으로 펴내게 되었습니다.

그러한 저에게 죽기보다도 힘든 길이 시작되었습니다. 모든 교인들이 저에게 사탄이요, 이단이요, 악마요, 마지막 시대에 온 거짓 선지자라 하면서 공격하였고, 저를 짐승을 보듯이 대하는가 하면, 편협한 종교 지도자들의 선동으로 신도들이 이 책을 직접 읽어보고 평가할 기회마저 막아 버렸습니다. 그래서 하나님의 말씀을 세상에 내는 데 많은 어려움을 겪으며, 피를 토하는 심정으로 책을 전하고 있습니다.

그러나 아무리 인간의 힘으로 막으려 해도, 하나님의 뜻이 세상에 전해지는 위대한 역사는 계속될 것입니다. 책으로 전해지는 "하나님의 말씀"은 세상 끝날까지 항상 우리와 함께하실 것입니다. 사람은 죽어도, 책에 기록된 말씀은 영원히 남으니까요.

■ 따뜻한 실천

하나님께서는 어려운 사람들에게 삶의 터전을 마련해 주고, 미래를 열어 주는 것을 기뻐하십니다. 어려운 이웃이 스스로 자립할 수 있도록 이끌어 주는 것이 진정으로 이웃을 돕는 것이라고 말씀하셨습니다. 그래서 일자리가 없는 제자들에게 작은 사업장을 만들어 주는 "달란트 사업"을 하고 있습니다. 식당, 반찬 가게 등을 차려 주고, 기존의 어려운 사업장이 자립할 수 있도록 돕고 있습니다(커피숍, 미용실, 의상실 등).

하나님께서는 교회에 나와서 모든 시간과 재물을 쏟기를 원하지 않으시고, 그 시간과 재물을 교육에 투자하여 스스로 미래를 열어 가기를 원하십니다. 그래서 제때 공부하지 못한 제자들에게 학업을 이어 가도록 하였습니다. 중화요리 주방장을 하며 초등학교 검정고시부터 공부하여 2012년에 방통대를 졸업한 36세 남성, 만학도들의 2년제 중학교에 입학해서 2007년에 명지대학을 졸업한 38세 여성, 중학교 검정고시를 시작으로 숭의여지대학을 졸업한 47세 여성 등이 있습니다. 그밖에도 많은 제자들에게 나이를 초월하여 배우고 깨우쳐서 사회 속의 당당한 일원이 되도록 인도하고 있습니다.

학자금 대출로 힘겨워하는 젊은이들을 위해 "따뜻한 바람 장학회"를 발족하여(2016년 12월) 대출받은 학자금 전액을 매월 갚아 주고 있습니다. 또한, 다문화 가정을 위해 "다문화 가족 랜드"를 조성하여, 각종 시설을 무료로 활용하도록 하고 있습니다.

이러한 따뜻한 실천이 아직은 미약합니다. 그러나 책의 수입이 늘고, 저와 뜻을 같이하는 분들이 늘어나면 계속 확대할 것입니다. 지도자로서 신도의 재물을 헌금으로 거둬들여 착복하는 것이 아니라, 하나님께서 기뻐하시는 일에 사용하도록 중매 역할만 하며 살아가고자 합니다. 이런 제가 과연 사탄이고 이단인가요? 하나님께서 기뻐하시는 일이라면, 저에게 사탄이라 하든 거짓 선지자라 하든 굽히지 않고 실천해 나갈 것입니다.

끝으로, 일상의 삶 속에서 "지금 내가 하는 행동이 과연 하나님께서 기뻐하실까, 슬퍼하실까?" 생각하고, 매사에 하나님께서 기뻐하시는 길을 택하기 바랍니다. 교회에 모여서 집단적으로 예배 드리는 것이 아니라, 개인이나 가정 단위로 새로운 성경을 읽어 스스로 깨우치고 그대로 행하면 충분합니다. 그것이 마음속에 성전을 짓고, 신령과 진정으로 예배 드리는 길입니다. 그러면 천국의 문에 들어서게 됩니다.

2017. 2. 1.

하나님 말씀 대역자 김용철

차 례

십 계 명

이 책은 십계명을 암송하고 나면 내려 주시는 "하나님의 음성"을 듣고 그대로 받아쓴 기록입니다. 하나님께서 십계명을 모세에게 내려 주셨지만, 그것은 만백성에게 내려 주신 것입니다. 마찬가지로 이 책의 모든 말씀도 저에게 내려 주셨지만, 만백성 각자에게 들려주시는 말씀입니다. 여러분도 이 책을 접할 때마다 십계명을 암송하고 나서 정독해 주시기 바랍니다.

제일은, 너는 나 외에는 다른 신들을 네게 있게 말지니라.

제이는, 너를 위하여 새긴 우상을 만들지 말고, 또 위로 하늘에 있는 것이나, 아래로 땅에 있는 것이나, 땅 아래 물 속에 있는 것의 아무 형상이든지 만들지 말며, 그것들에게 절하지 말며, 그것들을 섬기지 말라.

제삼은, 너는 너의 하나님 여호와의 이름을 망령되이 일컫지 말라.

제사는, 안식일을 기억하여 거룩히 지키라.

제오는, 네 부모를 공경하라.

제육은, 살인하지 말지니라.

제칠은, 간음하지 말지니라.

제팔은, 도적질하지 말지니라.

제구는, 네 이웃에 대하여 거짓 증거하지 말지니라.

제십은, 네 이웃의 집을 탐내지 말지니라.

나 여호와가 존재함을 믿는 그 자체가 구원의 길에 들어서는 기본이요, 근본이며, 나의 새로운 성경을 가슴에 안고 정독하는 자, 반석 위에 서서 하늘에 오르는 찬란한 빛을 보게 되는 영광을 얻게 됨이니라. 진정 나를 따르고 믿는 자는 감히 사탄이나 마귀도 근접하지 못하느니라.

〈하나님 말씀〉

2003년 3월

5,288 번째 하나님 말씀

2003년 3월 2일 18시 50분

1 사랑하는 나의 아들아!
2 "네, 아버님! 말씀하옵소서."
3 인간 세속에 살아가는 너희들도 자식이 바로 가고 잘 간다 하면 그 부모가 자식을 탓할 사람이 누가 있으며, 그 자식에게 매질을 누가 하며 그 자식의 마음을 아프게 하겠는가?
4 사랑하는 그 자식이 잘못 가기에 그가 바로 서지 못하기에, 부모는 그를 바로 세워 남으로부터 저주받는 그와 같은 사람의 삶을 살지 않도록 하기 위한 단순한 그 한 가지 바람이 욕심이라면 욕심 그것밖에 더 있겠는가?
5 그게 모두가 다 사랑이니라.
6 지금 나 여호와가 너를 통하여 밤과 낮을 가리지 아니하며 나의 법전을 세상에 내려 만백성을 구하고자, 내가 나의 아들딸이 잘못 가는 것을 가르치고 기록하여 전하는 나 여호와의 마음이 과연 어떠한 마음이던가?
7 너희들은 인간 세속에 살면서 죽지 않는 자가 없다 하였으며 생명이 끝나지 아니하는 것이 없다 하였음이니라.
8 그렇다면 영원히 존재하는 것은 나 여호와 한 분이라 너희들이 말하지 아니하였던가?
9 그러니 나로부터 성령을 받아서 나간 너희들이 영원히 살 수 있는 성령의 삶을 살지 못하며, 육에서 삶이 끝나는 그 순간에 나와 너희들의 모든 인연이 끝나는 그와 같은 슬픔을 나 여호와가 보는 마음이 과연 어떻다 생각하는가?
10 나의 성령을 받아 세상에 나간 너희들이 어찌 육의 삶을 살았느냐에 따라서 영원히 나와 더불어 같이 존재하는 그와 같은 관계가 계속되는 것과 나와 너희들이 분리되어 끝나는 그와 같은 갈림길에 있음이니,
11 너희들이 나에게서 떨어져 나가며 나와 인연이 끝나는 그와 같은 길을 가는 너희들을 내가 그냥 볼 수 없기에, 오늘도 나의 아들을 통하여 너희들을 그리 깨우치고자 하거늘,
12 어찌하여 너희들은 그를 보지 아니하려 하며 그를 듣지 아니하려 하는가?
13 이 세상의 모두가 다 나의 뜻에 의해 이루어진다는 것을 너희들은 다 알고 있으며, 인간의 능력으로써는 아무것도 할 수 없으며 이룰 수 없다는 것을 너희들은 다 아느니라.
14 모두는 나 여호와의 은혜 속에 나 여호와가 베푸는 그 속에서 모두가 이루어지며 역사한다는 것을 너희들은 너무나 잘 알고 있음이니라.
15 그러면서 너희들이 너희들 것만 옳다 말하며 남들이 가르치며 남들이 깨우치는 것을 보지 아니하는 그와 같은 어리석은 삶을 삶이니,
16 너희들은 인간 세상에 살아가면서도 스승이요, 선배요, 지도자요, 너희들

이 배울 수 있는 사람들에게서 듣고
배우며, 그들이 책으로 기록하며 말로
전하는 그와 같은 것을 듣고 깨우쳐서
살아가는 지식을 얻으며 양식을 얻으
며 남들보다 뒤지지 않는 그와 같은
인격과 인품을 형성하며 살지 아니하
는가?
17 그래서 너희들이 배우고 깨달은 것을
너희 후손이요, 너희 자식에게 또 가
르치고 훈계하며 살아가며, 서로 물고
물리며 돌아가는 그와 같은 삶이 아니
던가?
18 그리하여 인간 세상에도 스승으로부
터 배우며 선배로부터 배우며 너희들
보다 나은 자로부터 배워 변화되는 그
와 같은 삶을 살거늘,
19 어찌하여 너희들은 그저 너희들 것만
이 최고라 말하며,
20 내가 나의 아들을 통하여 너희들을 구
원하기 위하여 내리는 나의 법전이요,
성령 그 자체도 보지 아니하려 하는가?
21 그것이 무엇이던가?
22 그저 세상에 태어난 아이가 세상의 누
구의 가르침도 듣지 아니하며, 남들이
다스려 주는 것도 듣지 아니하며, 타
협하지 아니하며,
23 그저 바보처럼 밥만 먹고 살아가는
것이 인생의 가장 행복이라 하여 바깥
세상을 접하려 하지 아니하며,
24 인간관계를 맺으려 하지 아니하며, 가
정을 꾸리지 아니하며,
25 그저 짐승처럼 먹고 살다 죽어 가는
그것이 가장 행복한 것이라는, 그리고
누구와 대화하기도 싫으며 누구에게
듣기도 싫으며, 그리고 누구에게 무엇
을 탓함을 듣기도 싫어하는 그와 같이
살아가는 사람이 있다 하면,
26 그는 얼마나 어리석은 백성이며 얼마
나 짐승과 같은 자이며, 그를 사람이
라 말할 수 있는가?
27 지금 모든 종교 집단이요, 남의 것은
버리며 제 것만이 옳다 말하는 너희들
이 그와 같은 자들과 조금도 다름이
없다는 것을 알아야 할 것이니라.
28 나 여호와가 나의 아들을 통하여 너희
들에게 강조하고 또 강조하고 또 가르
치고 또 가르치는 그 애절한 나의 뜻
을 너희들이 과연 들여다볼 수 없는가?
29 이것은 부모가 자식을 사랑하는 마음
보다 백배 천배 더 깊고 더 넓은 사랑
이 아니라면 내가 160권이라는 대장
정의 법전을 나의 아들을 통하여 세상
에 내보내지도 아니할 것이며,
30 너희들에게 바로 서라며 바로 설 수
있는 그 모두를 가르치고 또 가르치는
그와 같은 역사도 있지 아니할 것이니
라.
31 다만, 너희들이 세상 것 저 혼자만이
중요하며 저만이 살아가는 그와 같은
삶에서 이제는 앞사람 것도 듣고 배우
며 또한 뒷사람에게도 듣고 배우며,
그와 같이 깨달음을 얻고 가는 인간의
삶을 사는 지혜를 가진 자라 하면,
32 지금 내가 나의 아들을 통하여 그 누
구도 이룰 수 없는 160권의 대장정의
법전이 세상에 내려가는 것이 기적이
요, 얼마나 위대한 역사인지를 스스로
알 수 있을 것이니,
33 너희들은 마음을 다스리며, 너희들의
닫힌 마음의 창문을 열며,

34 이 세상의 모두는 나의 뜻에 의해 존
재한다는 것을 너희들이 알고 있다 하
면 그와 같이 행동하고 깨우치는 삶을
살라.
35 너희들이 사랑을 베풀며 나누며 사는
것이 하늘에 오르는 길이라 알며 말로
써는 그리 잘 아나,
36 행동으로써 하지 않는 자는 나에게 구
원을 받을 수 없으며 상을 받을 것도
없다 하였음이니,
37 지금 그와 같이 살아가는 너희들이 변
화해야 함을 알아야 할 것이니 그리
알라.

5,289 번째 하나님 말씀

2003년 3월 2일 19시 02분

1 사랑하는 나의 아들아!
2 내가 성경의 깨우침이요, 가르침을 이
번에 다시 한 번 강조하여 너희들에게
가르침이니, 이 대목을 깊이 새겨 가
슴에 안고 살아가도록 그리하라.
3 '너희는 금식할 때 외식하는 자들과
같이 슬픈 기색을 내지 말라. 저희는
금식하는 것을 사람에게 보이려고 얼
굴을 흉하게 하느니라.'
4 그와 같이 내가 너희들에게 기록하여
전했으니, 그와 같은 행동을 하지 말
며,
5 세상에 살아가는 것을 오른손이 하는
것을 왼손이 모르도록 하듯이, 너희들
은 기도하는 것이요, 금식하는 것이
요, 그와 같은 모두를 남에게 보이려
치장하는 삶을 살지 말라 하였음이니
라.
6 이는 곧 무엇이던가?
7 은밀한 가운데 너희들이 나로부터 상
을 받을 수 있으며, 은밀한 중에 행하
는 너희들이 나로부터 은혜를 받음이
며,
8 많은 사람에게 보이고자 많은 사람에
게 자랑하고자 하는 것은 너희들이 나
로부터 상을 받을 것이 없다는 것을
여기서 깨우치고 넘어가야 할 것이니,
이를 명심하고 또 명심하라.
9 그리하여 내가 여기에 기록하고 또 한
번 기록하여 깨우침이니, 이를 깊이
읽고 그리 행하도록 해야 함을 잊지
말라.
10 '내가 진실로 너희에게 이르노니 너희
는 자기 상을 이미 다 받았느니라.' 내
가 그리 말하였느니라.
11 너희들이 세상 것을 다 내놓으며 가진
것을 다 내놓는다 해도, 네 이름 석 자
로 그 역사한 것을 남이 안다 하면 너
는 상을 받을 것이 하나도 없다 내가
법전에 기록한 그 내용을 깊이 음미해
보면,
12 내가 2천 년 전에 너희들을 깨우치고
자 했던 그 가르침과 오늘의 나의 아
들을 통하여 너희들을 깨우치고자 하
는 그 뜻이 일맥상통하며, 창조주 나
의 뜻이라는 것을 너희들은 알게 될
것이니라.
13 '너희는 금식할 때 머리에 기름을 바
르고 얼굴을 씻으라.
14 이는 금식하는 자로 사람에게 보이지
않고 오직 은밀한 중에 계시는 내 아
버지께 보이게 하려 함이라.
15 은밀한 중에 보시는 내 아버지께서

갚으시리라.' 그리 말한 것을 너희들
이 다시 한 번 기억하여 마음속에 깊
이 새기며 살아가도록 그리하라.
16 너희들이 아무리 선행을 하며 아름다
운 일을 한다 해도 너희들이 그것을
남에게 자랑하며 남에게 보여 주고자
하는 것은 나와 아무런 관계가 없다는
그 뜻을 깊이 새겨 살도록 그리하라.
17 '너희를 위하여 보물을 땅에 쌓아 두
지 말라. 거기는 좀과 동록이 해하며
도적이 구멍을 뚫고 도적질하느니라.
18 오직 너희를 위하여 보물을 하늘에 쌓
아 두라. 거기는 좀이나 동록이 해하
지 못하며 도적이 구멍을 뚫지도 못하
고 도적질을 못함이니라.'
19 내가 그리 가르쳐 너희들에게 전하였
느니라.
20 '네 보물이 있는 그곳에는 네 마음도
있느니라.
21 눈은 몸의 등불이니 그러므로 네 눈이
성하면 온몸이 밝을 것이요, 눈이 나
쁘면 온몸이 어두울 것이니, 그러므로
네게 있는 빛이 어두우면 그 어두움이
얼마나 하겠느뇨.
22 한 사람이 두 주인을 섬기지 못할 것
이니, 혹 이를 미워하며 저를 사랑하
거나 혹 이를 중히 여기며 저를 경히
여김이니라.
23 너희가 하나님과 재물을 겸하여 섬기
지 못함이니라.' 그리 기록하여 전하
지 아니하였던가?
24 너희들은 여기서 보물을 지상에 쌓아
두면 좀이 슬며 도둑이 드니 그를 하
늘에 쌓으며,
25 너희들의 창고를 도둑질하여 가니 그
리하여 하늘에 쌓으라 그리 말하였음
이니, 이를 너희들은 어찌 말하는가?
26 내가 너희들에게 가르쳐 말하기를 뭐
라 하였느냐?
27 너희들에게 가장 소중한 것이요, 너희
들의 가장 소중한 것을 나에게 바치며
너희들이 나에게 주는 그 보물은 무엇
이 가장 소중한 보물이며 귀한 것이라
내가 말하였던가?
28 나는 재물이 필요 없으며 아무리 재물
을 바친다 해도 그 마음의 자세가 어
떠하냐가 중요하며,
29 떨어지는 낙엽 하나라도 그것을 정성
껏 씻어 나에게 바치는 그것보다 소중
함이 없다 그리 말하였으니,
30 진실한 믿음이요, 진실로 변해 가는
그와 같은 너희들의 마음이요, 천사처
럼 변하고자 노력하는 그와 같은 마음
자세가 나에게는 가장 소중한 보물이
며, 그보다 더 귀한 것이 없다 너희들
에게 일찍이 그리 깨우쳐 주었음이니
라.
31 그러니 이는 너희들이 나를 믿는 마음
이요, 변화되는 마음이요, 나 여호와
가 원하는 그 삶을 사는 것이 바로 내
가 바라는 너희들이 나에게 바치는 가
장 소중한 보물이요, 하늘의 창고에
쌓아 놓는 것이니라.
32 육의 세상인 인간 세상에도 그럴 것이
니라.
33 부모에게 재물을 갖다 바치는 자식을
부모가 더 사랑하겠는가, 그 가문을
빛내며 이름을 빛내며 어버이의 뜻에
따라 살아가는 그 자식을 더 소중히
생각하겠는가?

34 너희들은 여기서 깨우쳐야 할 것이니
라.
35 더러는 먹고살기가 어려운 부모가 재
물에 눈이 어두워지는 그와 같은 자가
있을지 모르나,
36 먹고살 수 있는 그와 같은 환경에 있
는 부모는 재물을 갖다 바치는 것을
원하지 아니할 것이며,
37 너희들이 사람으로서 도리를 다하며
인간으로서 가문을 세우며, 너희들이
남으로부터 칭송받는 아름다움이요,
부모의 마음을 따라 살아가는 그와 같
은 자식이 되기를 바랄 것이니라.
38 너희들의 육의 부모는 너희들이 그 재
물을 모으려고 노력을 하면 노력한
만큼 재물은 모이나,
39 나 여호와는 그 재물을 내려 주는 자
요, 나는 재물이 필요 없느니라.
40 모든 재물이요, 금은보화도 나로부터
다 내려가 있는 것이요, 모든 진리가
나로부터 내려가듯이 모든 권력이요,
재물이요, 보화요, 부귀영화도 다 나
로부터 내려가는 것이거늘,
41 원천의 샘인 내가 어찌하여 그를 받아
들이며, 그 재물과 금화를 받아들이는
것으로 너희들의 정성을 본다 말하는
가?
42 금화의 그 본질의 샘인 나 여호와는
너희들이 아름답게 변하는 마음이요,
나의 아들딸로서 나에게 돌아올 수 있
는 그와 같은 삶을 사는 그것을 내가
너희들에게 가장 기대하는 것이며, 그
것이 너희들이 나에게 주는 가장 큰
보물임을 알라.
43 이제 너희들이 변하는 마음으로써 나
에게 오르는 것이 보물이요, 너희들이
재물을 하늘에 쌓아 놓으라는 가르침
이 아님을 알아야 할 것이니라.
44 너희들은 여기서 내가 성경에 기록한
내용의 한 구절을 읽어 보라.
45 '혹 이를 중히 여기고 저를 경히 여김
이라. 너희가 하나님과 재물을 겸하여
섬기지 못하느니라.' 나를 경배하는
것과 재물을 겸하여 두 가지를 섬기지
못한다는 그 내용이 있음이니라.
46 그러니 내가 위에서 성경에 기록한 내
용이 재물을 하늘에 많이 쌓아 놓은
것으로써 나에게 오르며 나에게 보물
이며 축복을 받는다는 의미가 아니니
라.
47 너희들은 나를 믿는 마음과 재물을 두
가지를 다 섬길 수 없으니, 너희들의
믿음이요, 나에게 향하는 깨우침을 섬
기라는 뜻이 여기에 바로 그 아랫줄
에 기록하여 너희들에게 전하거늘, 어
찌하여 너희들은 이를 읽고도 깨우치
지 못하며,
48 위에 있는 그 모든 내용을 그저 재물
과 금화를 갖다 많이 바치면, 하늘에
많이 쌓아 놓으면 된다 하여 종교 집
단 너희들이 거둬들이고 있음이니, 이
는 무엇을 말하는가?
49 내가 아랫줄에 기록하여 전하기를, 너
희들의 믿음과 재물과 그 둘 중에 어
떠한 것이든 하나를 선택하며, 두 가
지 마음은 갈 수 없다 했거늘,
50 재물을 거둬들이는 데 연연하며 거기
에 온갖 정성을 다 쏟는다면 너희들은
나를 믿는 게 아니요, 재물을 거둬들
이려고 하는 짓이 아닌가?

51 너희들이 여기서 그와 같은 이치를 깨
우친다면, 뒤에 내가 기록한, 땅에서
는 도둑이요, 좀을 먹으니 재물을 하
늘에 많이 쌓으라는 그 뜻을 너희들은
알게 될 것이니라.
52 그러니 위에서 말하는 것은 금화와 재
물을 말하는 것이 아니요, 너희들의
변화되는 마음이요, 천사 같은 마음을
하늘에 많이 쌓으라 말하는 뜻이니,
아래에 기록한 그 내용을 읽고 알고
깨달으면 될 것이니라.
53 그 내용을 다시 정독해 보고 과연 나
의 아들을 통하여 내가 잘못된 것을
지적하여 법전에 기록한 그 내용이 잘
못되었다면 너희들이 나의 법전을 짓
이겨도 좋으나,
54 너희들이 사람이라면 깨달을 것이며
지각 있는 자는 깨달을 것이니라.
55 내가 엄연히 못을 박아 너희들에게
행하라 하였느니라.
56 나 여호와와 재물을 겸하는 것은 둘
을 다 섬기지 못함이니, 그중의 하나
를 섬기는 것이 너희들이 가는 길이
니, 너희들이 어떠한 것을 따라가야
할 것인가?
57 당연히 나 여호와의 뜻이요, 나의 진
리요, 나를 향하여 오는 것이니,
58 너희들이 그와 같은 이치를 깨달으면
오늘의 종교 집단들이 얼마나 성경을
왜곡되게 설명하며 저희들이 유리한
쪽으로 너희들을 지옥으로 이끌어 가
는 것인가를 나의 법전을 읽고 깨우쳐
야 함을 잊지 말라.

5,290 번째 하나님 말씀

2003년 3월 2일 19시 09분

1 사랑하는 나의 아들아!
2 "네, 아버님! 말씀하옵소서."
3 너희들이 오늘의 고통과 시련의 삶이
그리도 힘들고 어려우면, 그 고통과
시련이 나 여호와에게 기쁨을 주는 것
이며 나에게 행복을 안겨 주는 삶이라
그렇게 생각할 수는 없겠는가?
4 너희들의 오늘의 고통이요, 힘든 삶이
나 여호와의 기쁨이요, 나 여호와를
즐겁게 하는 것이라 너희들이 그리 생
각하고 살라.
5 오늘의 고통은 너희들을 나 여호와가
쓰고자 하며 부리고자 하여 너희들이
가야 하는 그 길이니라.
6 그리하여 너희들을 완벽하게 다스리
고 완벽하게 만들어 내가 쓰고자 하기
때문이니,
7 그리하여 너희들이 오늘의 고통과 시
련 속에서 나의 법전을 정독하고 깨우
쳐 가며 진리를 하나하나 터득해 가는
것은 너희들이 나에게 오르고자 하며,
내가 이루고자 하는 그 역사를 하고자
하며 나의 뜻에 순종하는 것이니,
8 너희들이 그리하여 그리도 고통스럽
고 힘들다는 것을 알아야 할 것이니라.
9 너에게 깨달으면 상을 주듯이, 너희들
이 완벽히 설 수 있다면 나 여호와가
너희들에게 무엇인들 안 내리겠는가?
10 그러나 나 여호와가 너희들에게 훈련
을 중단할 수는 없는 것이니라.
11 훈련을 중단하면 너희들이 중간에 쓰
러짐이니,

12 너희들이 완벽하게 섰을 때 나 여호와가 무슨 상인들 너희들에게 못 내려 주겠는가?
13 너희들이 두 손으로 받칠 수 없는 그 물건을 내려 주었을 때, 그를 지키지 못한다면 그는 다 깨지고 부서지며, 너희들의 손에 남는 게 아무것도 없지 않더냐?
14 너희들이 지탱할 힘을 육성하며 지탱할 수 있는 굳은 신념이요, 믿음을 육성시켜서 내가 너희들에게 상을 주고자 함이니,
15 내가 너희들을 쓰고자 오늘의 고통과 시련의 훈련을 연속함이 있으니,
16 오늘의 시련과 고통이 나 여호와가 기뻐하는 일이며 내가 즐거워하는 일이라 그리 생각하며 그리 마음을 다스리고 살아가도록 그리하라, 사랑하는 나의 아들딸들아!
17 너희들은 나의 아들의 말을 듣지 아니하였는가?
18 그는 지금까지 가지고 있는 모든 그 옷가지를 다 남에게 돌려주고 싶으나,
19 제가 그것을 더 이상 사지 아니하며 더 새로운 옷을 짓지 아니하며 더 좋은 것을 제가 걸치지 아니하며,
20 그저 헌 옷 한 벌로 인생을 살아가는 그와 같은 마음으로 누덕누덕 기워 입은 그 옷을 가지고 행복하다고 생각하며 살아가며 그 길을 가겠다 하는 나의 아들의 눈에 맺힌 그 이슬을 보지 못하였던가?
21 그는 무엇 때문에 그리 가겠다 말하는가?
22 지금의 세상의 모든 백성은 비싼 옷을 걸친 것, 외형을 보고 너희들이 인간을 평가하며, 그렇지 못한 자는 대우를 받지 못하는 이와 같은 황금만능주의의 시대가 되지 아니하였던가?
23 그러나 그 속에서 떨어진 옷을 걸친다 하여 떨어진 신발을 신고 간다 하여 남들이 무엇이라 말하든, 남들이 그를 우습게 보든, 보잘것없는 인간이라 보든 그래도 그 고통은 아무것도 아니며,
24 그 고통보다도 더 깊은 것은 나 여호와가 존재하며, 그가 그리 살아감으로 인하여 나 여호와가 기뻐한다는 것을 그는 알기 때문이니라.
25 오늘의 나의 아들이 모두를 다 너희들에게 돌려주며, 그저 세 살점까지도 돌려주고 싶은 마음으로 살아가고자 굳건히 약속하는 나의 아들은 어떤 마음이며,
26 왜 그가 그와 같이 모든 부끄러움을 감수하며 남들에게 부끄러운 그 모습으로써 살아가는 것을 당당한 모습으로 그리고 행복한 마음으로 살아가려 하는 것인가?
27 내가 너희들에게 말하지 아니하였던가?
28 그는 나 여호와가 기뻐하는 것이 무엇인가를 알고 하늘에 오르는 길이 무엇인가를 알고 참진리의 길을 가는 지도자가 무엇인가를 알기 때문에,
29 그는 저 자신을 다 그와 같이 가려고 마음을 굳건히 먹고 있으며 그 마음을 다스림이니, 그것 하나만을 깨우쳤겠는가?
30 천 가지, 만 가지를 다 깨우쳐 가고 있음이니라.

31 사랑하는 나의 아들딸이요, 나의 아들
을 따르는 제자 너희들도 그보다 한
발짝 앞에 가는 깨우침이요, 그 행함
을 해야 하느니라.
32 나의 아들은 그리 가는 것이요, 너희
들은 호의호식하고 사는 것으로 생각
한다면 나의 아들을 따라오는 선택된
백성의 자세가 아니니라.
33 나의 아들이 그리 간다 하면, 너희들
은 열배 백배 더 어렵고 힘든 길을 가
야 한다는 것을 알아야 할 것이니 그
리 알라, 사랑하는 나의 선택된 아들
딸들아!

5,291 번째 하나님 말씀

2003년 3월 2일 19시 16분

1 사랑하는 나의 아들아!
2 "네, 아버님! 말씀하옵소서."
3 너희는 인간사에 살아가면서 부귀와
영화요, 권력이요, 그리고 남에게 군
림하는 자요, 재물을 많이 가진 자, 그
와 같은 자들이 행복의 기준이요, 성
공한 자와 실패한 자의 기준을 삼는
인간 세상의 척도이니라.
4 그러나 너희들은 알아야 할 것이니라.
5 나 여호와는 실패의 삶이요, 성공의
삶이라는 것을 육이 살아가며 이루는
그것으로 보지 아니한다는 것을 너희
들은 깨달아야 할 것이니라.
6 정녕 나 여호와가 실패한 인생이요,
실패하지 아니하는 인생이라는 것은,
7 너희들이 감히 생각할 수도 없는 나
여호와의 뜻이요, 나의 진리에 순종하
며 그를 따르며 살아가고자 하는 백
성, 그들을 놓고 내가 성공한 자요, 실
패한 자라 그리함을 알아야 할 것이니
라.
8 너희들은 여기서 깊이 깨우치고 가야
함을 알아야 할 것이니라.
9 나 여호와는 너희들이 이루는 부귀영
화요, 권력이 높고 낮으며 재물을 많
이 쌓고 덜 쌓는 것이며 명성을 얻고
못 얻는 그것으로써 성공한 자요, 실
패한 자를 평가하지 아니한다는 그 이
치를 너희들은 먼저 깨우쳐야 할 것이
니라.
10 창조주인 나 여호와가 실패요, 성공이
라는 것을 가늠하는 것은 너희들이 나
의 뜻을 얼마나 지키고 살았으며, 하
늘에 오르고자 하는 그 믿음이 얼마나
진실하였으며, 그리고 나 여호와가 존
재함을 얼마나 믿고 있으며, 죽어 와
나에게 심판을 받는 것이 얼마나 두
려운지를 깨닫고 사는 백성,
11 그를 얼마만큼 깨우치며 얼마만큼 가
슴에 안고 지키며 사는가를 놓고 내가
그와 같은 백성을 성공한 자요, 실패
한 자라는 것을 평가함을 너희들은 알
아야 할 것이니라.
12 그러니 여기서 너희들은 알아야 할 것
이니라.
13 너희들이 성공이요, 실패라는 것은 인
간 세상에서 이루어진 것으로써 평가
하며, 보이는 것을 가지고 그리 말함
이니,
14 보이는 것은 언제라도 사라진다는 것
을 너희들은 알아야 할 것이니라.
15 이 세상에서 이루는 것이요, 만들어
놓은 모든 것은, 눈으로 보고 만질 수

있고 감각을 느낄 수 있는 그 모두는 언젠가는 다 사라진다는 것을 알아야 할 것이니라.
16 보이지 않는 것이 있음이니라.
17 보이지 않는 것은 사라짐이 없으며 보이지 않는 것은 영원히 존속된다는 것을 너희들은 알아야 할 것이니라.
18 이제 너희들은 보이는 삶을 살고자 살아가는 것이 아니요, 보이지 않는 삶을 위하여 살아가는 그와 같은 깨달음을 얻지 아니한다면, 나에게 구원을 받을 수 없음을 알아야 할 것이니라.
19 너희들이 지금 이 세상을 살아가면서 모든 부귀영화요, 재물을 가지고 성공이요, 실패를 그리 따지는 것은,
20 보이지 않는 사람의 마음이요, 아름다움이요, 천사 같은 마음을 가지고 사는 것이 정녕 창조주 나 여호와가 너희들이 실패요, 성공을 따지듯이,
21 너희들은 보이지 않는 그 세상의 심판의 무서움을 모르며, 보이지 않는 그 세상의 성공이요, 실패라는 것이 얼마나 무서운 것인가를 모르기 때문이니라.
22 너희들이 세상에서 만들고 이루는 것은 다 사라지지 아니하는 것이 없다 하였음이니,
23 사라지는 그 속에서 부귀와 영화요, 성공이요, 실패라 말한다면, 너희들이 이루어 놓은 것이 사라졌을 때 너희들의 성공은 다 무(無)로 돌아가며 아무것도 이루어지는 것이 없으며 남는 것이 없지 아니한가?
24 그러나 보이지 않는 삶이요, 영원히 사라지지 않는 삶을 위하여 그 길을 위해 달려간 자, 그 길을 위하여 노력한 자, 보이지 않는 너희들의 마음을 천사 같은 마음이요, 심성으로 돌려 하늘에 오르는 길을 위해 달려온 자,
25 그와 같은 자가 인생의 승자라는 것을 너희들은 알게 될 것이니,
26 이제 나로부터 선택된 백성이요, 나의 아들을 따라 강론을 들으며 나의 법전을 읽는 사랑하는 나의 아들딸들아!
27 너희들은 이제 보이는 삶이요, 사라지는 삶을 보고 살지 말라.
28 보이지 않는 위대한 삶이요, 영원히 살 수 있는 지속되는 그 삶을 위하여 살아가도록 그리하라.
29 그것이 내가 너희들에게 간곡히 부탁하는 것이며, 너희들이 그 길을 오기를 나 여호와가 기다리고 있음을 잊지 말라.

5,292 번째 하나님 말씀

2003년 3월 2일 19시 28분

1 사랑하는 나의 아들아!
2 "네, 아버님! 말씀하옵소서."
3 이 세상에 구약의 율법이 나오며, 그에 이어 또 신약이 나왔으며, 제3의 시대에 나의 법전이 세상에 나왔음이니라.
4 그러나 율법이요, 신약이요, 제3의 시대보다도 더 먼저 세상에 나의 뜻이 내려가 있음을 너희들은 알아야 할 것이니라.
5 내가 나의 사랑하는 만백성 너희들을 세상에 만들어 놓으면서 너희들이 지키고 가야 할 길이며 살아가며 지켜야

할 순리요, 모든 규칙을 엄격히 세상
에 먼저 내려보냈음을 너희들은 알아
야 할 것이니라.
6 그것이 본래 나 여호와가 너희들에게
바라는 것이요, 가르침이요, 너희들을
깨우치고자 하였음이니,
7 이 지상을 만들면서 동식물과 너희들
을 세상에 내보내면서 모두가 질서를
지키고 살아가도록 내가 그리 만들어
세상에 내려보냈으니,
8 이는 하늘의 법칙이 지상에 적용되고
있음을 알고 있어야 할 것이니라.
9 그러나 너희들이 살아가면서 그와 같
이 내가 내려 준 그 기준에 순종치 아
니하며 그 법칙에 따르지 아니하며 거
역하고 살아가며 나에게 올라올 수
있는 삶을 살지 못하기에 내가 율법을
세상에 내려보냈던 것이며,
10 율법이라 하여 구약 시대에 너희들이
지키고 살아가야 할 것을 세상에 내려
보냈음이니,
11 나의 가르침이요, 구약이 제일 우선이
요, 제일 먼저라 생각하나, 내가 구약
이전에 세상을 만들면서 모든 법칙을
같이 내려보낸 것이 있음을 알라.
12 그것이 한 점의 부끄럼이 없는 삶을
살라는 그것이니라.
13 그것만이 나에게 오는 길이요, 믿음의
길이니라.
14 그러나 너희들이 그를 지키지 아니하
기에 내가 그를 통제하기 위하여, 벗
어나려 하는 너희들을 바로잡고자 율
법을 세상에 내려보냈던 것이니라.
15 그러나 너희들은 그 율법을 제대로 지
키지 아니하며 율법대로 살아가지 아
니하며,
16 율법을 악용하여 나의 피조물 만백성
을 압박하는 그와 같은 사악한 자들이
세상을 지배하게 되었음이니,
17 그리하여 율법이 제대로 시행되지 못
하였음이니라.
18 그리하여 내가 신약 시대를 열어 새로
운 신약의 성경을 세상에 내려보냈으
며, 그리고 나의 아들을 보내어 그 모
두를 역사하도록 내가 그리하였으나,
19 그 신약 시대 또한 나의 뜻이 전해지
지 못했으며 역사하지 못하고 잘못되
어 흘러갔음이니라.
20 그리하여 이제 내가 너희들을 더 볼
수 없어 제3의 시대에 나의 성령을 직
접 태워 나의 아들에게 기록하게 하
여, 하늘에 오르는 책이요, 법전이라
만들어 만백성의 손에 한 권씩을 다
쥐여 주고자 하는 것이 나의 뜻이니,
21 너희들은 만들어진 것을 그리 지키지
아니하고 행하지 아니하기 때문에 그
모두가 이 세상에 이루어졌음을 너희
들은 알아야 할 것이니라.
22 너희들은 인간 세상에 살아가면서 자
식이 어린아이 때부터 그를 교육하며
그를 가르치려고 온갖 정성을 다하느
니라.
23 그리하여 초등학교요, 중등 교육이요,
대학이라는 그 학문을 가르칠 때까지
너희들은 남에게 뒤지며 남보다 모자
라는 자가 되면 세상사를 살아갈 수
없는 자요, 뒤떨어진 자라는 그와 같
은 강박관념에서, 인간의 학교에서 인
간이 배우는 것에 최선을 다하여 노력
하고 거기에 모두를 다 투자함이니라.

24 그러나 너희들은 이제 알아야 할 것이
니라.
25 너희들은 인간 세상의 학교에서 배우
는 것에만 연연하지 말며, 나 여호와
가 만든 학교의 그 가르침에 우등생
이 될 수 있는 삶을 살아가며, 그와 같
은 공부를 해야 하는 것을 잊지 말라.
26 내가 만든 그 학교는 무엇이던가?
27 율법과 신약과 나의 법전이 내려오기
전에 너희들 인간을 세상에 만들면서
너희들이 지키고 살라 만들어진 그 학
교의 가르침이 있으며 교육 방침이
있느니라.
28 그러나 너희들은 그를 따르지 아니하
며 그를 배우지 아니하며 그를 연구하
지 아니하고 사는 것이요,
29 그 만분의 일도 안 되는 인간 세상의
교육에만 모두를 다 바치고 목숨을 바
쳐 싸우는 그와 같은 삶을 가니, 얼마
나 어리석은 자들이던가?
30 너희들은 내가 만든 학교의 우등생이
되도록 하라.
31 나 여호와가 만든 가르침이요, 내가
만든 학교의 그 학업에 너희들이 소홀
히 해서는 안 되느니라.
32 이 세상의 자연 법칙대로, 자연의 순
리대로 거역하지 아니하고 살아가는
것이 내가 만든 학교이니,
33 내가 만든 학교의 교육을 먼저 철저히
배우도록 그리해야 할 것이며, 우등생
이 되는 삶을 살라.
34 내가 만든 학교의 수업을 소홀히 하고
사는 너희들은, 정녕 인간 세상에서
배운 학문이요, 지식은 흙으로 갈 때
모두를 다 놓고 가나,
35 내가 만든 학교에서 배운 그 수업의
과정은 너희들이 죽어서 나에게 와 천
국에 오르는 수업이니,
36 그 수업에 우등생이 되도록 하라, 사
랑하는 나의 아들딸들아!

5,293 번째 하나님 말씀

2003년 3월 2일 19시 35분

1 사랑하는 나의 아들아!
2 "네, 아버님! 말씀하옵소서."
3 지금 너희들이 말하는 종말이요, 사악
한 시대요, 이와 같이 험악한 세상을
만들어 놓았음이니, 인간이 인간을 보
기를 두려워하며 인간을 만나는 것을
겁을 먹으며, 인간을 믿지 못하며 불
안과 공포 속에 살아가는 이와 같은
삶을 만든 것은 다 종교 지도자 그들
이 잘못 가르친 거기에 이유가 있음
을 너희들은 알아야 할 것이니라.
4 인간인 너희들이 세상에 살아가면서
가장 행복하고 즐거우며 서로 믿고 아
름다운 마음을 가지고 살라 내가 그리
만든 인간 너희들이, 서로 두려워하며
서로 무서워하는 이와 같은 세상으로
변화된 것은,
5 종교 지도자 그들이 내가 내린 성경의
그 가르침을 그저 앵무새처럼 읽고 외
우는 것에만 급급하였으며,
6 그 속에 들어 있는 깊은 뜻이요, 과거
와 현재와 미래를 의미하는 그 뜻을
그들이 알지 못하며 깨우치지 못하면
서 그리 가르쳤기 때문에 오늘의 이와
같은 형국이 되어 있음이니라.
7 거기에다 성서의 뜻도 모르고 암송하

는 것에만 연연하였으며 앵무새처럼
그저 되풀이하는 것만 연연했지,
8 그 속에 담긴 비유의 그 깊은 뜻을 알
지 못하고 살았음이니, 이와 같이 거
꾸로 가는 세상이 되었음이니라.
9 거기에다 너희들은 한 술을 더 떴느니
라.
10 너희들이 성서를 그나마 조금 깨우칠
수 있는 그 구절을 갖다가 나의 뜻이
요, 참진리대로 쓰여 있는 그대로 가
르치는 것이 아니요,
11 그 모두를 다 너희들이 금화와 은화를
거둬들이는 데 가장 유리한 쪽으로 편
안한 방법으로 사용할 수 있도록 다
너희들 것으로 만들어 그리 가르치고
지도하였음이니, 이 세상이 이와 같이
뒤죽박죽이 되었음을 너희들은 알아
야 할 것이니라.
12 너의 제자가 너에게 말하여 전하지
아니하였던가?
13 율법이라는 것은 너희들이 지킬 수 없
으며, 율법대로 행하고 살 수 없다 하
여 너희들이 구약의 율법을 폐지했으
며,
14 새로운 시대에 예수가 역사한 신약을
가지고 만백성을 구하며 그 길을 가면
된다 하여 그리 지금 가르치며,
15 신약 시대가 열렸으니 거기에 맞춰
살아가면 된다 말하니, 그게 바로 무
엇이더냐?
16 인간은 죄를 짓지 않고 살 수 없으며,
율법을 지키고 살면서는 구원을 받을
수 없다 하여 그 율법을 폐지한 것이
아니던가?
17 그러나 거기에 얼마나 무서운 오류가
있던가?
18 내가 내린 율법을 행한다 하는 그 선
생들이 내 율법대로 행함이 아니요,
저희들이 유리한 쪽으로 만들어,
19 겉으로는 나의 율법을 행한다 하면서
뒤로는 추하고 험악한 그와 같은 삶을
살아오기에 그들이 나를 속이며 만백
성을 속이며,
20 나의 율법을 지킨다 하나 외식하는 험
악한 짓을 하고 사는 그와 같은 자들
이니라.
21 그와 같은 자들의 그 율법의 형태로써
는 구원을 받을 수 없다 내가 그들을
책망했으며,
22 그들을 벌하고자, 단죄하고자 내가 기
록한 말을 가지고, 너희들은 지금 율
법을 지키면 구원을 못 받는다 그리
밀어붙이고 가르침이니,
23 그리하여 죄를 짓고 용서를 빌면 구원
을 받는다 하여 이 세상이 지금 인간
이 인간을 두려워하며 인간이 인간을
보는 것을 겁을 먹으며 그와 같이 살
아가는 세상으로 만들었음이니,
24 그 모두가 너희들의 죄이니라.
25 그저 성서를 앵무새처럼 외우고 암송
하며 거기에 인간 세상의 살아가는 것
을 그저 한두 가지 가르쳐 나의 뜻이
요, 진리라 가르치는 것을 재탕 재탕
하고 온 그 원흉의 죄인들이 지금의
종교 지도자요, 종교 집단이니라.
26 이제 나의 아들을 따르는 제자들과 나
의 법전을 읽는 백성 너희들은 정독하
라.
27 너희들이 법전을 정독하여 읽을 때,
법전의 그 깊이를 알며, 법전을 통하

여 너희들의 과거와 미래와 현재까지
도 다 알 수 있는 깨달음을 얻게 될 것
이니,
28 정독해서 그 뜻을 음미하라.
29 너희들이 나의 법전을 읽으며 깨우쳐
스스로 나에게 상을 받을 수 있으며,
죽을 목숨을 스스로 살리며, 병든 자
를 고치며 너희들이 원하는 역사가 이
루어지지 아니하는 것이 없다 내가
법전에 기록하였으니,
30 그건 그러하니라. 너희들이 나의 법전
을 정독해서 읽으며 나 여호와가 존재
하는 것을 믿으며, 나 여호와가 존재
하기에 모두를 내 뜻에 순종하며 살아
가겠다는, 그리고 나의 법전에 따라
십계명에 따라 살아가겠다는 굳은 결
의를 하고 이루고자 할 때, 안 이루어
지는 것이 하나도 없을 것이니 그리
알라.
31 모두는 내가 너희들에게 상을 내리는
것이 아니요, 나로부터 상을 받을 수
있는 자격과 기준이 되어 있는 자는
스스로 내가 너희들에게 상금과 부귀
와 영화와 그 모두를 내려 준다는 것
을 알라.
32 육에서 행복함을 얻으며 그 행복함이
지속하여 하늘에 올 수 있는 그 구원
의 영광의 연장선상에서 살아갈 수
있는 것이 너희들이라는 것을 잊지 말
라.

5,294 번째 하나님 말씀

2003년 3월 2일 19시 40분

1 사랑하는 나의 아들아!
2 "네, 아버님! 말씀하옵소서."
3 너희들이 살아가는 이 세상, 내가 만
든 이 아름다운 지상에 낮에는 태양이
라는 그 빛이 세상을 밝히며 어두운
밤이 되면 달이라는 그 빛이 세상을
비춰 너희를 밝혀 주며 너희가 살아갈
수 있도록 그리 정밀하고 오묘하게 역
사가 이루어지고 있음이니라.
4 내가 낮에 비추는 그 태양빛 앞에 어
둡다 하여 촛불을 밝히며 횃불로 비춘
다 해도, 과연 내가 비추는 태양빛을
벗어나 그 빛이 얼마나 비추며 세상
을 밝힌다 생각하는가?
5 과연 더 밝다면 그 밝음이 몇 리나 가
며 얼마나 비치겠는가?
6 너희는 그와 같은 이치를 봐야 할 것
이니라.
7 너희들이 하늘나라에 와 빛을 보는 그
영광은, 촛불이 태양의 그 찬란한 빛
을 감추지 못하듯이, 그리고 그를 능
가할 수 없듯이,
8 바로 태양 앞에 촛불과 같이, 태양 앞
에 비추는 횃불과 같이,
9 하늘에 오는 그 빛에 비하면 태양의
빛이 너희들이 밝히는 횃불이요, 촛불
만큼도 아니 된다는 것을 알겠는가?
10 캄캄한 밤에 너희들에게 비추는 달빛
앞에 촛불이 아무리 밝아도 달빛을 능
가하지 못하듯이, 그 달빛이 아무리
찬란하며 아무리 강렬하게 비친다 해
도 너희들이 하늘에 올라와 그 낙원에
비추는 빛은 감히 그 촛불을 달에 비
교하는 것만큼도 달빛이 안 된다는 것
을 너희들은 알아야 할 것이니라.
11 이와 같은 이치를 너희들이 깨닫는다

면 육의 삶이 과연 무엇인 줄 알겠는
가?
12 너희들이 이 세상에서 그리도 연연하
며 그리도 금화와 은화요, 재물을 모
으며 남들보다 아름다운 삶이요, 그리
고 가장 향락하고 즐겁게 산다 아무리
말해도,
13 너희들이 말하는 금화를 바리바리 싣
고 다니면서 마음껏 쓰고 써도 다 못
쓸 만큼 가진 자,
14 세상에 못 이룰 것이 없으며 갖고자
하는 것을 다 갖고 가장 행복한 자라
하는 그와 같은 삶을 사는 것도,
15 하늘의 천국에 올라와 사는 그것에 비
유한다면, 태양 앞에 켜 놓은 촛불만
큼도 못한 것이 너희들의 육의 행복이
요, 부귀요, 영화라는 것을 너희들은
오늘 나의 아들을 통하여 전하는 내용
을 듣고 깨우쳐야 할 것이니라.
16 태양 앞에 비추는 촛불의 그 위력이
얼마나 멀리 가며 멀리 퍼지며 넓게
가며, 그 빛의 강도가 얼마만 하겠는
가?
17 그보다 못한 것이 육의 삶의 행복이
요, 부귀영화요, 너희들이 역사하고
이루는 것이니,
18 그 욕심에 의하여 모두를 버리지 말라.
19 태양 앞에 비추는 촛불이요, 달빛 아
래 비추는 촛불의 그 위력만도 못한
것이 세상의 육의 삶의 부귀영화요,
너희들이 원하고 원하는 것이거늘,
20 그것을 위하여 그 강한 태양빛도 감히
촛불과 같은 역할밖에 안 되는, 하늘
에 오르는 그 영원하고 찬란한 나의
낙원에 오는 삶을 버리지 말며 찢어
버리지 말며 던지지 말며 태워 버리지
말며 어리석은 짓을 하지 말라.
21 나의 법전을 찢어 버리며 태워 버리며
짓밟는 그 순간에 너희들은 태양보다
도 더 아름답고 위대한 나의 낙원의
그 빛 속에서 살아갈 기회를 찢어 버
리고 태우고 짓밟는다는 것을 잊지 말
라, 나의 사랑하는 아들딸들아!

5,295 번째 하나님 말씀

2003년 3월 2일 19시 53분

1 사랑하는 나의 아들아!
2 "네, 아버님! 말씀하옵소서."
3 지금의 잘못 가는 길에 들어서 있는
그 백성을 어찌 구하며 하늘에 오르는
길로 인도하여야 하겠는가?
4 믿음이라는 것을 모르고 가는 백성,
그리고 내가 만든 이 세상의 법 안의
학교 안에서 공부하며 사는 백성, 너
희들은 그 모두에게 어떻게 하늘에 오
르는 길을 손에 쥐여 주어야 하겠는가?
5 내가 너희들에게 일찍이 말하여 깨우
쳐 주었느니라.
6 이 세상에 나의 사랑이요, 그 모두는,
내가 너희들과 더불어 하는 것은 산
소요, 공기처럼 내 사랑이요, 내 눈빛
이 가지 아니한 곳이 없이 이 세상을
다 덮고 있다 하였음이니라.
7 그리하여 모두는 나의 아들딸이며 나
의 백성이라 그리 말하였음이니,
8 너희들은 내가 일찍이 만든 그 학교
안에서 공부하며 너희들 스스로 깨우
치고자 했던 것을 이제야 알지 않는가?
9 내가 이 세상을 창조할 때 너희들이

지키고 배워서 하늘에 오를 수 있는
그 모든 진리를 내려보냈음이니, 내가
만든 그 학교 속에서 너희들이 공부하
고 깨우쳤음이니라.
10 그리하여 종교 지도자요, 신도라 하여
구원을 받는 길이라 지금 울부짖는 너
희들이 아니요, 그를 믿지 아니하며
그를 따르지 않는 나의 백성이 더 소
중하며, 그들 때문에 내가 세상에 재
앙을 내리지 아니하고 지금 기다리고
있다는 그 뜻을 이제야 이해하겠는가?
11 그들도 내가 만든 학교에서, 내가 운
영하는 학교에서 나름대로 공부를 했
음이니라.
12 나만, 너희들은 내가 가르치는 그 교
과서에 따라서 나의 학교에서 공부하
지 아니하며,
13 너희 것으로 만들어서 너희 임의대로
나의 백성을 학생이라 하여 너희들의
학교로 끌고 갔음이니, 그것이 지금의
종교 집단이요,
14 너희들이 운영하고 있는 그 종교 집단
에 속해 있는 나의 백성을 이끌어 가
는 너희들이 만든 학교요, 그 단체에
서 지금 잘못된 백성을 육성해 나가는
그와 같은 행위를 하고 있음을 너희들
은 알아야 할 것이니라.
15 그리하여 잘못되었다 함이며, 너희들
을 단죄한다는 것이며,
16 너희들의 학교의 문을 내가 닫겠다 하
는 것이니라.
17 내가 만든 학교요, 내가 만든 그 수업
속에서 배우고 깨우치면 되는 것을,
그리 행하지 못하게 하는 너희들을
지금 내가 바로잡고자 하는 것이 나의
뜻임을 너희들은 알아야 할 것이니라.
18 너희들이 얼마나 잘못 가르쳤는가 하
는 것을 내가 말하나 믿지 않으려 할
것이며, 너희들은 나에게 야속하다 할
것이니라.
19 그러나 너희들은 들어 보라.
20 성경에 기록되어 너희들에게 무어라
말을 하였느냐?
21 나의 아들은 너희들과 같은 형제요,
높은 자가 아니며,
22 모든 것을 그 임의로 하는 것이 아니
요, 보냄을 받은 자로서 그 명에 따라
행하는 것이니,
23 '보내신 아버님이 있으며 창조주 아버
님이 계시며 나 예수가 있다.' 그가 그
리 말하였음이니라.
24 그러나 너희들은 나의 아들 예수를 신
격화하였으며, 삼위일체라 하여 예수
와 내가 동등하다 그리 만들어, 그것
을 전하지 못하여 병이 날 지경인 자
들이 지금의 믿음의 길을 가고 있는
자들이니,
25 너희들이 바로 나의 뜻을 거역하는 것
이며 내 뜻에 순종하지 아니하는 자가
아닌가?
26 그리하면서 너희들은 모든 백성을 하
늘로 인도한다 그리 가고 있음이니,
이것이 잘못되었음이니라.
27 그리고 너희들이 나의 뜻을 거역함이
니라.
28 그리하여 내가 제3의 시대에 법전을
세상에 내보내, 내가 만든 학교에서
바로 배우지 못하고 그를 보지 못하
여, 내가 몇천 년이 흐른 오늘에야 교
과서를 만들어 모든 학생에게 손에

쥐여 주듯이 나의 아들딸들에게 나의
학교에서 내가 만든 이 교과서를 전해
주고자 함이니,
29 너희들은 내가 만든 학교에서 내가 내
려보내는 이 법전이요, 이 교과서를
펴 놓고, 지금 성서에 기록되어 있는
그 방법을 얼마나 지키고 살며 어찌
행하고 있는가 그것을 비추어 보라.
30 그러면 어떤 것이 참진리요, 어떤 것
이 나 여호와가 만든 이 성전인 나의
학교에서 가르치는 교과서요, 교본으
로서 만백성을 구원하는 책이 되는가
를, 너희들이 그를 쪼개서 들여다보라
는 것이니라.
31 그리하라고 나의 법전을 읽으라 하는
것이 아니던가?
32 너희들은 성경도 위배하였으며 그를
지키지 아니하였으며, 또 나의 법전은
잘못된 것이라 거부하며 뿌리침이니,
33 과연 너희들이 하는 것은 어떤 것이
진정한 하늘에 오르는 길이요, 참진리
란 말이던가?
34 너희들이 믿음의 길을 가고 있는 것
은 성경을 따르며 성경대로 사는 것이
아님을 알라.
35 너희들이 성경에 기록된 내용대로 살
지 아니하기 때문에, 성경을 가지고
공부한다면서 성경을 거부하니,
36 2천 년 전에 랍비라 하여 율법을 지키
는 자라 하며 내가 내린 율법을 지키
지 아니하고 저희들 임의대로 율법을
만들어 지키며, 그 율법을 가지고는
구원을 받을 수 없다고 말했던 것처럼,
37 지금의 종교 지도자 너희들이 나 여호
와를 찾고 나를 부르며 나의 아들의
보혈로써 구원을 받으며, 우리 부자에
게 울고불고 소리를 질러 광란의 짓을
하나, 그 믿음은 나와는 관계가 없느
니라.
38 또한 그것으로써는 구원을 받을 수 없
다 했으나,
39 내가 2천 년 후에 또다시 나를 찾는
것으로써 구원을 받지 못한다 함을 이
야기하니,
40 이는 진정 나를 따르는 백성이 구원을
받지 못함이 아니요, 나를 부르면서
우리 부자의 이름을 앞세워 흉악한
짓, 사악한 짓을 하고 있는 자, 너희들
의 그 믿음으로써 구원을 받지 못하는
그 길을 가고 있는 자들이니,
41 2천 년 전의 그 사악한 후손이 오늘날
에 또 이 세상을 지배하고자 하나, 내
가 이를 용서하지 아니함이니라.
42 이제 너희들이 더 이상 거부하지 못하
며 변명할 수 없는, 쪼개서 속을 들여
다보며 이것을 놓고 서로 분석하는 그
와 같은 백성이 나올 것이며 학생들이
나올 것이니라.
43 너희들이 가르치는 교과서로써는 아
무리 연구해도 답이 없으며 정답이 없
으며 끝이 없음이니,
44 그저 계속 질질 끌고 가다 그들이 무
덤에 갈 때까지 정답을 주지 못하며
끌고 가다 그냥 그들은 억울하게 당해
서 죽어 가며,
45 너희들은 또다시 그와 같이 끌고 가
죽어 갈 때까지 갖은 변명과 이유를
다 대어 나의 백성을 지옥으로 보냄이
니,
46 그리 가는 백성이 억울하고 분함을 알

게 될 것이며,
47 그리하여 어떤 것이 참진리요, 나 여
호와의 뜻이요, 내가 내리는 교과서
요, 교본인가를 나의 법전과 성서의
내용을 놓고 비교할 때, 누가 더 지키
고 아름답게 살아가며 내 명에 의해
살아가는 것인가가 밝혀질 날이 머지
않았으니,
48 그때야말로 핵폭탄이 터지는 것보다
도 무서운 대환란의 회오리가 불어올
것이니 그리 알라.

5,296 번째 하나님 말씀

2003년 3월 2일 20시 09분

1 사랑하는 나의 아들아!
2 "네, 아버님! 말씀하옵소서."
3 너희들이 깨달음의 그 경지가 감히 다
른 백성이 따라올 수 없을 만큼 높이
가 있음이니라.
4 그리하여 너희들은 남들이 잘하고 잘
못하는 것을 볼 수 있으며, 믿음이 잘
되고 잘못 가는 것을 느낄 수 있는 그
경지에 올라왔음이니라.
5 그리하여 너희들이 나의 선택된 백성
으로서 나의 법전을 만들어 각자가 그
맡은 임무를 수행할 수 있는 지도자로
서 지금 다져 감이니라.
6 이제 경지에 오를 만큼 올랐으니 이제
저 자신을 비춰 보는 그 훈련에 돌입
하도록 그리하라, 나의 아들아!
7 너희들 자신을 거울에 비춰 보는 자세
요, 거울에 비치는 너희들의 모습을
보며 장단점을 찾을 수 있는, 저 자신
의 훈련에 돌입하는 그와 같은 훈련에
들어가도록 그리하라.
8 그 훈련을 반복하고 또 반복해야 함이
니라.
9 너희들의 외형의 자세를 거울에 비춰
봤을 때, 너희들이 입은 그 옷의 모습
이요, 얼굴의 모습이요, 무엇이 잘되
고 잘못되어 있는가, 너희들의 마음에
들고 안 드는 것을 알 수 있지 않은가?
10 이제 너희들은 보이는 것은 다 세상에
영원히 존재하는 것이 없으며, 보이는
것은 다 흘러가며 무너진다 내가 그리
하지 아니하였던가?
11 그 외형을 거울에 비춰 너희들을 볼
수 있는 그것까지는 알고 있으며 보고
있지 않던가?
12 이제는 너희들이 마음의 거울로써 너
희들 자신을 비춰 보며 네 마음을 비
춰 보는 그 피나는 훈련을 시작하도록
그리하라.
13 너희들의 마음의 거울을 깨끗이 닦아
놓고 그 마음의 거울에다 살아가는 모
습이요, 행하는 그 모든 마음을 비춰
보는 그 피나는 훈련을 시작하도록 그
리하라.
14 그리하여 너희들이 외형을 비춰 보는
그 거울에 잘못된 모습이요, 마음에
들지 않는 것을 찾아내듯이,
15 너희들의 마음의 거울을 깨끗이 닦아
그 마음의 거울에 네 마음을 비추어
볼 때, 그 속에서 잘못된 것, 잘못 가
는 것, 고쳐야 할 것을 하나하나 찾아
내는 그와 같은 훈련을 해야 할 것이
며, 그와 같은 삶을 살도록 전하라, 나
의 아들아!
16 그것만이 이제 너희들이 완벽하게 설

수 있는 자요,
17 마음의 거울에 너희들을 비춰 봐 잘못
된 것을 하나하나 찾아내기 시작할
때, 하나를 찾아내면 내가 너희들에게
상을 줄 것이니 하나를 찾아내라.
18 그를 행하라, 그리고 그걸 뽑아내라.
19 마음의 거울에 네 마음을 비춰, 잘못
된 것이며 잘못 가는 것을 하나를 뽑
아냈을 때, 그 자리에 내가 축복과 영
광으로써 너희들에게 임할 것이며 나
의 성령을 거기에 심을 것이니, 이제
그 훈련에 돌입하도록 그리하라.
20 모든 것은 다 그것이 우선이니라.
21 너희들이 외형으로 보는 깨달음이요,
말로써 깨달음이요, 남들과 대화하는
깨달음이요, 행동하는 깨달음이요, 거
기에는 가히 남들이 따라가지 못할 만
큼 노력과 노력으로써 지금 올라와 있
음이니,
22 어디 내밀어도 하나도 부끄럼이 없는
나의 아들딸로서 너희들이 서 있으니,
23 오늘의 기쁨이 나 여호와가 이루 말할
수 없음을 알라.
24 이제는 너희들의 외형을 거울에 비춰
봐 네 모습을 아름답게 고쳐 가듯이,
25 너희들이 마음의 거울을 깨끗이 닦아
그 마음의 거울에 네 마음을 비춰 보
라.
26 그 마음의 거울에 마음을 비추는 그
길이 얼마나 힘들고 어려운 것인가를
알겠는가?
27 그리하여 보이지 않는 그 마음의 거울
에 네 마음을 비춰 거기에 잘못된 것
을 찾아내어 하나씩 뽑아내는 것이야
말로 너희들이 나의 심성을 따르는 것
이요, 천사가 되는 것이요,
28 아무도 올라올 수 없는 하늘에 오르는
길을 너희들이 오르는 것을 잊지 말라.
29 마음의 거울에 마음을 비춰 하나씩 뽑
아내라.
30 그리했을 때 내가 모든 영광을 아낌없
이 줄 것이며, 내가 너희들에게 주고
자 그득히 쌓아 놓은 그 상을 서슴없
이 내려 줄 것이니 그리하도록 하라.
31 마음의 거울에 네 마음을 비춰 하나하
나를 뽑아내도록 그리하라, 사랑하는
나의 아들딸들아!
32 이것은 지옥 불에서 헤어나는 것보다
더 어려움이요,
33 지옥 불에서 살아나는 것보다 더 힘듦
이요,
34 예수처럼 십자가를 짊어지고 십자가
에 못 박혀 죽기보다도 더 어렵고 힘
든 것이니라.
35 예수는 그를 했음이니라.
36 그리 행했음이니라.
37 그리 행할 수 있는 것이 예수뿐이었음
이니라.
38 이 세상의 의인이라는 것이 무엇인 줄
알겠는가?
39 이 세상에 내가 원하는 백성이 무엇인
줄 알겠느냐?
40 제 마음을 깨끗한 거울에 비춰 그를
다 뽑아낸 자이니라.
41 그것이 바로 천국에 오는 길이며 천국
의 문턱을 넘어오는 것이니,
42 그 거울을 통해서만이 너희들이 나에
게 올 수 있다는 것을 알라.
43 네 마음의 거울을 네가 통과하여야 할
것이니라.

44 그 거울에 막히면 너희들은 나에게 올
수 없으며 나에게 와 심판을 받을 수
없으며 하늘의 천국에 발을 들여놓을
수 없음이니라.
45 그 거울은 두껍고 두꺼워 불로도 그
를 깰 수가 없으며, 기계로도 깰 수 없
으며, 아무것도 그 거울을 깨서 너희
들을 통과시킬 수 없음이니 그리 알라.
46 깨끗한 거울 속에서 깨끗한 마음으로
너희들을 비춰 봐 하나하나 다 뽑아냈
을 때 그 마음의 거울을 통과하는 그
영광을 얻게 됨을 잊지 말라, 사랑하
는 나의 아들딸들아!

5,297 번째 하나님 말씀

2003년 3월 2일 20시 26분

1 사랑하는 나의 아들아!
2 "네, 아버님! 말씀하옵소서."
3 이 세상에 생명을 갖고 나가는 모든
미물이나 동식물은 다 죽지 아니하는
것이 없음을 너희들은 알아야 할 것이
니라.
4 이는 곧 나로부터 생명을 받아 나간
그 모든 동식물은 영원히 존재하는 것
이 아니요,
5 나로부터 받아나간 그 순간부터 죽음
이라는 것을 넘지 못하는 것이 내가
만든 동식물이요, 세상에 내보낸 너희
들이니, 생명을 가지고 사는 것들이니
라.
6 그러나 너희들이 죽기 위하여 산다면
너희들이 태어남 자체는 과연 무엇이
던가?
7 너희들이 태어난 그 자체가 죽음을 위
해 가는 그와 같은 삶을 사는 것이 아
니던가?
8 그렇다면 나 여호와가 너희들이 죽음
의 길을 가는 그 삶을 위하여 너희들
을 세상에 그저 그냥 무의미하게 태어
나게 하였다 생각하는가?
9 모든 생명이 나로부터 나가 그 생명이
살다 죽지 않는 자가 없음이니,
10 곧, 그리하면 너희들이 말하기를 죽기
위하여 태어난 것이라 말하며 간단히
그리 생각할 것이며,
11 그저 때가 되어 죽게 될 때 죽으면 되
며 이를 거역할 수 없음이니,
12 내가 아프고 슬픈 모두를 가슴에 안고
그저 순종하며 죽을 때 죽으면 되는
것이라 그리 생각해서는 아니 됨을 알
아야 할 것이니라.
13 너희들이 죽기 위해 이 세상에 만들어
졌다면 나 여호와가 너희들을 세상에
내보내겠는가?
14 너희들은 그 삶을 위하여 이 세상에
내가 보냈으며, 너희들이 역사하는 길
이 있기 때문에 내가 너희들을 이 세
상에 내보냈음이니라.
15 그중에 가장 중요한 것은 너희들에게
구원의 길이요, 나에게 오를 그 기회
를 준 것이니, 너희들은 이 위대함을
알아야 할 것이며,
16 오늘의 삶이 죽음을 위하여 죽기 위한
삶이 아니요, 구원을 위해 삶을 살아
야 한다는 것을 절대 잊어서는 아니
됨을 알라, 사랑하는 나의 아들딸들아!
17 육의 삶은 죽음을 향하여 사는 것이
아니요, 영혼을 위하여 영혼이 구원을
받기 위한 그 길을 가고자 너희들이

오늘의 고된 훈련과 그 연습을 하고
있음을 알아야 할 것이며,
18 너희들이 훈련이요, 연습을 거듭하여
나에게 오르는 길을 갈 수 있도록 너
희들에게 기회를 주었다는 것을 잊어
서는 절대로 아니 됨이니라.
19 너희들은 해야 할 일이 있으며 맡은
명이 있음이니라.
20 그러나 너희들이 그를 알지 못하며 행
하지 아니하고 살기 때문이니,
21 그를 너희들이 아는 길은 오로지 나의
법전을 읽으며 너희들이 하얀 마음이
되었을 때 나로부터 무슨 임무를 받아
서 이 세상에 사는 것인가를 알게 될
것이니라.
22 너희들이 죽기 위하여 태어난 것이 아
니요, 죽음을 위하여 존재하는 것이
아니거늘,
23 내가 너희들에게 명하여 내린 그 뜻을
너희들이 모르고 살아감이니, 얼마나
답답하고 어리석은 삶을 살아가는 것
인가?
24 나로부터 받아서 나간 나의 성령의
영혼은 너희들의 그 대명이 있으며 너
희들이 해야 할 일이 있어서 내가 세
상에 내려보냈다는 것을 잊지 말며,
25 너희들이 나로부터 생명을 받아서 세
상에 나왔으니, 어떠한 삶을 살며 어
떠한 길을 가는 것이 너희들의 본분이
며 너희들이 가야 하는 길인가를 깨
우쳐야 할 것이니라.
26 이 세상에 육을 가지고 또 형체를 가
진 모든 동식물은 그 육신이 죽어 그
형체가 죽어 간다는 것을 내가 말하였
음이니,
27 그러나 거기서 죽지 않는 것이 있으니
바로 무엇이더냐?
28 나 여호와이니라.
29 나 여호와만이 영원히 죽지 않고 존
재함이니, 나로부터 성령을 받아 나간
너희들의 그 영혼은 영원히 죽지 않는
다는 것을 너희들은 알아야 할 것이니
라.
30 영원히 죽지 않고 존재하는 것은 나
여호와 하나뿐이듯이, 나로부터 성령
을 받아 나간 그 영혼은 죽지 않는다
는 것을 알아야 할 것이니라.
31 그리하여 너희가 나로부터 부여받은
영혼은 죽지 않으니, 너희들이 죽는
그 순간에 지옥이요, 또는 천국에 와
너희들이 영원히 고통이나 영화를 누
리고 사는 것이 그치지 아니한다는 그
말의 뜻을 너희들은 알겠는가?
32 나로부터 받아 나간 그 영혼은 죽지
아니함이니라.
33 그리하여 그 영혼이 지옥으로 갔을 때
지옥에서 영원히 존재하며 그 고통의
죄의 대가를 다 받으며,
34 하늘로 왔을 때 천국이라는 그 영화
속에서 너희들이 영원히 죽지 않는 세
계에서 영원히 죽지 않는 그 생명체가
나의 천국에서 살아간다는 뜻이니라.
35 그리하여 영원히 존재한다는 뜻이 여
기에 있음을 너희들은 알아야 할 것이
니라.
36 이제 너희들 영혼은 그 세계에 어느
길을 가느냐 하는 것이 머지않았음을
알아야 할 것이며, 그 앞에 누구도 거
부하지 못하며 거기를 벗어날 수 없다
는 것을 알라.

37 이제 선택은 너희들에게 달렸음이니
라.
38 영원히 사는 그 세상에 돌입하면서 너
희들이 지옥 불에서 영원히 그 죄의
대가를 치르며 살아갈 것인가, 천국의
낙원의 동산에 와 영원히 살 것인가?
39 지금 육의 세상에서 살아가는 너희에
게 기회를 준 이 훈련 과정을 어찌 훈
련을 마치느냐에 달렸느니라.
40 너희들의 영혼을 구원하기 위하여 내
가 기회를 내려 준 이 연습의 과정이
요, 훈련 과정에서 너희들이 어떠한
길을 가며 어찌 선택하느냐에 따라서
지옥이요, 천국으로 분류됨이니,
41 너희들은 죽기 위해서 태어난 것이 아
니요, 죽음을 위해 태어난 백성이 아
니라는 것을 알라.
42 너희들이 대명이 있으니 그 대명은 무
엇인가?
43 크게는 하늘에 오르는 그 훈련의 과정
을 이기는 것이요,
44 작게는 살면서 역사하는 것이니, 천사
가 되는 그와 같은 아름다운 마음으로
사는 것이 너희들의 작은 소명일 것이
니 그리 알라.
45 그를 위배하는 자는 바로 세상에 태
어난 목적이요, 그 태어난 뜻을 모르
고 사는 불쌍한 자이니,
46 작게는 천사와 같은 마음으로 변하는
그와 같은 아름다운 마음이요, 도리에
어긋나지 않는 길을 가는 것이요,
47 또 크게는 하늘에 오르는 그 훈련의
고통과 시련을 너희들이 견디고 이기
는 삶을 살라는 것이니,
48 한 번 준 그 기회를 헛되이 버리지 말
라, 사랑하는 나의 아들딸들아!

5,298 번째 하나님 말씀

2003년 3월 3일 01시 13분

1 사랑하는 나의 아들아!
2 "네, 아버님! 말씀하옵소서."
3 이 세상 나의 피조물 만백성이 살아가
는 제 마음을 제 마음의 거울에 비춰
보느냐, 비춰 보지 못하느냐는 그 스
스로 깨달음에 달렸음이니라.
4 그러나 나의 법전을 읽고 깨우친 백성
너희들은 외형의 네 모습을 거울에 비
춰 네가 그를 보듯이, 네 마음의 거울
에 너를 비춰 너희들이 한 점의 부끄
러움이 없는 삶을 살며, 그 잘못된 부
분을 그 거울에서 뽑아내라 내가 그리
하지 아니하였던가?
5 이제는 이 세상을 살아가는 마음에는
두 가지 마음이 있다 하였음이니라.
6 악을 행하고자 하는 그 악의 마음이
요, 악을 행함으로써 즐거움을 얻는
그 악의 즐거움이 있는가 하면,
7 선함을 행하여 참진리를 연구하고 살
아가는 그와 같은 삶이 있다 하였음이
니,
8 악은 오로지 겉과 속이 다 한마음으로
써 악대로 그대로 흘러가는 것이며,
죄짓는 마음은 그 마음에 흘러가는
것이니라.
9 그러나 선행을 베푸는 마음은 그 마음
속에 또 두 마음이 있음이니 너희들은
그를 다스려 깨우쳐야 할 것이니라.
10 너희들이 남에게 보이고자 하며 남들
앞에서 보이는 그와 같은 선함이요,

육의 세상에 살아가는 외형적인 선함
의 베풂이 있는가 하면,
11 마음으로써 성령이요, 천국에 나의 성
령의 그 영혼의 착한 마음이요, 선한
마음이 또한 너희들에게 같이 성장하
여 나가야 함을 알아야 할 것이니라.
12 너를 따르는 너의 제자들과 나로부터
선택된 백성 너희들은 보이는 선행이
요, 외형적인 그 선행은 경지가 높이
가 있음이니라.
13 그러나 정녕 너희 자신은 영혼 구원의
그 선한 마음을 향하는 것은 아직도
멀었음이니,
14 너희들 자신을 돌아다보는 내면의 그
마음속에 있는 그 선한 마음이 너희들
에게 스스로 뿌리내려야 함을 알아야
할 것이니라.
15 지금까지 너희들이 깨우쳤으며 나의
법전을 읽고 깨달았으며 내가 나의 아
들을 통하여 내리는 강론을 듣고 마음
이 많이 변하였고 경지에 올랐다 하나
그것은 다 외형에 대한 변화이니라.
16 이제는 내면이 너희 스스로 변하는 그
와 같은 진실한 그 변화의 역사가 이
루어져야 함을 너희들은 알아야 할 것
이니라.
17 그 변화를 위하여 살아가는 너희들이
되어야 함을 잊어서는 절대 아니 됨을
알라.
18 이제는 너희들이 마음의 거울에 마음
을 비쳐 봐 그를 하나하나 뽑아내듯
이, 이제는 내면의 그 마음을 다스리
는 데, 거기에 너희들이 깊은 훈련에
돌입해야 함을 잊지 말라.
19 너희들 스스로 네 마음속에 있는 저만
의 행하는 것이요, 저만이 아는 그 마
음 자체를 이제는 완전히 다스리는 그
와 같은 삶을 살도록 노력해야 함을
잊지 말라.
20 외형으로 너희들이 보여 주고자, 남들
에게 인식하게 하고자, 남들을 의식하
여 남들에게 인정을 받고자 하는 그와
같은 선행이요, 그와 같은 행위는 겉
마음이요, 인간 세속의 생각에서 나오
는 선한 마음을 행하는 것이니라.
21 이제 영혼과 직접 연계되어 영혼이
구원을 받는 그와 같은 선행의 마음,
이는 본심의 마음이요, 완전히 변화되
는 것이니,
22 본질의 마음이 변화되지 않고는 완전
히 변화된 사람이라 할 수 없음이니라.
23 그리하여 내가 너희들의 마음을 좁쌀
보다도 더 작게 하나로 만들라 하였음
이니,
24 그 속에서 오로지 선행을 할 수 있는,
너희들이 자발적인 행동으로써 이루
어지는 그 마음,
25 겉과 속이 같은 마음으로 너희들이 다
스려지는, 그와 같이 마음이 변할 때
경지에 오름이니라.
26 지금까지는 겉 마음은 경지가 높이 올
라와 있으나 속에 변하는 그 마음은
아직도 겉 마음의 선행을 따라오지 못
하고 있음이니,
27 이제는 겉의 선행이 아니요, 속에 자
리 잡은 그 마음을 다스리는 훈련을
시작해야 할 것이며,
28 그 마음에서 이루어지는 것이 진정한
선행이니라.
29 남이 보지 않는 곳에서, 남에게 보이

지 않는 곳에서 네가 스스로 항상 그
선행을 베풀 수 있는 그와 같은 마음
의 뿌리를, 선한 나무의 뿌리를 심는
그것이 중요함이니, 이를 명심하여 너
희들이 스스로 다스려 나가도록 그리
하라.

5,299 번째 하나님 말씀

2003년 3월 3일 07시 11분

1 사랑하는 나의 아들아!
2 "네, 아버님! 말씀하옵소서."
3 내가 너희들에게 가장 강조하여 가르
치던 것이 무엇이며 지켜야 할 게 무
엇이라 하였던가?
4 가장 작은 거짓말이요, 작은 죄를 짓
지 말라 하였으며, 내가 명하는 작은
명령도 철저히 행하고 지키는 그것이
바로 설 수 있다 하였거늘,
5 너희들은 어찌하여 너희들의 머리로
생각으로 먼저 모두를 구상하며 일을
하고 그리 살아가는가?
6 너의 제자들에게 깨우쳐 주라.
7 내가 너를 통하여 그들에게 명했던 그
작은 뜻 하나하나를 과연 얼마나 그들
이 지키고 행하고 있는가?
8 너희들이 나 여호와의 뜻을 두려워하
며 나 여호와의 뜻을 어렵게 생각한다
면, 내가 너희들에게 전해 준 한마디
의 그 뜻도 철저히 시행하고 지키는
그와 같은 삶으로 살아가야 하거늘,
너희들은 그저 그를 잊어버림이니라.
9 내가 너희들에게 하나를 가지라 했으
면 하나를 갖는 것을 그대로 그 뜻을
행하면 되며,
10 그리했을 때 내가 너희들에게 역사하
고자 하는 계획이 있으나,
11 너희들이 나 여호와에게 하나를 갖다
주고 하나를 가지고 있는 것이 아니
요, 두 개, 세 개를 나에게 주며 내 앞
에 갖다 놓는 것이 나의 뜻에 순종하
며 영광이라 생각하는 그와 같은 마음
의 자세로써 지금 모든 세상의 살아가
는 이치를 생각함이니,
12 거기에서는 너희들이 이루어지는 것
이 없음을 알아야 할 것이니라.
13 내가 너희들에게 그리 명한 것을 지키
지 아니하고 어찌하여 모든 것을 역사
할 것이며 기적의 역사가 이루어질 것
으로 생각하는가?
14 내가 너희들에게 말하느니라.
15 나에게 낙엽을 하나 바치라 하면 너희
들이 하면 되거늘,
16 그저 그 낙엽을 바칠 것이며, 그 낙엽
도 썩어 그저 줄거리만 남아 있는 낙
엽을 나에게 바치라 하면 그 썩어져
냄새 나는 그 줄거리만 있는 낙엽을
갖다 바치면 되거늘,
17 너희들이 어찌 그를 모르고 깨끗한 낙
엽을 갖다 바치는 그와 같은 행위를
하는가?
18 그것이 너희들이 나를 위하는 길이며
나 여호와를 따르는 길이라 말하나,
너희들은 그리해서는 안 되는 것이니
라.
19 이제 너의 제자들에게 그와 같은 이치
를 깨우쳐 주도록 그리하라.
20 내가 썩은 낙엽의 그 줄거리를 가져오
라 하면 그걸로 가져오면 되며, 그걸
바치고 그저 기다리면 되는 것이니라.

21 거기에 깨끗하고 아름다운 낙엽을 갖
다 바침으로써 너희들이 더 영광된 길
이요, 나 여호와를 경배하며 나를 사
랑하며 나의 뜻을 존중한다 그리하지
말거라.
22 그것이 아니니라.
23 내가 너희들에게 말하지 아니하였더
냐?
24 아무도 보지 않는 그 잡초가 이 세상
에 가장 소중한 것을 가지고 있다 말
했을 때, 너희들은 그 잡초의 그 뜻을
들으라 하였음이니라.
25 그 잡초의 뿌리가 너희들의 생명을 구
하는 약이 들어 있다는 것을 너희들은
모르기 때문에 그 잡초를 잘못된 것이
라 그리 말하며, 아무 필요도 없는 것
이라 뽑아 태운다 하지 아니하였더냐?
26 바로 너희들이 그러하니라.
27 나 여호와가 너희들에게 하나를 갖다
놓으라 하면 그리하면 되는 것이지,
28 너희들이 두 개, 세 개를 놓는 것으로
써 나를 위하고 나를 경배한다는 그와
같은 마음으로 생각하지 말라.
29 내가 김밥이라 하여 너희들이 먹는 그
식사 한 덩어리를 나에게 달라고 했으
면 그리하면 되는 것이지,
30 진수성찬을 차려 놓는 것이 나를 경배
하며 나를 위하는 것이라 생각하지 말
라.
31 공의의 하나님이요, 창조주요, 또 세
상 것을 베푸는 아버지요, 그리고 너
희들에게 내려 주는 아버지이거늘,
32 내가 필요한 것은 그 김밥 한 줄이 필
요한 것이지 진수성찬을 차려 놓는 것
이 필요하지 아니하거늘,
33 너희들의 순종하는 뜻이 잘못되었으
며, 내 뜻의 어려움을 모르며 내 명령
의 두려움을 모르니,
34 너희들이 그리하다가는 모든 시행착
오를 이룰 것이며, 만백성을 구하는
나의 법전이 세상에 나가는 것도 역사
하지 못할 것이니라.
35 나의 법전이 세상에 나가 만백성을 덮
는 것을 백만 권을 인쇄하라 했으면
백만 권을 인쇄하는 것이요,
36 천만 권을 인쇄하는 것이 나 여호와를
위해서 가는 길이라 생각하는 그와 같
은 것도 너희들의 머리로 생각해서는
아니 되거늘,
37 내가 명한 작은 것을 그저 들어넘기며
그걸 위배하면서도 너희들은 위배하
는 줄 모르며 내 뜻을 거역한 것을 거
역한 줄 모름이니,
38 대역사의 만백성을 구하는 그와 같은
일을 하는 너희들이 나로부터 작은 것
을 거역하는 그와 같은 습성이 마음에
젖어서는 절대로 아니 되는 것을 깨달
으라.

5,300 번째 하나님 말씀

2003년 3월 3일 10시 07분

1 사랑하는 나의 아들아!
2 "네, 아버님! 말씀하옵소서."
3 내가 너를 나의 종이요, 만백성의 종
이라 부르면 네가 종이며, 선지자라
내가 부르면 네가 선지자요, 나의 아
들이라 부르면 나의 아들이니라.
4 그를 가지고 시시비비하지 말며 그를
가지고 갑론을박하지 말라 이르라.

5 만백성을 창조한 것은 나 여호와요,
너희들의 생명이 죽고 안 죽는 그 모
두도 나 여호와의 주관이니,
6 이 세상의 만물을 창조한 나 여호와
요, 모두를 주관하는 내가 너를 나의
아들이라 부르면 네가 나의 아들이며,
선지자라 부르면 선지자이니라.
7 너희들은 지금의 믿음의 그 길에서 율
법이요, 신약이요, 나의 법전이요, 그
를 가지고 그것이 잘되고 잘못된 것을
시시비비하는 그와 같은 것을 따지지
말라.
8 그전에 그들을 다 덮고 그 위에 이 세
상에 너희들이 살아가는 진리와 살아
야 할 길을 내가 먼저 내렸음이니,
9 다만, 그것이 말로써 전해지며 문서로
써 기록된 것이 없어서 그리하나,
10 나의 법전이요, 신약이요, 율법보다도
먼저 이 세상의 틀을 만들 때 내가 너
희들이 지키고 살아가야 할 법도를 다
세상에 내려보냈음이니 그를 지키고
살아야 하거늘,
11 그를 지키지 아니하기에 율법이요, 구
약이요, 신약이요, 나의 법전이요, 십
계명이요, 그 모두가 세상에 내려왔음
이니,
12 그는 내가 너희들에게 원천적인 그 기
본의 틀을 보조하며 그를 깨우쳐 주며
완벽하게 만드는 그 역사를 하기 위하
여 세상에 다 내려졌음을 알라.
13 그러니 너희들이 원천적으로 나 여호
와를 믿는 그 아름다운 마음으로 살며
내가 존재함을 믿는 마음을 가지고 사
는 그 마음 위에 더 위대한 것이 없음
을 너희들은 알아야 할 것이니라.
14 사랑하는 나의 아들딸 너희들은 들으
라.
15 너희들이 더 위대한 것도 없으며 더
소중한 것도 없음이니라.
16 내가 너희들에게 먼저 만들어 세상에
내려보낸 것은 너희들이 나의 뜻에 살
다 나를 믿으며 그 믿음을 갖고 하늘
에 오르는 길에 한 점의 부끄럼이 없
는 삶이요, 하늘을 향하여 한 점의 부
끄러움이 없는 삶을 살아가는 것이 지
금의 율법보다도 위에 있으며,
17 구약이요, 신약이요, 십계명이요, 나
의 법전 모두보다도 위에 존재하는 것
이 내가 존재함을 믿고 그 길을 위하
여 너희들이 살아오는 그 모습이니라.
18 그보다 더 위대한 것이 없으며 그보다
더 귀한 것이 없으며 소중한 것이 없
음이니,
19 그를 알며 나를 믿고 내가 존재함을
믿으며 그 길을 위하여 선행을 베풀고
사는 너희들은 율법의 글자가 어떻고
구약의 구절이 어떻고 구약의 글씨가
어떠하며,
20 그리고 신약이 무엇이며 신약의 글자
가 어떠하며 그 내용이 어떠하며 그
리고 예수의 죽음이 어떠하며 그 고
통이 무엇인가 그와 같은 것을 갑론을
박하며,
21 부활이 어떠한 것이며 이러한 이야기
를 할 가치가 없음이니라.
22 다만, 너희들이 나를 믿음이 약하며
믿음이 진실하지 못하며 내가 모든 율
법 위에 먼저 내렸던 그 믿음의 틀을
가지 못하는 자가 깨우치고자, 바로
그 믿음을 갖고자 그 모두가 시시비

비를 하는 것이니,
23 정녕 나를 믿음이요, 내가 존재함을
믿고 나의 뜻에 따라 살아가는 백성
은 그와 같은 것이 아무런 의미가 없
음을 너희들은 이제 알아야 할 것이니
라.
24 나로부터 선택된 백성 너희들은 바로
무엇이던가?
25 너희들은 율법이요, 십계명이요, 신약
이요, 나의 법전 모두를 다 뛰어넘는
그와 같은 삶을 살라 함이니라.
26 너희들이 그와 같이 산다면 내가 기록
하여 있는 160권의 그 법전이 필요 없
으며, 그 구구절절이 내가 밤을 새워
나의 아들을 통하여 너희들에게 내리
는 이와 같은 고통의 그 내용이 다 하
나도 쓸모가 없는 것이니라.
27 너희들이 바로 서지 못하며 바로 가지
못하며 진정 나 여호와가 존재함을 믿
는 그 마음이 약하며 흔들리기에,
28 그를 깨우쳐 주고 바로 믿고 가며 바
로 세우려고 내가 너희들에게 이와 같
은 그 역사를 이룸이니,
29 세상에 만들어 내가 틀을 짜 놓은 그
믿음 그것만 먼저 깨닫고 가도록 그리
하라.
30 그리하면 다 아무것도 아니라는 것을
알게 될 것이니라.
31 지금 만백성이 그 틀을 벗어나 저희들
임의로 살아가기에 그들을 틀로 몰아
넣고자, 내가 만든 그 틀 속에 그 우리
안에 그들을 몰아넣고자 지금 내가
법전이요, 또한 새로운 성경이라 하여
이리 내려보내며,
32 이제 사랑하는 나의 아들 너에게 160
권의 책을 만들어 네가 죽기 전까지
나의 뜻을 받아 만백성을 깨우치는 그
책을 만들게 함이니,
33 기초요, 근본의 삶을 너희들이 살지
못하며 그리 가지 못하기 때문에 그러
하니라.
34 그리하여 내가 너희들에게 마음의 거
울에 비춰 봐 너희들이 잘못된 것을
하나하나 뽑아내라는 것이요, 선행을
하며 아름다움을 행하고 살라 그리 가
르치는 것은,
35 내가 먼저 너희들에게 지키라 내려보
낸 믿음의 그 틀에서 너희들이 벗어났
기 때문에 그 모든 역사가 이루어짐
이니, 그것이 다 부질없는 너희들의
어리석음 때문이니,
36 너희들이 바로 나 여호와가 존재함을
믿으며 한 점의 부끄러움이 없는 삶을
산다 하면, 그 모든 글귀가 무엇이 필
요하며, 그 한 줄이 잘되고 잘못된 것
이 무엇이 필요하며, 나의 법전을 읽
고 정독할 필요가 무엇이 있는가?
37 아무것도 필요가 없는 것이니라.
38 다만, 너희들이 진정한 믿음이요, 참
진리요, 그리고 나의 뜻에 살아가지
않는 백성이기에 너희들을 깨우쳐 우
리 안에 몰아넣기 위하여 내 품에 돌
아올 수 있도록 그를 깨우쳐 주는 이
와 같은 어렵고 힘든 역사가 지금 반
복되고 있음이니, 이를 기초로 하여
너희들이 그나마 깨우치도록 하고자
하는 것이 나의 뜻이요, 하늘에 오르
는 길이요, 참진리의 믿음이 위대하다
는 것을 너희들에게 가르치고자 오늘
에 역사한다는 것을 잊지 말라.

39 너희들이 세상사의 가르치는 것도 세
상의 이치를 알며 법도를 알며 세상에
서 필요한 학문의 지식을 다 안다면
그를 가르칠 필요가 무엇이 있겠는가?
40 그를 모르기에 스승으로부터 배우며
선배로부터 배우며 윗사람으로부터
배워서 너희 것으로 만들어 가지 않던
가?
41 간단하니라.
42 진정한 믿음이요, 나에게 오르는 길이
무엇이요, 너희들이 선을 행하며 악을
행하지 아니하고 천사처럼 살아간다
면 모든 구약이요, 율법이요, 십계명
이요, 신약이요, 나의 법전 그 모두가
다 그 아래 있다는 것을 너희들은 알
아야 할 것이니라, 사랑하는 나의 아
들딸들아!

5,301 번째 하나님 말씀

2003년 3월 3일 10시 23분

1 사랑하는 나의 아들아!
2 "네, 아버님! 말씀하옵소서."
3 이 세상의 식물이 각자 살아가며 다
쓰임이 다르며, 나 여호와가 그들에게
내린 것이요, 그들에게 생명을 주어
존재하도록 한 것이 다 다름이니라.
4 그들은 각자 쓰임이 있으며 또한 그들
이 살아가는 존재 가치가 있으며,
5 그들이 세상에 존재함으로써 너희들
과 더불어 살아가는 그와 같은 역사를
이루기에 내가 필요로 하여 그들을 세
상에 다 내려보냈음이니라.
6 그리하여 아름답게 피는 그 꽃도 그
나무의 특성이 다 다르듯이 그 꽃의
향기가 다르며 그 꽃의 모양이 다 다
르지 아니하던가?
7 그 자체에 따라서 모두가 달라짐이니,
그것은 나 여호와가 그들이 그리 존재
해야 하기 때문에 내가 그들을 세상에
내보냈으며, 다 쓰일 데가 있으며 쓰
고자 함이 있어서 내가 그리 만들었음
이니라.
8 그러나 그 꽃들이 저만이 아름다우며
저만이 위대하다 그리 말하며 제 향기
만이 가장 위대하다 그리 말한다면 과
연 이 세상은 어찌 되겠는가?
9 질서가 파괴되며 내가 만든 질서정연
한 그 모두를 무너트리는, 그와 같은
나의 은혜를 저버리는 삶이 아니던가?
10 나 여호와가 그와 같이 갖가지 꽃을
피우게 하였으며, 갖가지 그 나름대로
향기를 품게 하였던 것은,
11 그들이 질서를 지키고 살아가야 하는
그 이유가 있어서 만들었거늘,
12 제가 최고라 서로 울부짖으며 제 꽃이
가장 아름답다 말을 한다 하면,
13 정녕 이는 나의 질서를 파괴하고자
하는 그 무서운 죄를 짓는 것이 아니
던가?
14 지금 너희들은 세상을 넓게 봐야 할
것이며,
15 지금 나의 피조물 만백성이 구원의 길
이라 하여 달려가는 그 길이 잘못된
길이니,
16 그것을 바로잡아야 하기 때문에 내가
오늘 나의 법전을 세상에 내보내는 나
의 이 고통을 너희들은 알고 있는가?
17 그렇다면 너희들은 깨달아야 할 것이
니라.

18 종교 집단이요, 모두는 다 나 여호와가 세상에 내려보냈음이니, 너희들은 다 같은 형제이며 '우리'라는 마음을 가지고 살아야 할 것이니라.

19 그러나 이 세상에 모든 종파가 제 것만이 최고요, 저만이 위대한 것이요, 저를 따라오는 자만이 구원을 받는 길이라 하여 '나를 따르라.' 소리 지르고 있음이니,

20 수십억의 그 종교 지도자들이요, 그 종파가 '나를 따르라.' 저를 따르는 것만이 하늘에 오르는 길이라 그리 울부짖고 소리를 지른다면,

21 나의 선량하고 착한 백성은 과연 어느 쪽으로 가야 하겠는가?

22 그리하여 그들의 집단이요, 물리적인 힘에 의해 친구요, 이웃에 의하여 그들이 잘못 선택하여 간다면, 그 순간부터 그들은 나의 뜻에 사는 것이 아니요, 지옥으로 가는 그 길을 살며 나의 백성이 되지 아니함이니, 이 아픈 가슴을 너희들은 과연 어찌하여야 하겠는가?

23 그 모두는 다 나 여호와가 필요하기에 세상에 존재하게 하였음이니라.

24 너희들 인간도 그러하며 모든 동식물도 다 그러하니라.

25 그리하여 그들도 쓰고 있음을 너희들은 알아야 할 것이니라.

26 내가 쓰고 있다는 사실을 너희들은 모르느니라.

27 수천수만 가지 꽃들이 다 자기의 특성과 향기를 갖고 생존하고 살아가며 그 임무를 다하고 살아가느니라.

28 그러나 그 꽃 중의 하나가 제 향기만이, 제가 내뿜는 것만이 이 세상에 살아가야 하며, 나머지는 다 인간에게 독소가 되며 모든 백성에게 고통을 주며 인간에게 해가 되니 이 세상에서 없어져야 하며 그는 뽑아내야 한다고 말한다면, 과연 너희들은 이를 어찌 받아들이는가?

29 그 꽃은 나에게 눈물로써 기도하느니라.

30 '창조주인 하나님! 이 세상의 모든 꽃은 다 뽑아내 주옵소서.

31 그리하여 만백성이 제 꽃만을 바라보며 제 꽃의 향기만을 맡으며 단 한 가지인 제 꽃의 소중함을 그들이 알 것이니,

32 하나님 아버지! 제발 그 꽃들을 다 뽑아 버리고 그들을 태워 버리고 그들을 죽게 하여 주옵소서.'

33 그렇게 창조주 나에게 기도하며 나에게 매달린다 하면, 내가 과연 그 말을 들어줄 수 있다 생각하는가?

34 내가 세상에 내보내는 것은 모두가 필요한 것이며 내가 역사하기에 그를 내보냈거늘,

35 그 꽃이 감히 저 위에는 아무것도 존재할 필요가 없다 생각하며, 저 혼자만이 사랑을 독차지하며 저로 하여금 이 세상의 모든 동식물로부터 그 사랑이 위대하며 소중함을 제가 한몸에 지니고자 나에게 그를 뽑아 주거나 태워 주기를 바란다 하면, 그 꽃은 나를 지배하고자 하는 사악한 꽃이 아니던가?

36 내가 과연 그 꽃의 청을 들어주어야 하겠는가?

37 하나를 위해 수천수만 가지 모두를 다 버려야 하는 그 길을 가 달라 하는 것이 지금의 그 꽃의 부르짖음이라 하면 과연 그것이 잘됐다고 생각하느냐?

38 이제 여기서 나의 모든 백성은 깨우치라.

39 신도라 하여 너희들이 기도하는 그 종교 집단의 돌아가는 형태를 봐야 할 것이며,

40 모든 종교 집단이 이 세상 모든 것은 나의 주관에 있다는 것을 먼저 알아야 할 것이니,

41 너희들은 그를 인정하지 아니하며 내가 똑같이 사랑하며 나에게 똑같이 소중하다는 그 이치를 너희들은 때로 잊어버리고 생활하고 살아가는 것이며,

42 생활하면서 잠시도 그와 같은 생각을 두지 아니하고 지워 버리며 그저 모르는 체하고 살아가는 것이 너희들이 아니던가?

43 여기서 너희가 이제는 확실히 알고 넘어가야 할 것이니라.

44 그 모두를 창조한 창조주 나의 뜻과 내가 원하는 길을 가지 아니하는 자, 그와 같은 자들은 나로부터 버림받으며 나와 관계없는 자임을 알아야 할 것이니라.

45 지금의 모든 종교 집단이요.

46 지도자 너희들이 진정한 나의 뜻에 따라 믿음의 길을 오는 것이 아니요,

47 그저 말로만 나를 부르며 나를 믿는다 그리 말하면서,

48 나 여호와가 원하는 뜻을 따라오지 아니하며 내 뜻에 순종하지 아니하면 이 세상의 모두는 다 사탄이요, 사악한 것이니 그들을 제거해 달라, 그리고 존재하지 아니하게 해 달라 부르짖고,

49 그저 너희들을 따라오지 않는 자는 적대시하고 경원시하며 살아가는 것이 너희들이니,

50 한 송이의 꽃이 제가 만백성으로부터 사랑을 받으려고 모두를 다 태워 버리고 없애 버리고 뽑아 버려야 한다고 나 여호와에게 말도 안 되는 그 사악한 기도를 드리는 것과 똑같이 지금의 종교 집단에 속해 있는 신도들이 기도함이니라.

51 무엇을 달라, 이루어 달라, 존재하게 해 달라 하는 것은 지만이 우선이요, 저만이 앞에 가고자 함이니, 남들은 다 필요 없다는 그와 같은 사악한 마음이요,

52 종교 지도자가 또 저희들의 집단이요, 저를 따라오는 자만이 구원을 받는 것이요, 천국으로 가며,

53 세상 것은 다 이단이요, 사탄이라 그리 말함이니,

54 그것이 바로 사악한 죄인이며, 나와 관계없는 백성이 너희들이라는 것을 깨달으라 함이니라.

55 이제는 너희들이 창조주 나에게 올 때가 되었음이니라.

56 이 세상의 모두는 다 똑같음이니라.

57 어떤 종파든 어떤 종파에 속해 있든 그들은 다 똑같은 자들이며, 그 종파 때문에 너희들은 나의 백성을 탓하지 말라.

58 이제는 그 모든 종파를 떠나서 정녕 창조주인 나 여호와를 바라보며 너희

들이 뜻이 하나가 되어 나에게 올 때
가 되었음을 알아야 할 것이니라.
59 모든 종파는 나의 뜻이 아닌 삶을 살
아가고 있음이니 그를 버려야 할 것
이며, 그곳에서 너희들이 헤어나는 그
와 같은 현명함을 얻어야 할 것이니라.
60 그리하여 너희들은 나의 뜻에 따라 살
아가는 그와 같은 현명함을 얻어야 할
것이니 그리 알라.
61 너희들이 지금 한 획도 고쳐서는 안
되며 한 자도 고쳐서는 안 되며, 오로
지 그 성경만이 위대한 것이라 그리
말하며, 그를 지키는 것만이 하늘에
오르는 길이라 가르치는 종교 지도자,
너희들은 여기서 문을 열어야 할 것이
니라.
62 신약의 성경 위에 율법이 있었으며,
또 그 율법 위에는 내가 세상에 내보
낼 때 지키며 살아가라 만들어 놓은
그 법도가 있음이니,
63 그 밑이 율법이요, 그 밑이 너희가 지
금 하늘에 오르는 길인 성경이라 함이
니, 그 성경은 무엇이더냐?
64 율법을 완벽하게 만들기 위함이요,
65 율법은 내가 세상에 미리 내려보낸
나의 뜻에 살아가는 법도를 완벽하게
만들고자 하여 그게 존재함을 너희들
은 알아야 할 것이니라.
66 율법 위에 너희들이 지키고 사는 그
법도가 있으며 지키고 살아야 하는 길
이 있다는 것을 이제는 너희들이 알아
야 할 것이니,
67 이제 그렇다면 어떠한 종파든 무엇을
따지지 말며 서로 옳고 그름을 따지지
말라.
68 완벽한 너희들의 가르침이요, 길이 아
니니라.
69 너희들은 보조하는 것이요, 돕는 것이
니라.
70 그리하여 신약의 성경도 율법의 그 모
두도 내가 미리 내려보낸 나의 뜻이
요, 진리요, 그것을 보조하기 위함이
요, 그를 완성하기 위하여 세상에 내
려 준 것이니,
71 너희들이 그것만이 구원을 받는다는
그와 같은 욕심을 버리며 눈을 뜨도록
그리하라.
72 이제는 참진리의 길을 찾으라.
73 그리고 그 길을 찾는 데 너희들의 모
두를 다 바치라.
74 어떠한 종파든, 어떠한 짓을 하든, 잘
났든, 못났든, 이제는 나 여호와만을
향하여 깨달음의 길을 올 수 있는 그
시대가 열림이니,
75 그게 바로 심판의 시대요, 나를 향하
여 달려오는 자만이 구원을 받는 것이
니라.
76 그리하여 나에게 달려올 수 있는 표를
내가 너희들에게 내려보냄이니라.
77 나로부터 선택된 백성이요, 나의 관문
에 와서 심판을 받을 수 있으며 들어
올 자, 들어오지 못할 자를 심판하는
나의 법전인 이 표를 너희들의 손에
쥐여 줌이니,
78 이를 보고 제대로 지킨 자는 그를 들
고 관문을 통과할 것이며, 그를 받고
도 행하지 못한 자는 관문을 통과할
수 없음이니,
79 나의 법전이요, 하늘에 오르는 그 표
를 받고도 너희들이 어찌 살았느냐에

따라서 들어오고 못 들어오거늘,
80 거기까지 오는 그 표도 받지 못한 자
는 하늘의 문 앞에까지, 천국의 문 앞
에도 오지 못하며, 지옥의 바닥에서
올라가는 자들을 보며 눈물을 흘릴 것
이니 그리 알라.
81 그래서 이제는 종파가 없으며 이름이
없는, 오로지 '하늘에 오르는 길'이요,
나 여호와의 말씀이라 하여 보내는 나
의 법전, 나의 성령을 태워 보내는 이
책, 이것만이 너희들을 구원하는 길이
라는 것을 절대 잊지 말라.
82 이를 보고 너희들이 깨우치라.
83 그래서 이것이 하늘에 오르는 길이 아
니라 하거든 그때 너희들이 버리라.
84 읽기도 전에 버리지 말며 읽기도 전에
태워 버리지 말며, 무조건 이는 사탄
이요, 이단이라 그리 말하지 말도록
하라, 어리석은 백성들아!

5,302 번째 하나님 말씀

2003년 3월 3일 10시 32분

1 사랑하는 나의 아들아!
2 "네, 아버님! 말씀하옵소서."
3 이 세상의 모든 아름다운 꽃을 피우고
아름다운 향기를 보내는 그 꽃들이 서
로 저만이 위대하며 저만이 존재한다
는 생각을 하고 이 세상에 아름다움을
비춘다면,
4 정녕 그 꽃의 아름다움이요, 그 향기
는 아무런 가치가 없으며 독소로 변하
게 될 것이니라.
5 서로 그 아름다움을 보이며 서로 그
향기를 보내 세상의 모든 동식물에
즐거움을 주는 것으로써 제 직분을 다
한다 생각하지 아니하며,
6 저 자신만이 위대하며 저 자신만이 존
재해야 한다는 그와 같은 생각을 하고
있는 꽃이라면 아무리 아름다운 꽃이
라 해도 가치가 없는 것이 아니던가?
7 모든 꽃은 동등하다는 것을 알아야 할
것이며, 모두 동등한 자격으로서 모든
권리요, 모든 권한을 다 창조주 나 여
호와가 저희들에게 똑같이 주었다는
그 사실을,
8 그리고 서로 존재함을 인정하며 서로
존재 가치가 따로 있다는 것을 깨우치
고 살아가는 그 꽃은 그 삶이 편안하
지 아니하겠는가?
9 하물며 인간인 너희들이 차등을 두고
지금 살아가는 그와 같은 믿음의 종교
집단들이 세상을 지배하고 있음이니,
10 그리하여 이 세상이 이와 같이 사악하
게 흘러왔음을 너희들은 알아야 할 것
이니라.
11 인간이 똑같다는 것을 잊어버리며 동
등한 자격을 가지고 세상에 나왔다는
것을 저버리며 우월주의에 빠진 그들,
12 저희들만이 이 세상에 존재하는 뜻이
있으며 저희들만이 존재해야 한다는
그와 같이 감히 상상할 수도 없는 생
각을 하고 사는 그들,
13 나 여호와가 필요하여 세상에 존재토
록 모든 것을 다 만들었거늘, 그것이
다 필요 없으며 저희들만이 존재하면
된다고 생각하는 자,
14 그들이 이 세상을 파괴한 주범인 것을
모르고 있음이니라.
15 나의 뜻을 거역하며 나를 능멸하며 이

세상의 모든 질서를 파괴하는 사악한
자들이 그 주역으로서 살아가고 있으
며, 주역으로서 서서히 변화되어 가는
것을 그들은 모르고 사는 자이니라.
16 그 대표적인 것이 지금의 저희들 믿음
만이 하늘에 오를 수 있다는 종교 집
단이요, 지도자요, 그 밑에 가 눈물로
써 기도하는 그 신도들이라는 것을 알
아야 할 것이니라.
17 이 세상의 모든 나의 백성, 나의 아들
딸은 차등이 없다는 것을 너희들은 알
아야 할 것이며,
18 그들이 행하는 것이 옳고 그름을 너희
들이 심판하며 그리 생각해서는 절대
로 아니 됨을 알아야 할 것이니라.
19 이 세상의 옳고 그른 것을 심판하며
인간을 차등으로써 대하는 너희들이
죽어 왔을 때, 그 행동이 얼마나 오만
하며 방자한 것이며 나의 뜻에 도전한
것인가를 알게 될 것이니,
20 너희들이 죽어 정녕 심판을 받을 때
나 여호와만이 심판하게 된다는 것을
알 수 있으며 너희들이 얼마나 오만했
던가를 그때 깨닫게 됨이니,
21 그리하여 너희들의 그 오만하고 어리
석음이 그 당시에 이 세상에 살 때는
우월주의라 생각하나,
22 나에게 와 심판을 받는 그 순간에는
죄만이 가중되며 그 죄에서 벗어날 수
없다는 것을 너희들은 알아야 할 것이
니라.
23 이 세상의 모든 것이 존재해서 움직이
고 지탱되는 것처럼, 하나도 소중하지
않은 것이 없음을 알라.
24 내가 이 세상에 만든 모든 동식물이
세상에 존재하는 것은 다 그들이 있
음으로 하여 지탱하게 되어 있기에,
25 그들이 하나라도 빠진다면 이 세상의
환경이 파괴되는 것이며 질서가 무너
지는 것이니,
26 지금 너희들의 사악한 욕심으로써 모
든 씨를 말려 가는, 그와 같은 너희들
이 살면서 환경을 파괴하는 것이 곧
하늘의 질서요, 하늘의 법도에 도전하
는 것임을 잊지 말라.
27 창조주 나에게 필요한 보석이라는 것
을, 그리고 너희들이 존재하는 그 이
유가 있다는 것을,
28 내가 만들고자 하는 거기에 하나하나
의 보석이 다 필요하기에, 그 보석은
필요하기에 내가 만들었음이니,
29 나는 그 보석이 필요한 이치요, 필요
한 것을 알고 있느니라.
30 알면서 만든 나에게, 너희들이 그것이
필요 없다, 버리라 말함은, 너희들이
스스로 죽어 가고자 하는 것을 자청함
이라는 것을 알라.
31 꽃은 제 역할을 묵묵히 하면 되는 것
이니라.
32 아름답게 필 때 아름답게 피며, 향기
를 발할 때 향기를 발하면 되거늘,
33 그 꽃이 어리석게도 이 세상에 저만이
위대하며,
34 다른 모든 꽃을 다 없애 버리며, 제가
많은 백성이요, 동식물로부터 혼자 사
랑을 독차지하기 위하여 그를 뽑아 달
라 나에게 기도하는 그와 같은 어리석
은 삶을 지금 종교 지도자의 집단들이
가고 있음이니,
35 너희들의 이 어리석음을 꽃에 비유하

여 깨우쳐 주고자 하는 나의 이 애절
한 뜻을 너희들이 조금이라도 생각한
다면,
36 오늘 이 순간부터 너희들이 얼마나 오
만한 것이며 잘못 갔으며 어리석은 백
성인지를 깨닫도록 그리하라.

5,303 번째 하나님 말씀

2003년 3월 3일 10시 47분

1 사랑하는 나의 아들아!
2 "네, 아버님! 말씀하옵소서."
3 너희 인간이 살아가면서 각종 취미 활
동이요, 그리고 즐겨 하는 그 모든 생
활 방식이 다름이니라.
4 너희들이 취미 활동하는 것이 사람마
다 다르며 각자의 성격과 취향이 다르
듯이,
5 또한 생활의 방식과 살아가는 그 방법
이요, 너희들이 살아가며 일하며 한
가정을 이끌어 가며 사회에서 일하는
그 일꾼으로서 살아가는 모습이요, 또
한 행하는 것이요, 직분이요, 책임이
다 다르니라.
6 그 사람의 방식대로 그들이 살아가는
것이 아니던가?
7 그 사람의 능력에 맞춰 그 분수에 맞
도록 그가 감당할 수 있는 것을 찾아
일하며 살아가는 것이 너희들이니라.
8 그러나 너희들이 남들의 취미 활동이
요, 남들이 열심히 살아가는 그 방법
이 너희들보다 부족하다 해서, 너희들
을 따르지 아니한다 해서, 너희들보다
모자라다 하여 그들이 잘못된 것이라
그리 말하며 그들을 평해서는 아니 됨
을 알아야 할 것이니라.
9 그들이 너무 남용하며 그들이 욕심을
부리며 과욕을 부렸을 때, 너희들은
그들을 탓하며 그들이 잘못 가는 것을
말할 수 있으나,
10 제 분수를 알며 남용하지 아니하며 과
욕을 부리지 아니하며 남에게 누가 되
지 아니하고 살아가는 그와 같은 삶을
산다 하면, 너희들은 그 나름대로 형
편에 따라 그 능력에 따라서 그가 최
선을 다하고 살아가는 그와 같은 모습
을 바라보는 자세를 가져야 할 것이요,
11 그를 평하는 그와 같은 삶을 살아서는
아니 될 것이니라.
12 그들이 살아가면서 남에게 폐를 끼치
지 아니하며 해를 끼치지 아니한다면,
너희들은 그들을 이해하고 살아가는
마음을 가져야 할 것이니라.
13 그가 취미 생활을 하는 것은 그 능력
이 그러하기 때문에, 그 체력이 따르
지 아니하기 때문에, 그 신체 구조가
맞지 않기 때문에,
14 그는 제가 맞는 것을 행하며 제가 할
수 있는 것을 역사하는 것이며,
15 삶 자체도 그 능력에 의해서 살아가는
것이 그 인간의 삶이 아니던가?
16 그를 보고 너희들에게 뒤진다 하여 부
족한 자라 그들을 심판하며 평가하며,
17 어리석은 자요, 실패한 자라 그와 같
은 말을 하는 것은 아니 될 것이니,
18 자기 자신을 모르는 자가 그와 같은
말을 하느니라.
19 자기 자신을 모르기에 남이 처해 있는
그 입장을 들여다볼 수 없으며 볼 수
없는 것이 너희들이라는 것을 알아야

할 것이니라.
20 그리하여 너희들은 그 신체 구조에 따라서, 그 능력에 따라서 최선을 다하고 살아가는 사람들의 모습을 보며 그들을 인정해 주며, 존경할 줄 알며,
21 또한 그들이 하는 작고 큰 취미 활동이요, 호화롭지 않고 초라한 취미 생활이라 하여 그것으로 그 사람을 평가하는 그와 같은 어리석은 생각을 하지 말라.
22 그 사람은 그 사람의 방식대로 그가 더 아름답고 그가 행복하게 살아가는 이면의 생활이 있다는 것을 너희들은 알아야 할 것이니라.
23 이것이 바로 너희들이 깨달아야 할 이치이니라
24 이를 너희들이 보지 못하고 남을 평가하며 남을 시시비비하며, 그와 같은 생각으로써 육의 세상에 너희들이 좀 더 높이 있고 좀 더 가졌으며 권력의 힘을 가지고 있다 해서 만백성을 함부로 평가하는 어리석은 삶을 살지 말라.
25 다 자기 자리가 필요하여 내가 그들을 있게 하였음이니,
26 그들은 그 자리에서 과용하지 아니하며 남에게 폐를 끼치지 아니하며 남용하지 아니하고 실수하지 아니하고 살아간다면 그 나름대로 다 소중한 자들이라는 것을 잊지 말라.
27 내가 구석구석에 그와 같은 자들이 있어 세상이 존재하며, 좀 더 나은 자, 좀 더 많이 관리하는 자, 좀 더 명예가 높은 자들이 존재함이니,
28 그들이 없으면 존재할 수 없으며 그리하여 그들과 너희들은 다 동등한 자라 함을 알라.
29 좀 더 가졌다 하여도 그것을 관리하는 것이요, 죽을 때 가지고 오는 것도 아니며,
30 명예가 높다 하여도 평생토록 그 권좌에 앉아 있는 것도 아니니,
31 너희들이 물러나고 모두를 다 잃었을 때, 지금 초라하고 힘들게 살아가는 그들보다도 더 비참해지며 더 불행한 삶을 살 수도 있을 것이니,
32 오늘 인간 세상의 것은 하나도 나에게 가지고 오지 못하니, 그것으로 많은 백성을 평가하는 어리석은 삶을 살지 말라.

5,304 번째 하나님 말씀

2003년 3월 3일 13시 31분

1 사랑하는 나의 아들아!
2 "네, 아버님! 말씀하옵소서."
3 네가 무슨 뜻이며 어떠한 것을 역사하고자 하는 것이며, 나 여호와가 존재함이요, 그 자체도 모르던 네가 책을 만들어 세상에 냈음이니,
4 '하나님! 말씀하옵소서', '하늘에 오르는 길', 이 책을 몇 권 만들어 세상에 전함이니, 그것을 한 여인이 보고 읽지 않았던가?
5 그를 읽고 깨달은 여인이 이것이 나 여호와의 뜻이라 하여 너를 찾아왔음이니,
6 그로부터 시작하여 지금 네가 오늘의 이 성전에서 160권의 법전을 쓰고 있으며,
7 16권의 법전이 세상에 나와 많은 백

성이 그를 읽고 깨우쳐 지금 나의 성
전에 와 공부하는 네 제자들이 그리
모여 있지 아니하던가?
8 너는 실망하지 말며 너의 제자들 또한
두려워하지 말라 그리 이르라.
9 너희들의 말에 태산을 이루는 것도 먼
지가 모여 태산을 이룬다 하지 아니하
였던가?
10 먼지가 모여 태산을 이룬다 하였음이
니, 그 작은 먼지가 모여서 태산을 이
루는 것보다는 너를 따르는 제자들이
요, 너와 더불어 사는 그 백성이요, 나
의 사랑하는 백성이 나의 법전을 읽고
모여들 때 너는 먼지가 태산을 이루는
것 같은 어렵고 힘든 길이 아닐 것이
니라.
11 그러니 너는 지금 두려워하지 말며,
너희들 제자 또한 많은 백성이 법전을
읽지 아니하며 공부하지 아니하며 나
의 성전을 찾아오지 아니한다 하여
두려워하지 말라.
12 한 여인이 이 법전 한 권을 읽고 나서
그가 깨우쳐 오늘의 이 역사를 이루었
음이니,
13 그리하여 160권의 법전을 써 지금 70
권이 넘었으며, 열여섯 권은 이미 나
와 세상에 뿌려졌으며 만백성이 이를
읽고 깨우치고 있음이니,
14 그와 같이 역사하는 것은 내가 이루고
자 할 때 모두가 다 이루어짐이니라.
15 먼지가 모여 태산을 이루는 것, 티끌
모아 태산을 이루는 것보다 너희들이
못하다 생각하는가?
16 그보다 열배 백배 더 너희들이 편안하
게 모든 역사를 이룰 수 있으며, 간단
하게 이룰 수 있다는 것을 알아야 할
것이니라.
17 작은 먼지요, 작은 티끌이 모이고 모
여서 태산을 이룬다 하였음이니, 너희
들은 그 의미를 깊이 알라.
18 나 여호와가 이루고자 하며 내가 역사
하고자 함이니, 너희 제자들이 그만
못하다 생각하는가?
19 너희들이 이 세상을 나의 법전이 하얀
눈이 내려 덮듯이 다 덮을 것이며, 만
백성은 이를 보고 깨우칠 것이니라.
20 그때 가서는 너희들이 내가 역사하는
뜻이 얼마나 두렵고 무서운 것이며
나 여호와의 성령의 뜻이 얼마나 무서
운 것인가를 알게 될 것이니라.
21 이제 너희들은 두려워하지 말라.
22 내가 역사를 시작할 것이니 그리 알
라, 사랑하는 나의 아들딸들아!

5,305 번째 하나님 말씀

2003년 3월 3일 13시 38분

1 사랑하는 나의 아들아!
2 "네, 아버님! 말씀하옵소서."
3 너희들 말에 '남의 제사상에 감 놔라,
대추 놔라 하지 말며 참견하지 말라'
는 말이 있지 않던가?
4 그가 제사상을 차리며 제 형편과 제
능력에 맞춰 자기 개성이요, 자기가
할 수 있는 그 능력에 따라 힘에 부치
지 않도록 준비할 것이며 그리 차리는
것이 아니던가?
5 그러나 이 모두는 나 여호와가 너희들
에게 지키라 명한 것이 아니요, 내가
너희들에게 정해준 것이 없으니,

6 그 원칙이라는 것은 인간 세상에서 너
희들이 만들었으며, 우상을 섬기기 위
한 하나의 표본으로써 너희들이 행하
고 있지 않은가?
7 그와 같은 남의 일에 간섭하지 말라
그리하였음이니라.
8 하물며 인간 세상에 살아가면서 이웃
의 형제요, 더불어 살아가는 백성의
그 살아감을 이래라저래라 간섭하는
것이며, 잘못 산다, 잘 산다 간섭하는
것은 너희들이 잘못된 것이라는 것을
알아야 할 것이니라.
9 너희들이 살아가면서 모든 이웃이요,
너희 형제들이 잘못 살아가면 그걸
보고 탓하기 전에, 너희들의 삶과 언
행을 보고 그가 깨우쳐 바르게 살 수
있도록 너희들이 모범적인 삶을 살면
되느니라.
10 네 뜻에 못 따라온다 하여, 네가 생각
하는 데 그릇에 차지 않는 사람이라
하여 함부로 말을 해서는 아니 되는
것이 너희들임을 알라.
11 은연중에 올바르고 바른 행동을 함으
로써 그들이 보고 따를 수 있는 그와
같은 바른 삶을 사는 것이 진정한 가
르침이요, 인도자가 할 수 있는 것이
라는 것을 너희들은 알아야 할 것이니
라.
12 이제 나로부터 선택된 백성이요, 나의
법전을 읽고 깨우친 너희들은 그와 같
은 행위를 해서는 아니 되며, 누구를
평해서도 아니 되며, 어떠한 것을 가
지고 남에 대한 것을 시시비비하며 말
을 해서도 아니 됨을 잊지 말라.
13 내가 너희들에게 내려 준 깨우침이요,
하늘에 오르는 참진리를 공부하고 연
구하는 것 외에,
14 세상사 살아가는 그 속에서의 격식이
요, 규정이요, 이런 것을 따지고 거기
에 얽매여 살다 보면 진정한 하늘에
오르는 길이요, 하늘의 참진리의 뜻을
모르게 되는 것이 너희들이니라.
15 너희들이 인간이 만든 격식이요, 그
규정이요, 그 삶에 얽매여 살다 보면
인간 세상의 그 한계를 벗어나지 못함
이니라.
16 그러니 너희들이 하늘의 뜻을 알 수가
없으며 하늘의 뜻을 행할 수 없음이니
라.
17 너희들은 형식이요, 격식에 너무 얽매
이는 그와 같은 틀에 박힌 삶에서 벗
어나야 할 것이니라.
18 남에게 누가 되지 아니하며 남에게 폐
가 되지 않는 그와 같은 삶을 사는 것
이 바로 하늘에 오르는 길이요,
19 그 길을 간다 하면 너희들이 곧 나를
보게 될 것이며, 하늘의 뜻을 거역하
지 아니하고 사는 것임을 너희들은 알
아야 할 것이니라.
20 이 세상은 기본의 자세가 있으며 근본
의 자세가 있음이니,
21 그는 책으로 기록되어 전하지 아니하
며 말로써만 전해지는 그와 같은 위대
한 나의 가르침이 세상에 있음을 너희
들이 알아야 할 것이니라.
22 글로 전해지지 아니하고 책으로 엮어
서 전해지지 아니하여도, 그 방대한
나의 뜻은 세상에 다 내려와 있음을
너희들은 알아야 할 것이니라.
23 너희들이 하늘을 향하여 한 점의 부끄

러움이 없는 삶을 사는 것, 그것이 바
로 내가 너희들에게 지키고 살라 명한
것이니,
24 그것이 바로 율법이요, 구약이요, 십
계명이요, 신약이요, 그리고 지금 내
리는 나의 법선보다도 더 위대하며 먼
저 깨우치고 먼저 행해야 할 것임을
너희들은 알라.
25 이 모두는 너희들이 지금 지키고 살아
야 하는, 도덕적으로 부끄러움이 없는
그 삶을 바로 살아갈 수 있도록 하고,
26 그렇게 살지 못하는 너희들을 깨우쳐
주고 다스리고자 보조 역할로써 세상
에 내려왔다는 것을 너희들은 오늘 깨
우치라.
27 그리하여 보조 역할로 내려온 것에 모
두를 다 바치지 말며,
28 너희들은 거기서 내가 내린 참진리의
뜻이요, 그를 지키고 행할 수 있는 것
을 보게 됨이요, 그것을 깨우쳐 주고
자 오늘날 이와 같은 역사가 이루어진
다는 그 사실을 알도록 하라.
29 진정 내가 먼저 내린 법도요, 질서요,
나에게 오르는 참믿음이요, 진리를 안
다 하면 더 이상 내가 가르치고 전할
것이 없건만,
30 너희들은 그를 지키지 못하고 행하지
못하기 때문에 내가 율법을 내렸으며,
신약을 내렸으며,
31 이제 나의 성령을 태워 마지막 너희들
을 심판하는 이를 보고 행하지 아니하
면 구원의 길을 정녕 올 수가 없는 이
법전을 세상에 내려보내 지금 내가 이
지상을 다스리고자 하며,
32 새로운 역사 속에서 태어나는 백성만
이 존재할 수 있도록 천 년의 그 길고
도 긴 여정을 지금 시작함을 너희들은
알라.

5,306 번째 하나님 말씀

2003년 3월 3일 13시 45분

1 사랑하는 나의 아들아!
2 "네, 아버님! 말씀하옵소서."
3 너희들이 이 세상에 살아가면서 이웃
으로부터 스승으로부터 하나의 진리
의 깨달음을 얻으며 그 가르침으로써
너희들이 인생을 살아가는 그 삶의 변
화를 이룰 수 있다 하면,
4 그 가르침이야말로 너희들에게 얼마
나 위대하고 소중한 것이던가?
5 너희들의 인생의 삶을 바꿔 놓을 수
있는 그 가르침 하나를 얻은 것으로써
너희들은 평생 스승으로 생각하며 그
은혜를 다 갚지 못할 것이니라.
6 하물며 너희들이 평생을 같이 만나 서
로 이해하며 서로 힘들고 어려울 때
봉사하고 희생하며 이해하고 용서하
고 참고 견디며 슬픔과 괴로움을 같이
하는 가장 가까운 부부는 어떠한 형국
으로 살아가야 하는가?
7 부부라 하여 만난 그 인연은 나 여호
와의 뜻에 따라 이루어짐이니,
8 남자는 연약한 여자요, 유한 마음을
가진 아내를 공주처럼 보면서 그리 생
각해야 할 것이며,
9 또한 여자는 그 남편 보기를 왕자처럼
그리 보며 아끼고 소중하게 생각하며
살아야만 함을 잊지 말라.
10 그러니 나로부터 선택된 백성 너희들

이야말로 그와 같이 살지 아니하면 아
니 됨을 내가 나의 법전에 기록하여
전함이니, 그와 같은 아름다운 마음으
로 너희들은 살도록 그리하라.
11 너희들이 아내를 공주처럼 본다 하면
그 아내는 공주 같은 자세로 살아가
야 할 것이며 행함을 그리 행해야 할
것이며, 공주의 대우를 받을 수 있는
그와 같은 아름다운 삶을 살도록 노력
해야 하며 그리 살아가야 할 것이니라.
12 삶이 방탕하며 삶의 자세를 잘못하면
서 결코 공주의 대우를 받을 수 없을
것이니라.
13 또한 왕자같이 받들라 하는 그와 같은
너희 남자도 마찬가지이니라.
14 너희들이 왕자 같은 대우를 받으며 그
리 살려면 얼마만큼 아름답고 너희 자
신을 소중히 살아가야 하는가?
15 서로 직분을 다하고 사는 남녀는 공주
와 왕자같이 받들고 소중히 생각하고
살아가야 할 것이니라.
16 그러나 직분을 다하지 못하는 자, 게
으른 자, 태만한 자, 그는 정녕 그와
같은 대우를 받을 수 없을 것이니라.
17 그와 같이 대우를 받을 수 없으며 잘
못된 삶을 사는 백성은, 나의 법전을
읽는 이 순간부터 너희들은 왕자와 공
주로서 대우를 받을 수 있는 그와 같
은 삶의 자세로 바꿔서 살아가야 함을
알아야 할 것이니라.
18 이게 곧, 그와 같이 사는 것이 구원의
길이라는 것을 잊지 말고 그리 알라.
19 그리 행하지 아니하고 살면 나로부터
심판을 받을 때 너희들은 너무나도 무
서운 그 심판의 결과를 알게 될 것이
니 그리 알라.
20 너희들처럼 어리석은 백성이 세상에
어디 있는가?
21 서로 만나 평생 아끼고 사랑하며 슬프
고 괴로운 일을 같이 나누고 같이 협
력하여 살아가는 자를 그와 같이 소중
히 보지 아니하고 사는 백성이 가장
어리석은 백성임을 너희들은 알아야
할 것이니라.
22 이제 내가 나의 아들을 통하여 법전에
기록하여 너희들에게 전함이니라.
23 너희들이 나 여호와를 찾으며 나 여호
와에게 경배하며 나에게 드리는 그 정
성이요, 나의 아들 예수를 구세주라
부르며 영광의 주라 부르며 그 보혈의
은혜로써 구원을 받았다며 신처럼 받
드는 그와 같은 것보다도,
24 율법을 지키고자 노력하는 것보다도,
25 신약의 성경을 지키는 것보다도,
26 새로 내린 나의 법전을 지키는 것보다
도,
27 그보다 더한 정성의 마음이요, 그보다
더 애틋한 마음이요, 더 소중한 마음
으로써 부인은 남편을 사랑하며 남편
은 아내를 사랑하며,
28 서로 공주와 왕자로 보는 그와 같은
마음으로 살아가는 것을 먼저 마음에
두며 더 정성을 들이며 더 마음을 다
스려 나가도록 그리하라.
29 그와 같이 살아가는 자, 나를 경배하
며 예수를 부르며 나의 법전을 보는
것보다 내가 너희들을 더 사랑하고 소
중히 생각함을 알라.
30 이는 곧 무엇이던가?
31 내가 원하는 것은 내가 사는 하늘나라

에 나의 아들딸이 내 품에 돌아오는
것이 나에게 가장 큰 영광이요, 기쁨
이니,
32 너희들이 그와 같이 화목한 가정이요,
화목한 삶을 살지 아니한다면 하늘에
오를 수 없음이니라.
33 하늘의 천국은 공주와 왕자보다도 더
위대한 백성이요, 더 위대한 깨달음이
요, 더 위대한 사랑을 나누며 인간의
가치를 소중히 생각하고 사는 그와 같
은 백성만이 올 수 있기 때문이니,
34 그리하여 너희들이 공주와 왕자로서
살아가지 아니하면 너희들이 그들보
다도 더한 자가 오는 하늘나라에 올라
올 수 없음을 알라.
35 그와 같이 서로 사랑하며 살아가는 것
이 나에게 기도하는 것보다도 더 소중
함을 내가 나의 아들을 통하여 법전에
기록함이니,
36 이를 너희들이 잘못됐다 말하지 말며,
깨우쳐 너희 것으로 만들어 바른 삶을
살아가도록 그리하라, 사랑하는 나의
아들딸들아!

5,307 번째 하나님 말씀

2003년 3월 3일 13시 54분

1 사랑하는 나의 아들아!
2 "네, 아버님! 말씀하옵소서."
3 너희들이 살아가면서 한 송이의 꽃을
보든, 하나의 나무를 보든, 어떠한 식
물을 보든, 그 모두에게 너희들의 마
음을 그리 보내어 너희들이 그 꽃이
되며 나무가 되라 하였음이니,
4 과연 너희들이 가지 하나를 꺾을 수가
있으며, 그를 보고 어떠한 생각을 할
수 있겠는가?
5 그리고 꽃과 나무들이 가진 그 아름다
운 마음을 읽는 그와 같은 깨달음의
삶을 살라 내가 나의 법전에 그리 기
록하여 전하였느니라.
6 그러나 이제는 나의 법전을 읽고 깨우
치는 백성이요, 나의 아들을 따르는
제자 너희들은 알아야 할 것이니라.
7 그 꽃 속에 네 마음을 보내어 꽃과 너
희들이 대화를 하는 것이 아니요,
8 그 꽃이 긴 겨울을 지나며 봄에 꽃을
피우려고 그 아름다움을 너희들에게
보여 주기 위하여 그 꽃은 그 길고도
긴 겨울에 얼마나 추위에 떨고 떨며
버티고 있었는가?
9 너희들은 그 꽃이 피어날 때까지 그
고통을 한번 생각해 보았는가?
10 그 고통을 너희들이 들여다봐야 함을
이제는 잊지 말아야 할 것이니라.
11 너희들의 고통이 그보다 더하던가?
12 아무것도 걸친 것 없이 그 길고도 긴
혹독히 추운 겨울에 비바람에 견디면
서 그가 하나의 꽃을 피우려고 견뎠던
그 고통만큼 너희들이 오늘의 그 길을
가는 것이며,
13 나의 법전을 전하며 만백성을 깨우치
고자 스스로 변하는 것이 그 아픔보다
더 아프고 고통스럽던가?
14 아무것도 걸치지 않고 그 추운 겨울을
버티는 그 꽃의 인내만큼도 못하다면
과연 너희들은 어찌할 것인가?
15 봄에 그 아름다운 꽃을 피우려고 추운
겨울을 견디는 것처럼,
16 너희도 견디고 견디어 나에게 선택된

백성이라는 것을 만백성이 보고 깨우
칠 수 있도록, 그 어렵고 힘든 길을 주
저하고 포기해서는 아니 됨을 너희들
은 알아야 할 것이니라.
17 정녕 그와 같은 아픔을 생각한다면 너
희들의 오늘의 그 아픔이 얼마나 고통
스럽던가?
18 이 세상의 그 모두가 하나도 편안히
이루어지는 것은 없으며 노력 없이
이루어지는 역사는 없음을 알아야 할
것이니라.
19 인간 너희들은 그리 말할 것이니라.
20 그 꽃이 아무리 덮지 아니하며 그를
보호해 주지 아니한다 해도 땅에서 올
라오는 그 열기요, 그 훈기로써 그 꽃
은 춥지 않게 견디며 겨울을 나며, 봄
에 꽃을 피운다 그리 말하는 자도 있
을 것이니라.
21 그러나 너희들은 그와 같은 사악한 소
리를 하지 말라.
22 그와 같은 매몰찬 마음을 가진 것이
인간 너희들임을 알라.
23 그렇다면 너희들은 생각해 보라.
24 그 꽃이 과연 무엇을 위해서 그리 피
어나는가?
25 저 자신을 위해서만 그 꽃이 피어나는
가?
26 그는 아니니라.
27 남들을 위하여 피어나는 것이요, 남들
을 위해서 그 고통의 긴 겨울을 거치
고 아름다운 한 송이 꽃이 피어난다는
것을 알라.
28 너희들은 그와 같은 마음으로 바라보
며 그와 같은 생각으로써 세상 살아가
는 이치요, 그 사랑의 뜻을 깨우치도
록 그리하라, 사랑하는 나의 아들딸들
아!

5,308 번째 하나님 말씀

2003년 3월 3일 14시 05분

1 사랑하는 나의 아들아!
2 "네, 아버님! 말씀하옵소서."
3 지금 수천 년 동안 내려오는 종교 지
도자들이요, 그 집단이요, 그 신도라
말하는 백성,
4 그리고 나의 법전을 읽고 깨우친 너를
따르는 제자들과 나의 법전을 읽고 나
에게 오고자 하는 백성 너희들은 이제
깊이 들어 깨우쳐야 할 것이니라.
5 나를 믿는다 말하는 종교 지도자, 그
리고 나를 향하여 그 믿음으로 구원의
길에 온다 하는 신도라 하는 나의 많
은 백성, 너희들은 이제 들어 깨우침
을 깊이 가져야 할 것이니라.
6 너희들이 기도하며 경배하며 나를 찾
는 것은 죄를 짓고 용서를 비는 기도
를 하는 것이 아님을 알라.
7 너희들이 죄를 짓고 나에게 용서를 비
는 것이며 용서를 빌려고 너희들이 기
도를 드리라는 것이 아님을 알라.
8 죄를 지은 자는 기도할 자격이 박탈된
다는 것을, 너희들은 먼저 그것을 깨
달아야만 될 것이니라.
9 나의 하늘의 뜻과 너희들이 지금까지
믿어 왔던 그 종교 집단들의 가르침
중에서, 여기서 하나의 길을 반드시
선택해야 할 것이니라.
10 나 여호와는 너희들이 죄를 짓고 나에
게 죄를 용서를 비는 그 기도를 드리

는 것이 아니요,
11 죄를 지은 자는 나에게 기도 드릴 자
격이 없으며 그 자격이 박탈되고 있다
는 것을 너희들은 알아야 할 것이니라.
12 나는 그와 같은 백성을 기다리고 있음
을 너희들은 알아야 할 것이니라.
13 너희들이 나의 뜻과는 너무나 멀리 가
있음을 알아야 할 것이니라.
14 나 여호와는 죄를 짓고 용서를 비는
백성이요, 그 죄를 짓고 잘못했다 울
고불고 그리 기도하는 너희를 기다리
는 것이 아니요,
15 너희들이 죄를 지음으로써 나 여호와
에게 기도할 자격이 없다고 가슴 아
파하며 통곡하며 우는 그 백성을 내
가 기다림을 알아야 할 것이니라.
16 너희들은 이를 잘못 알고 잘못 깨닫고
있음이니라.
17 말로써 울부짖으며 말로써 기도 드리
며 말로써 용서를 빌면 너희들의 모든
죄가 사해지는 것처럼 생각하며 용서
받았다 생각하는 그것은 잘못이니라.
18 이제는 너희들이 죄를 짓고 나에게 용
서를 비는 그와 같은 기도를 드리는
것이 아니요, 용서를 비는 것이 아니
라,
19 죄를 지었을 때 나에게 기도를 드릴
수 있는 그것이 박탈됨이니, 너희들이
소리 지르던 그 기도 소리는 서서히
줄어들어야 할 것이며,
20 너희들이 말하듯이 죄 있는 자, 쥐구
멍이라도 찾아 들어가듯이, 너희들이
쥐구멍이라도 들어갈 수 있는 그와 같
은 마음이요,
21 나에게 기도 드릴 자격이 없다는 것
을 먼저 깨달을 것이며,
22 기도 드릴 자격이 없으며 부끄러워
기도를 드릴 수 없다는 것을 먼저 깨
닫는 것이 너희들이 나에게 기도 드리
는 마음의 자세임을 알아야 할 것이니
라.
23 오늘 같은 너희들의 믿음으로써 죄를
짓고 아우성쳐 소리 지르며 광란의 짓
을 하면 용서를 받는다 생각하는 그와
같은 믿음을 오늘 당장 덮어 둬야 할
것이며,
24 더 이상 그와 같은 길을 계속 간다면
나로부터 용서받을 수 없을 것이니라.
25 오늘부터 너희들이 죄를 짓는 그 순간
부터 나에게 기도할 자격이 없으며,
그 기도할 자격이 서서히 줄어든다는
것을 너희들은 알아야 할 것이니라.
26 서서히 백발이 되어 죽음을 향해 가는
그 백성처럼, 나에게 죄를 짓고 계속
기도를 드리는 것은 나와 관계도 없으
며,
27 죄를 지은 자는 기도 드릴 자격이 서
서히 소멸되어 가는 그와 같은 너희들
의 자세로써 살아가야 함을 잊지 말라.
28 이것이 나 여호와의 뜻이며 너희들이
살아가는 마음의 자세임을 알라.
29 죄를 지으면 나에게 기도할 자격이
박탈당한다는 것을 깨달아야 할 것이
니라.
30 그와 같이 죄를 짓고 나에게 기도할
자격까지 박탈된 아들딸, 나는 너희들
을 기다리지 아니함이니라.
31 너희들이 나에게 당당히 기도 드릴 수
있는 것은 죄 없는 자가 기도를 드리
는 것이며, 용서받을 것이 없는 자가

나에게 기도 드릴 자격을 갖춘 자임
을 알라.
32 그리하여 내가 나의 법전을 내려보낸
것이요, 성경을 내려보낸 것이요, 율
법을 내려보낸 것이요, 십계명을 내려
보낸 것이니라.
33 너희들의 죄를 위하여 그것이 필요한
것이 아니요, 너희들이 죄를 짓지 아
니하는 길을 가도록 하려고 그것이 필
요했던 것이니라.
34 그리하여 천이라는 죄를 지은 자가 하
나씩, 하나씩 나로부터 선을 행하고
그 죄를 용서받는 자, 그는 나에게 기
도 드릴 자격이 있으나,
35 하루를 살면서 하나의 죄가 더 늘어나
며 또 하루를 지나면 죄가 또 늘어나
는 자,
36 그와 같이 너희들이 지은 죄에서 하나
씩 줄여 가는 것이 아니요, 지은 죄를
하나씩 늘려 가는 그와 같은 사악한
삶을 사는 자는 나에게 기도 드릴 자
격이 없음을 너희들은 알라.
37 이 무서운 사실을 너희들이 알고도 깨
닫지 못하며 그리 행하지 아니한다면,
너희들이 나에게 와 받는 그 벌은 너
희들 것이니, 나는 아무런 관계도 없
으며 나 여호와를 원망하지 말라.
38 그리고 아버지라 부르지도 말며, 전지
전능한 창조주 나라 부르지도 말라.
39 죄가 가벼워질수록 그는 더 힘차게 나
에게 기도할 자격이 있음이니라.
40 죄를 짓고 사악한 짓을 계속하면서 그
추하고 더러운 몸뚱이요, 입으로써 어
찌 나를 찾으며 나에게 용서를 비는가?
41 용서를 비는 자가 어찌하여 죄를 지을
수 있단 말이던가?
42 너희들이 한 번의 죄를 용서를 빌어
내가 너희들의 그 죄를 용서해 줬다
면, 두렵고 무섭고 감사해서 다시는
그 죄를 짓지 아니할 것이거늘,
43 너희들은 나에게 빌고 빌어 너희에게
용서해 준 그 죄를 또 짓고 또 지음이
니, 너희들이 나를 얼마나 우롱하는
것이며 나를 능멸하는 것인가를 알겠
는가?
44 이제 너의 제자들에게라도 가르치라.
45 너희들이 죄를 계속 지어가면서 나에
게 기도 드리려 하지 말라.
46 너희들이 지은 죄를 하나씩 감해 갈
때, 하루에 열 개의 선행을 하고 악한
짓을 다섯 개 했을 때 너희들은 나에
게 기도를 드릴 수 있는 것이요,
47 선행은 하나를 하며 악한 짓을 다섯
개, 열 개를 한 자는 나에게 기도 드리
지 말라.
48 그자는 기도 드릴 자격이 없으며, 그
기도의 자격까지 내가 박탈해 거둬들
였다는 것을 잊지 말고 살아가도록,
너의 제자들에게 그리 깨우치도록 하
라.
49 이 죄는 다시는 짓지 않겠다는 그 약
속이 기도이니라.
50 용서를 받는 기도가 아니요,
51 나는 아버님의 뜻에 따라 살지 못했
으며 아버님의 뜻을 거역하여 죄를 지
었으니, 그 죄를 다시는 짓지 않겠다
고 하는 것이 너희들의 기도이며, 기
도는 약속이니라.
52 기도는 수다를 떨어 말로써 세상을 오
염시키며 하늘을 오염시키는 그와 같

은 말장난으로써 죄가 사해지는 것이
아니며, 용서를 받는 것이 아니며, 그
것은 기도 드리는 것이 아니니라.
53 너희들이 죄를 다시는 짓지 않겠다는
그 약속이니라.
54 너희들이 바로 무엇을 약속하는가?
55 아름답게 살겠다, 죄를 짓지 않고 살
겠다, 너희들이 그리 용서해 달라 하
느니라.
56 너희들이 죄를 짓지 않겠다 말하여 내
가 너희들을 용서해 주었으니,
57 또 죄를 짓는 자가 그 다음 날 나에게
용서해 달라는 그 기도를 할 자격이
있다고 생각하는가?
58 너희들 인간사에서 거짓말을 두 번,
세 번 하는 자를 인간으로 취급하지
아니하며 그를 상대하지 아니하며 너
희들이 돌아다보지 아니하며,
59 그와 더불어 세상에 살아가는 것을 추
하고 부끄럽게 생각하지 아니하는가?
60 하물며 창조주 나 여호와 앞에 거짓말
하고 또 거짓말하면서 또 용서를 빌고
그와 같은 추한 짓을 하는 자,
61 과연 너희들은 누구에게 약속한 것을
위반하는 것이며 누구에게 언약한 것
을 위배하는 것인가?
62 기도는 너희들의 소원을 비는 것이 아
니요, 기도는 너희들의 죄를 용서해
달라 비는 것이 아니요,
63 너희들이 죄를 짓지 아니하고 깨끗하
게 살아가겠다는 약속이니, 그 약속을
지킨 자가 또 더 강한 약속이요, 더 큰
약속이요, 더 많은 죄를 지은 것을 털
어 보내는 그 약속을 할 수 있는 그 기
도를 드릴 자격이 있는 것이 기도의
원천이며 뜻이니라, 사랑하는 나의 아
들딸들아!
64 수천 년 동안 흘러오는 속에서 너희들
이 이 진리를 알았더라면 오늘날 이와
같이 사악한 백성은 있지 않았을 것이
며,
65 그리하여 너희들은 나와 관계도 없는
백성이며, 나와는 아무런 관계도 없는
너희들이 나의 백성을 하늘에 오르게
한다며 그리 우롱하고 그들을 괴로운
삶을 살아가도록 한다는 것을 잊지 말
라.
66 너희들의 죄를 사해 달라 기도하고 또
죄를 짓는 기도를 하는 그것이 아니면
너희들은 아무것도 할 것이 없으며,
너희들은 몇천 년 동안 아무것도 한
것이 없는 것이니라.
67 죄지은 자가 기도할 수 없는 것을 이
제 깨달았다 하면, 나의 백성 너희들
은 그리 행하며 변하도록 그리 살아가
라.
68 그리하여 너희들은 죄를 짓는 순간순
간에 나에게 기도할 자격이 박탈되며
너희들이 그 기도 드릴 능력이 거기
서 하나씩 하나씩 빠져나감이니,
69 너희들에게 남는 것은 죄의 굴레만이
남는다는 것을 절대 잊지 말라.
70 너희들이 나에게 죄를 짓고 또 거짓말
하며, 또 무엇을 달라, 그리고 죄를 용
서해 달라 기도 드리는 그 기도의 횟
수는 너희들 평생에 정해져 있는 숫자
이니, 그를 함부로 남용하지 말라.
71 너희들이 선한 일을 했을 때 나에게
기도하는 것은 소멸되지 아니하나,
72 악한 짓을 하면서 나에게 소원을 빌고

기도하는 것은 너희들이 가지고 쓸
수 있는 모든 금은보화보다도 더 소중
한 천국에 오를 그 기회를 스스로 던
져 버리는 것임을 여기서 깊이 깨우쳐
깨닫도록 그리하라.

5,309 번째 하나님 말씀

2003년 3월 3일 14시 16분

1 사랑하는 나의 아들아!
2 "네, 아버님! 말씀하옵소서."
3 내가 나의 법전에 기록하여 너희들에
게 뭐라 말하였느냐?
4 나에게 정녕 기도를 드린다 하면 '저
의 죄를 용서하여 주옵소서.' 그리 기
도하라 하였음이니라.
5 그와 같이 내가 명한 대로 기도를 드
리는 나의 선택된 백성 너희들은, 그
기도를 드리면서 죄를 지어서는 아니
된다는 그 무서운 사실을 가슴 깊이
묻어 둬야 함을 잊지 말라.
6 너희들이 용서받을 수 없는 죄요, 정
녕 누구에게도 용서를 받을 수 없으며,
7 오로지 나 여호와만이 너희들의 죄를
용서해 줄 수 있으며, 너희들이 잘못
살아온 그 삶의 대가를 사해 줄 수 있
는 것은 나 여호와뿐이니,
8 내가 너희들의 그 기도를 믿고 그 기
도를 들어 너희들의 죄를 용서해 주었
으며 그 모두를 다 사면해 주었다 하
면,
9 그런 너희들은 얼마나 영광된 것이며
축복을 받은 것이라 말할 수 있겠는가?
10 그러나 그와 같은 영광이요, 축복을
너희들이 나에게 달라 하여 도저히 얻
을 수 없고 이룰 수 없는 그 기회를 내
가 주었건만,
11 너희가 또다시 죄를 짓는다 하면, 그
리고 사악한 짓을 한다 하면,
12 그 어렵고 힘들어 도저히 이룰 수 없
는 기도를 들어준 나 여호와를 너희들
은 어찌 보는 것인가?
13 나 여호와가 존재함을 믿으며 하늘의
두려움을 알며 죄의 용서를 받는 것이
얼마나 큰 영광이요, 축복인가를 안다
면,
14 그 기도가 끝난 다음에 돌아서서 죄를
짓고 산다 하면, 너희들이 그 무서운
죄를 용서해 달라는 그 기도가 거짓이
요, 형식이요, 마음에도 없는 것을 지
나가는 말로 너희들이 나에게 장난삼
아 소리 지른 것이 아니던가?
15 그렇다면 너희들의 진심은 과연 무엇
이며, 너희들이 나에게 죄를 비는 그
뜻은 무엇이던가?
16 너희들이 나에게 눈물로써 죄를 용서
해 달라 하여 창조주 나 여호와의 권
한으로 용서했다면,
17 너희들은 죄를 지어서는 절대 아니 된
다는 것을 너희 제자들은 오늘 이후부
터 가슴에 새겨야 함을 잊지 말라.
18 그러니 너희가 이러한 기도를 하는
자, 다시는 죄를 짓지 않고 살고자 하
는 자의 그 기도는 내가 들어줄 것이
니라.
19 그러나 너희가 다시 그와 같은 죄를
짓지 않겠다는 용서를 비는 기도를 드
리고 나서 거짓된 행위를 하는 자, 거
짓 기도를 하는 자는 그 죄가 얼마나
가중되며 무서운 것인가를 알아야 할

것이니라.
20 너희가 무서운 하늘의 뜻을 알고 죄를
용서해 달라 하여 내가 용서해 주었거
늘,
21 너희가 또 짓고 또 짓는 그와 같은 죄
는 그보다 더 무서운 죄가 없음이니,
22 너희가 언제까지 나를 울릴 것이며,
나 여호와의 인내심을 언제까지 시험
할 것이며, 나를 언제까지 그리 우롱
하고 울릴 것인가?
23 그 능멸함을 너희는 용서받지 못함을
알아야 할 것이니라.
24 형식적인 기도로써 너희가 소원을 빌
며, 나 여호와는 그것을 진심으로 받
아들여 너희에게 기회를 주었다 하면,
25 과연 너희는 그것이 무슨 의미에서
나에게 기도를 했단 말이던가?
26 그리하고 돌아서서 거짓된 행위를 하
며 나를 속이는 그와 같은 행위를 함
이니, 너희는 어찌할 것인가?
27 죄 중에도 가장 무서운 죄임을 너희는
알아야 할 것이니라.

5,310 번째 하나님 말씀

2003년 3월 3일 14시 21분

1 사랑하는 나의 아들아!
2 "네, 아버님! 말씀하옵소서."
3 내가 나의 법전에 기록하여 너희들에
게 깨우쳐 전하기를,
4 나에게 선택되지 않은 백성은 내가 체
벌하지 아니하며, 그를 내가 원망하지
아니하며, 그에게 고통을 내리지 아니
한다 하였음이니라.
5 나의 뜻을 따르지 않으며 행하지 않는
백성은 나는 그들을 체벌하지 아니하
며 그를 내가 기억하지도 않는다 그리
말하였음이니라.
6 그러나 나로부터 선택된 백성 너희들
은 힘들고 어려운 길을 가며, 나로부
터 수없는 채찍질 속에 너희들이 인내
할 수 없는 길을 살아가는 것이 너희
들이 가는 길임을 알아야 할 것이니라.
7 너희들이 나 여호와를 따르며 나의 백
성이요, 나로부터 선택된 자로서 만백
성을 구하며 나에게 쓰이고자 하여 나
의 길을 따라가는 백성 너희들의 육의
삶은 그 길이 끝이 없고 끝이 보이지
않는 광야의 모래사막을 걸어가는 삶
을 사는 것임을 너희들은 알아야 할
것이니라.
8 너희들은 끝이 보이지 않는 그 광야의
모래벌판을 걸어가는 것, 그 사막을
걸어가는 그와 같은 삶이니,
9 과연 사막의 어디에 너희들의 휴식처
가 준비되어 있으며 너희들의 안식처
가 준비되어 있으며 즐겁고 화려한 삶
이 거기에 준비되어 있던가?
10 거기는 아무것도 너희들을 기다리는
것이 없으며, 준비된 것이 없느니라.
11 안락함이요, 화려함이요, 편안함이요,
즐거움이요, 낙이라는 것은 전혀 볼
수도 없으며 찾아볼 수도 없는 것이
사막의 길을 가는 사람의 여정이 아니
던가?
12 그 사막에는 너를 즐겁게 하는 것은
아무것도 없을 뿐만 아니라,
13 그 무서운 태양 앞에 너희들의 몸이라
도 숨길 수 있는 그와 같은 휴식처의
그늘 하나도 없음이니라.

14 다만, 사막의 그 고통의 길을 걸어가
는 백성 너희들은 뜨거운 태양 볕에
의하여 너희들의 체력은 점점 소모되
며,
15 너희들의 수분을 짜듯이 물로 되어 쏟
아지는 그 무섭고 어려운 길만이 너희
들을 기다리는 것이 사막을 가는 자의
삶이 아니던가?
16 사막의 그 고통보다도 더 어렵고 힘든
길을 가는 백성이 바로 너희들이니라.
17 그리하여 내가 너희들을 완벽히 만들
어 완벽하게 쓰고자 함이니라.
18 이제는 종교 지도자요, 나의 뜻을 전
했던 모든 백성이, 저희들의 육신의
향락을 위하여 제대로 전하지 아니하
였으며, 어렵고 힘든 그 짐은 벗어 던
지고 가벼운 것만을 지고 가는 그와
같은 믿음의 길로써 지금까지 흘러왔
으며,
19 모든 종교 집단이요, 지도자들이 그리
왔기에, 힘들고 어려운 그 고비를 넘
지는 아니하며 그저 편한 평지만 걸어
다니고 돌아다니는 그와 같은 삶을 지
금까지 살아온 것이며 믿음의 길이 그
러하니라.
20 이제는 그것으로써 너희들은 구원을
받을 수 없음이니라.
21 어렵고 힘든 그 고개를 넘어 나에게
와야 너희들이 하늘에 오르는 빛을 볼
수 있으며, 나를 따라올 수 있는 것이
너희들이라는 것을 어찌 그리 생각하
지도 못하는가?
22 사랑하는 나의 아들딸들아, 너희들이
정녕 그 어렵고 힘든 길을 오기 어렵
거든,
23 너희들은 이 대자연의 위대함을 과연
누가 만들었으며 누가 역사했는가 한
번 생각해 보라.
24 들판에 피어 흔들리는 그 아름다운 꽃
이 있는가 하면, 고산지대에서 살며
거기에서 꽃이 필수 있으며 거기에 맞
게 살아갈 수 있는 그 모든 준비가 되
어 있으며, 살아가는 그 기후와 토양
과 모두에 맞춰서 준비되어 거기에 씨
를 내리며 뿌리를 내려 살아가는 동식
물의 한 치의 오차도 없는 그 오묘함
이요, 황홀하고 위대함을 누가 만들었
는가 생각해 보라.
25 창조주가 반드시 있음이니라.
26 그리하여 이 세상을 만든 창조주가 있
기에, 창조주의 뜻을 따라 창조주의
품에 오는 것이 너희들이 가장 영광된
길이니,
27 오로지 그 길은 오늘 내가 나의 아들
을 통하여 밤과 낮을 가리지 아니하며
그리 내가 그를 달구고 그를 옭아매어
묶어 놓고, 지금 나의 법전을 그 가슴
에 내려보내어 그가 책으로 만드는 이
법전이요,
28 이것밖에는 너희들의 그 고통스러운
길을 이길 수 없으며,
29 그를 넘는 길은 이것밖에 없다는 것
을 깨우쳐 행하도록 하며,
30 나의 법전을 읽고 또 읽어 나 여호와
가 사랑하는 나의 아들딸들을 구원하
기 위해 이리도 애절히 너희들에게 전
하는 나의 아픈 마음을 조금이라도 헤
아려 주기를 바라는 것이 나 여호와의
간절한 마음이니라.

5,311 번째 하나님 말씀

2003년 3월 3일 14시 31분

1 사랑하는 나의 아들아!
2 "네, 아버님! 말씀하옵소서."
3 너희들은 나에게 '하나님! 저의 죄를
용서하여 주옵소서.'라고 너희 입에서
나온다 하여 계속 수다를 떠는 것처럼
그리 뇌까리고 부르짖어도 된다 생각
할 것이니라.
4 그러나 너희들은 여기서 깨달으라.
5 그는 절대로 너희들이 그리 함부로 마
음대로 부르고 쓸 수 없는 기도문이라
는 것을 알라.
6 너희들이 선한 일을 하며 착한 일을
하고 아름다운 일을 하고 살아가는 자
만이 그 기도를 할 수 있음을 알라.
7 죄를 짓는 자, 사악한 굴레에서 벗어
나지 못하는 자, 남을 시기하고 질투
하며, 하루의 삶이 선을 행하는 것보
다 악을 행하는 것이 더 많은 자는 '저
의 죄를 용서하여 주옵소서.'라는 내
가 내린 그 기도문을 감히 암송할 자
격이 없음이니라.
8 죄를 짓고 암송하는 자는 그 기도 숫
자가 줄어드는 것이며, 선한 일을 하
는 자는 그것이 늘어남을 알아야 할
것이니라.
9 너희가 지상에 육이 존재하는 동안 그
말을 할 수 있는 것은 그 양과 숫자가
정해져 있다는 엄연한 그 무서운 사실
을 알라.
10 너희들이 '저의 죄를 용서하여 주옵소
서.'라고 기도를 하는 그 기도문은 그
와 같이 말할 수 있는 그 양과 숫자가
이미 정해져 너희들의 가슴에 받아서
나왔음이니,
11 함부로 그를 소모시키지 말며 그를 함
부로 써서 내보내서는 아니 되는 것이
니라.
12 전쟁터에서 토끼에 놀라 너희들이 가
지고 있는 실탄을 다 쏜다 하면,
13 막상 생명을 앗아 가는 적이 왔을 때
쏠 실탄이요, 그 무기가 없는 꼴과 같
이 될 것이니, 함부로 그리 쓰지 말라.
14 쓰면 안 되느니라.
15 그리 함부로 쓸 수 있는 것이 아님을
알라.
16 아무 데나 소모시키고 또 죄를 짓는
그와 같은 행위를 하지 말라.
17 내가 내려 준 그 양이 한계가 있음을
너희들은 알아야 할 것이니라.
18 죄를 짓지 아니하고 사는 자, 죄를 짓
고는 기도할 자격이 없다 뼈저리게
느끼는 자가 '하나님! 저의 죄를 용서
하여 주옵소서.' 그리 기도하는 것은
소멸되지 아니하며, 그 할 수 있는 양
이 서서히 더 늘어나나,
19 사악한 짓을 하고 기도하는 자는 그
정해진 양이요, 그 숫자가 하나하나
줄어듦이니,
20 막상 나에게 기도할 때는 쓸 것이 없
으며 받아 갈 것이 하나도 없다면 너
희들은 어찌하겠는가?
21 미리 다 함부로 소모시키며 함부로 낭
비하지 말라.
22 너희들이 무한정 쓸 수 없는, 내가 내
린 가장 귀중한 기도문이라는 것을 잊
지 말라.
23 그와 같이 너희들이 함부로 쓸 수도

없는 그 기도요, 함부로 나를 찾을 수
도 없는 그와 같은 기도를 은밀한 가
운데 하며,
24 너희들의 죄를 용서해 달라 그 한마디
를 할 때, 하루의 삶을 네가 과연 어찌
살았는가를 생각하며 죄를 용서받을
것을 생각하면서,
25 그 죄를 생각하면서 '저의 죄를 용서
하여 주옵소서.'라고 기도 드리며, 그
죄를 두 번 다시 짓지 않는 그와 같은
삶으로 갔을 때,
26 너희들이 나에게 드린 그 기도의 내용
은 소멸되지 아니하며, 그 양은 바람
에 풍선이 늘어나듯이 계속 더 늘어나
는 것임을 너희들은 알아야 할 것이니
라.
27 그러나 그렇지 아니하고 사악한 짓을
하면서 기도를 드린다면 그 기도는 줄
어듦이니라.
28 또한, 그 기도를 내가 어떠한 곳에서
하라 했더냐?
29 집단적으로 모여서 광란의 짓을 하면
서 나를 찾고 부르짖어야 너희들이 축
복을 받는다고 생각하니,
30 거기서 악을 쓰며 부르짖으며 그 용
서를 비는 마음, 그리고 나에게 기도
하는 그 모두가 너희들이 가진 그 양
을 다 소멸시켜 가고 있음이니,
31 지금은 너희들이 바람 빠진 풍선과 같
은 형국에 처해 있다는 것을 알아야
할 것이니라.
32 지금 바람 빠진 풍선을 하늘에 띄우겠
다는 행동이요, 그 행위임을 너희들은
알아야 할 것이니라.
33 바람이 들어 있는 풍선만이 뜰 수 있
음이니라.
34 더 가볍게, 더 넓게, 더 크게 만들 때
높이 뜰 수 있다는 것을 잊지 말라.
35 그 기도도 조용한 가운데 하라 하였음
이니라.
36 조용한 가운데 나 여호와를 찾으며 은
밀한 곳에서 나를 찾으며 기도하라 그
리하였지 아니하였던가?
37 너희들이 조용한 곳에서 기도할 때,
너희들의 쉬는 숨소리마저도 천둥소
리처럼 들리는 그 조용한 가운데 나에
게 기도하며 나를 경배하며, 가족 단
위로 기도하며, 시간 날 때, 때와 장소
를 가리지 말고 조용한 마음으로 나에
게 기도를 드리라 그리하지 아니하였
던가?
38 너희들이 나에게 기도하는 그 속에서
너희들이 숨을 쉬는 그 소리가 천둥소
리처럼 그리 크게 들리는 적막한 곳에
서, 조용한 그런 곳에서,
39 네 마음이 그와 같이 조용히 다스려진
상태에서 나에게 기도를 할 때 나의
음성을 들을 수 있음을 너희들은 알아
야 할 것이니라.
40 찬송과 광란의 행위며, 저 자신의 스
트레스를 풀고자, 저 자신의 무거운
마음을 덜고자 하는 행위로 그와 같
이 소리를 지르며 광란의 짓을 하면서
거기에서 악을 쓰는 속에서 나에게 기
도하는 것은 나의 음성을 들을 수 없
으며,
41 나는 그러한 자들과 같이하지 아니함
을 너희들은 알라.
42 적막하고 고요한 속에서, 너희들이 죄
지은 것을 피부로 느끼며, 나 여호와

가 같이한다는 것을 피부로 느낄 정도
로 그와 같이 조용한 곳에서 조용한
마음가짐으로써 너희들이 나에게 기
도를 드려 보라.
43 그러면 너희들이 나 여호와의 그 음성
을 들을 것이며, 내가 원하는 뜻을 너
희들이 알게 될 것이며,
44 나 여호와에게 오르는 길의 깨달음을
너희들이 알게 될 것이니라.
45 너희가 나에게 오르는 길을 깨달음은,
46 종교 집단처럼 모여서 광란의 짓이요,
광란의 행위를 하는 속에서는 내가 절
대로 존재하지 아니하며, 그것은 너희
스스로 하는 짓이라는 것을 알아야 할
것이니라.
47 너희가 생활하면서 어느 곳이든지 나
여호와를 찾으며 은밀한 곳에서 조용
한 마음으로써 조용한 곳에서 나에게
기도 드릴 때 나를 볼 수 있다는 것을
잊지 말라.
48 그리고 나는 너희를 위하여 항상 나
의 메시지를 계속 내려보내고 있음이
니, 어찌 받아들여 그것을 깨우치느냐
하는 것은 너희에게 달렸음이니라.
49 그러나 나를 부르며 형식적이요, 광란
의 짓을 하며 부르는 곳에서는 내가
너희와 더불어 하지 아니하며 그 모
두를 거둬들임이니,
50 조용한 곳에서 기도하는 자, 너희 기
도를 내가 들어준다는 것을 알아야 할
것이니라.
51 너희는 모두를 눈으로 볼 수 있는 것,
그리고 만질 수 있는 것, 그것만을 중
시하며 그것만이 위대한 것이라 생각
하며 집단으로 부르짖는 것이 구원의
길이라 하니, 이를 너희가 보지 못하
고 있음이니라.
52 나 여호와의 뜻이요, 내가 이루고자
하는 그 역사의 뜻이요, 기도하는 자
세마저도 모르고 있다는 것을 이제 너
희는 깨우쳐야 할 것이니라.

5,312 번째 하나님 말씀

2003년 3월 3일 14시 44분

1 사랑하는 나의 아들아!
2 "네, 아버님! 말씀하옵소서."
3 나의 백성, 나에게 선택된 너희들에게
이 어려운 훈련의 과정이 연속되는 것
은 외로움과 고통스러움과 시련 속에
서 너희들을 만들어 가고자 하는 나
여호와의 뜻임을 알아야 할 것이니라.
4 너희들은 이 시련과 고통 속에서 너희
들 자신도 모르는, 나에게서 받아 나
간 너희들만의 특성과 개성과 모든 장
점을 발굴할 수 있으며,
5 너희들이 악과 선을 구분할 수 있는
그 용기와 판단력을 두 손에 쥘 수 있
다는 것을 알아야 할 것이니라.
6 너희들이 가진 장점이요, 나에게서 받
은 그 특성을 살려 살아가는 그와 같
은 삶을 살아야 하기 때문이니,
7 그리하여 나 여호와가 쓰고자 오늘의
그 어렵고 힘든 선택의 길을 가도록
나 여호와가 너희를 그리 훈련함을 알
아야 할 것이니라.
8 사랑하는 나의 아들아!
9 "네, 아버님! 말씀하옵소서."
10 나의 법전을 읽고 깨우친 백성이요,
나의 아들을 따르는 제자 너희들이야

말로 이 세상에 나 여호와의 뜻을 펼
자들이며,
11 내가 새로운 역사를 이룰 것이며,
12 수천 년 동안 헤아릴 수 없는 그 많은
백성이 지옥 불로 갔음이니,
13 이제는 더 이상 그들이 그리 흘러가도
록 두지 아니하려는 것이 나 여호와의
생각이요, 내가 역사하고자 하는 뜻이
라는 것을 너희들은 알아야 할 것이니
라.
14 너희들은 거짓말하지 아니하고 사는
것, 남을 속이지 아니하고 사는 것, 그
리고 남에게 피해를 주지 아니하고 살
려는 외형적인 그 변화는 높은 경지에
와 있으며,
15 너희들이 노력하고 노력한 만큼 나 여
호와의 마음이 기쁠 만큼 너희들이 높
은 경지에 와 있음을 나는 알고 있느
니라.
16 나 여호와는 결과를 아느니라.
17 너희들이 얼마나 힘들고 어려운 길을
왔는가?
18 그러나 이제는 너희들이 외형적으로
아름답게 사는 높은 경지의 길에 와
있으므로, 너희들의 내면의 훈련에 들
어감이니,
19 너희들은 오늘부터 욕심이라는 그 뿌
리를 마음속에서 뽑아내는 훈련을 시
작해야 함을 깨우쳐 주도록 그리 전하
라.
20 욕심이라는 것 때문에 그를 버리지 못
하여 그로 하여금 너희들이 구원을 받
지 못함은 물론이요,
21 육의 세상에서도 그 욕심의 뿌리를 버
리지 못하여 너희들이 자유로운 삶을
살지 못하며, 풍요로운 삶을 살지 못
하며,
22 물질만능주의에 얽매어 자신이 어디
에 서 있는지도 모르고 살아가는 불
쌍하고 가련한 나의 백성으로서 허덕
이고 살아가는 그 형국의 삶을 사느니
라.
23 외형의 아름다움으로써 인간을 평가
하는 것이며,
24 내면으로써 너희들이 그 인간을 보는
것이 아니요, 그와 같은 잘못된 세상
으로 변화되었음이니라.
25 더욱이 욕심을 버리지 못하기에 너희
들은 가산이 다 파산되며 멸문지화를
당하는 것이며, 너희들 자신까지 도저
히 돌이킬 수 없는 그와 같은 형국으
로 감이니라.
26 나 여호와가 너희들의 욕심으로 모두
가 패망하며 모두 다 쓰러지며 모두
망한다 하였음이니,
27 그 욕심이라는 것이 얼마나 무서운가
를 모르겠거든,
28 너희들이 매일 먹는 그 음식이야말로
너희들의 생명을 지탱해 주는 가장 소
중한 보약이 아니던가?
29 너희들을 지켜 주는 그 보약인 음식을
한번 욕심껏 실컷 먹어 보도록 하라.
30 마음껏 먹어 보고 한번 견뎌 보라.
31 너희들의 보약이요, 너희들을 지탱해
주는 그 소중하고 귀중한 음식이 과연
얼마나 무서운 독으로 변하는가?
32 너희들의 생명까지도 앗아 갈 수 있는
무서운 그와 같은 형국으로 됨이니,
33 그게 바로 욕심을 부리는 자의 말로이
며, 욕심을 부리는 자가 당하는 길이

며, 욕심을 부리는 자가 갈 길이라는 것을 너희들은 정녕 잊지 말라, 사랑하는 나의 아들딸들아!

5,313 번째 하나님 말씀

2003년 3월 3일 16시 40분

1 사랑하는 나의 아들아!
2 "네, 아버님! 말씀하옵소서."
3 인간 세속에 너희들이 살아가면서 그런 말이 있느니라.
4 이는 이로 갚으며, 당한 것은 당한 만큼 갚으며, 당하고만 살 수는 없으며 '되로 주고 말로 받는다'는 그와 같은 말이 있지 않은가?
5 그러나 그 형국이 얼마나 상반된 말이며, 모순되고 잘못된 말인가를 너희들은 알아야 할 것이니라.
6 너희들이 '이는 이로 갚는다'는 것은 무엇이던가?
7 너희들이 남으로부터 참기 어려운 고통이요, 분함을 당하며 인내할 수 없는 어떤 억울함을 당했다 할 때, 그를 꼭 복수하겠다는 말이니, 그것이 얼마나 무서운 말이던가?
8 즉 이를 뒤집어 생각하면 사랑이라는 것이 전혀 없다는 것이 아니던가?
9 물론, '되로 주고 말로 받는다.'는 말이 적게 주고 크게 당한다는 뜻도 있으나,
10 또한 적게 주고 많이 받고자 하는 그 욕심의 일면이 깔린 생각도 없지 않아 있을 것이니라.
11 그러나 이와 같은 말을 너희들은 그저 마음대로 하나, 그 말이 얼마나 무서운 말이던가?
12 너희들이 분하고 억울하며 속상하면 반드시 갚으며 받은 만큼 돌려주겠다는 그와 같은 생각을 하고 사는 것이 너희들이니,
13 거기에 무슨 사랑이 있고 용서가 있는가?
14 그런가 하면 너희들은 어찌 살아가는가?
15 남에게 신세를 진 것이요, 남에게 폐를 끼친 것을 갚는 것도 그와 같이 말하는가?
16 너희들이 은혜를 입은 자에게 반드시 받은 만큼 그에게 전해 주며 그리 깨우쳐 주는 그와 같은 삶을 살며,
17 그 길을 위해서 너희들은 이는 이로 갚고 당한 만큼 복수로 갚는 그와 같은 마음으로써 은혜 입은 자요, 신세 진 자에게 그리 행하는가?
18 너희들이 그와 같은 말의 의미를 억울하게 당한 것을 복수하는 방법을 말하는 것이 아니요, 그와 같은 곳에 써서는 아니 될 것이니라.
19 너희들이 '이는 이로 갚는다'는 이야기는,
20 은혜를 입은 자에게 배로 갚으며, 너희들에게 베푸는 자에게 그 은혜의 감사함을 알며 그에 보답하는 그와 같은 마음 자세로 살아가는 데 너희들이 더 먼저 생각을 해야 하며, 그와 같은 삶을 살아가도록 해야 하는 것이 너희 인간의 도리이니라.
21 이제 나의 피조물 만백성이 무어라 말을 하고 살아가든, 나의 법전을 읽고 깨우친 백성이요, 그리고 나의 아들의

제자인 너희들은 '이는 이로써 갚는
다'는 감히 그 무섭고 험악한 말을 함
부로 쓰지 말라.
22 받은 만큼 예의를 갖추며, 은혜 입은
것만큼 배로 갚고자 하는 마음을 갖고
사는 것도 지키고 행하기도 바쁜 시간
속에서 복수에 모두를 다 바치는 그와
같은 시간을 갖지 말도록 그리하라.
23 너희들이 받은 만큼 은혜를 갚으며 신
세 진 것만큼 반드시 갚고, 여유가 있
을 때 그보다 더 베풀어 주는 그와 같
은 사랑을 갖는 것이 나의 법전이요,
신약이요, 구약이요, 기록되어 있는
모든 율법보다도 그 위에 있는,
24 내가 너희들을 세상에 내려보낼 때
내려보낸 믿음이요, 참진리의 가르침
이 그 위에 있다는 것을 너희들은 알
아야 할 것이니라.
25 남에게 신세 진 것을 반드시 그 은혜
를 갚는 그와 같은 마음을 가지고 사
는 것, 그것이 모든 성경이요, 율법 위
에 있는 나의 가르침이라는 것을 잊지
말라.
26 너희들이 그와 같은 마음을 지키고 행
하는 것이 성서의 위에 있으며 나의
법전 위에 있는 것을 잊지 말라.
27 그를 너희들이 지키고 살았더라면 나
의 율법이요, 나의 법전이요, 모든 성
경이라는 것이 세상에 나갈 필요도 없
었으며,
28 그 길을 깨우치려고 오늘과 같은 이
많은 시간의 낭비요, 그리고 그를 빙
자하여 사악한 자들이 세상을 뒤집어
엎는 이와 같은 무서운 결과는 되지
아니하였을 것이니라.
29 내가 세상을 만들어 놓고 틀을 짜 내
려보낸 나의 법도요, 내가 내린 질서
를 지키는 데 너희들이 더 깨달음을
얻고 그를 볼 수 있는 삶을 살아가야
할 것이니라.
30 한 점의 부끄럼이 없는 삶을 사는 것,
그것이 성경이요, 율법이요, 그 모두
의 위에 있는 나의 가르침이며 나에
대한 믿음이라는 것을 잊지 말고 그리
살아가도록 하라.
31 그것을 지키고 사는 자만이 천사가 될
수 있는 마음의 자세가 되어 있는 자
임을 알라.

5,314 번째 하나님 말씀

2003년 3월 3일 17시 09분

1 사랑하는 나의 아들아!
2 "네, 아버님! 말씀하옵소서."
3 너희들이 인간 세상에 살아가면서 한
가정에 열이라는 자식을 뒀다 하자.
4 그 많은 자식을 둔 가정에 열 자식 중
의 하나도 남들에게 부끄럽지 않은 삶
을 살아가는 자식이 없다면, 그 부모
의 마음과 가슴이 얼마나 쓰리고 아
프겠는가?
5 그와 같이 인간 세상에 살면서도 많은
자식을 둔 부모가 그중에서 남에게 뒤
지지 않는 자식, 남 앞에 내세울 수 있
는 자식, 인간 세속에서 말하는 남에
게 부끄럽지 않은 삶을 사는 똑똑하
다는 그 자식 하나를 두지 못했다 하
면,
6 그 부모의 마음은 얼마나 슬프고 괴
로울 것이며, 자신의 그 죄의식이요,

그 가슴 아픔은 과연 어떠하겠는가?
7 인간 세속에서 열 자식을 둔 부모가
한 명의 자식도 바로 서지 못할 때 그
부모의 마음이 그리 아프거늘,
8 나 여호와는 수십억의 그 많은 나의
아들딸이 세상에 존재하건만,
9 그중에 의인이요, 내 뜻을 따라 역사
할 자가 한 명도 없다는 것을 안다면,
내 마음이 과연 얼마나 아프고 저리
겠는가?
10 내가 오죽하면 한 사람의 바로 서는
자식을 선택했을 때 이 세상의 그 무
엇과도 바꾸지 않는다 그리 말하였거
늘, 너희들은 그리 들으면서 어찌 그
를 생각하는가?
11 너희들이 정녕 나의 아들딸이요, 나의
핏줄로서 나에게서 생명을 받아 나간
아들딸이라면,
12 너희들이 서로 그와 같은 한 사람이
되겠다 하여 목숨을 걸고 그 길을 가
고자 하는 그것이 자식의 도리거늘,
13 어찌하여 너희들은 그 영광된 길을,
수없이 내가 나의 아들을 통하여 한
사람의 의인이 세상에 나오면 모두를
다 주고도 바꾸지 않는다 그리 말했거
늘,
14 그 영광된 자리에 와 나 여호와를 기
쁘게 하고자 하는 자가 한 명도 없으
니, 이를 너는 과연 어찌 보는가?
15 이제 너의 제자들에게 이르라.
16 누구든지 그 자리를 제일 먼저 오는
자가 되도록 그리 노력하라 그리하라.
17 너희들이 이리 말하느니라.
18 인간이라 될 수 없으며, 인간이라 하
늘에서 내려온 예수요, 나의 아들처럼
의인이 될 수 없으며, 내 뜻에 살아가
는 사람이 될 수 없다 하니,
19 그러니 수억, 수십억의 인구가 있다
한들, 나의 아들딸들이 있다 한들 무
엇하겠는가?
20 그나마 너희들은 십계명이라는 나의
계명을 지킬 수 있으며, 그 지키는 것
이 한 잔의 차를 마시기보다 더 쉽다
는 그와 같은 깨달음이요, 그 용기를
가진 가상한 백성이니,
21 너희들 중에서 이 세상에 단 하나밖에
없는 그 의인이 제일 먼저 나오도록
그 욕심 한번을 어찌 부리지 못하는가?
22 금화와 은화요, 인간 세상에 남에게
지지 않으려는 그 욕심은 너희들이 그
렇게 부리면서도, 어찌하여 가장 위대
한 자리요, 가장 소중한 자리요, 그 누
구도 감히 넘볼 수 없는 그와 같은 영
광스런 그 자리를 놔두고 그 자리를
가려 하지 아니하며 그 자리를 차지하
지 아니하려 하는가?
23 너희들은 말하느니라.
24 나의 아들 예수의 고통이요, 그 고통
의 길을 가며 깨우친다 말하며 나에게
오르겠다 말하는 그 백성, 그리고 나
를 위해 목숨을 던질 수 있다고 생각
하는 너희들, 그러한 자들이면서,
25 그 의인 한 사람이 나의 자식으로서
세상에 태어나는 자가 없음이니,
26 수십억 나의 아들딸 중에서 그와 같은
자식이 하나도 없으니, 그를 바라보는
나 여호와의 마음이 얼마나 고통스러
우며 공허하며 허무하겠는가?
27 열 자식 중에 하나도 제대로 그 유업
을 이어 갈 만한 자식이 없는 그 부모

의 가슴 아픔보다 내가 몇천 배 몇만
배 더 가슴이 아픔을 너희들은 알겠는
가?
28 이제 나의 법전을 읽고 깨우친 백성
너희들은 인간이기에 십계명을 지킬
수 없으며, 인간이기에 죄를 짓지 않
고 살 수 없으며, 인간이기에 나의 아
들 예수와 같이 살 수 없다는 그와 같
은 생각을 버리며,
29 팔다리 걷어붙이고 네가 되겠다는 그
와 같은 마음으로 바로 서라.
30 그리하지 아니하면 너희들이 14만의
그 전사 중에 끼지도 못할 것이며, 거
기에 역사할 수 없는 것이 너희들이니
라.
31 그 14만의 전사가 얼마나 엄격한 규
정이요, 얼마나 엄격한 시험의 관문을
통과해야 하는지 너희들은 아는가?
32 그들이 진정한 나의 지도자요, 내가
명한 14만의 그 지도자들은 아무나
임명할 수 없으며 아무나 선정될 수가
없으니,
33 너희들이 그 길을 놓치지 아니하려거
든 의인이 되고자 목숨을 다 바쳐 그
자리 중에 하나의 자리를 위하여 모
두를 바치고 달리는 그와 같은 삶을
지금부터 각자 행하도록 하라.
34 그리하여 먼저 오는 자를 내가 거둬
들일 것이니 그리 알라.

5,315 번째 하나님 말씀

2003년 3월 3일 19시 20분

1 사랑하는 나의 아들아!
2 "네, 아버님! 말씀하옵소서."
3 나 여호와가 '여호와 하나님! 저의 죄
를 용서하여 주옵소서.' 그리 기도하
라 하였음이니라.
4 그리고 그 기도할 자격이 있는 자로
그 자격을 갖추라 내가 너희들에게 명
하였음이니라.
5 너희들이 하루에 하나의 선한 일이요,
살아가면서 하루에 악한 일보다 선한
일을 한 번이라도 더하는 자, 그와 같
은 자만이 나 여호와에게 지은 죄를
용서를 빌 수 있다 하였음이니라.
6 너희들이 그와 같이 용서를 비는 그
숫자도 정해져 있으며 그 양이 있다고
내가 너희들에게 깨우쳐 주었음이니,
7 그와 같은 자격을 갖춘 자만이 그리
기도할 수 있다는 것을 알아야 할 것
이며,
8 그리고 그와 같이 기도할 수 있는 자,
그리 기도하면서 나의 아들을 통하여
내가 내리는 나의 강론을 들으며 나의
법전을 읽고 깨우쳐 그대로 행하고 살
면 구원의 길에 들어서는 것이요, 구
원을 받는다 내가 말하여 그리 가르쳤
건만,
9 너희들은 어찌하여 그리 구원을 갈구
하며 나에게 오르고자 그리 갈망하며
눈물지으며 찬송하며 광란의 짓을 다
하며, 그리고 온갖 추한 짓을 다 하여
구원을 받겠다 발버둥치면서도,
10 나의 법전을 읽고 그대로 행하면 하늘
에 오르는 길이라 하여 책으로 만들어
가슴에 전해 주거늘,
11 너희들은 어찌하여 이를 보지 아니하
는가?
12 이를 행하지 아니하는 자는 정녕 구원

을 받을 수 없다는 것을 알아야 할 것
이니라.
13 너희들은 그리 행하지 아니하며, 보려
하지도 아니하며 들으려 하지도 아니
하며, 그저 사탄이요, 이단이라 하며
찢어 버리고 태우려는 그와 같은 분노
의 마음을 가지고 있으며,
14 너희들은 나로부터 명을 받아 이 책을
거둬 태우라는 명을 받았다 말하며,
이 책을 찢어 버리라는 명을 받았다
말하며, 그와 같은 사악한 행동을 하
며,
15 나의 아들을 세상에 존재치 못하게 하
며, 예수보다도 더 간악한 방법으로
그를 제거해야 한다 하며, 너희들은
나로부터 그리 명을 받았다 말함이니,
16 나는 사랑하는 나의 아들을 죽이라고
너희들에게 명한 적이 없으며, 나의
법전을 찢어 버리며 물에 집어넣으며
짓밟으라 내가 너희들에게 명을 내린
적이 없음이니,
17 너희들은 사탄의 자식이기에 사탄에
게서 그 명을 받아 그를 행하는 자들
이니, 나의 이름을 팔아 그리 행하지
말라.
18 이제 너희들은 이를 보지 아니하면 정
녕 구원을 받을 수 없다 내가 말하였
음이니,
19 너희들은 나의 뜻을 거역하며 사는 것
도 부족하여 이 세상에 니의 법전이
나오는 것을 막으려 하는 자들이니,
20 그것이 오늘날 믿음을 가는 자들의
형태임을 알아야 할 것이니라.
21 사랑하는 나의 아들딸 너희들은 알아
야 할 것이니라.
22 너희들이 정녕 구원의 길을 가고자 하
며 구원을 받고자 한다면, 너희들은
나의 법전에 기록되어 있는 그 모든
정답을 읽고 정독하고 깨우쳐 너희들
이 그리 지키고 살아야 하는 것만은
잊지 말라.
23 그렇지 아니한다면, 이를 지키지 아니
한다면, 어떠한 방법으로든지 구원의
길에 들어설 수 없다는 것을 너희들
은 알아야 할 것이니라.
24 그리하여 내가 나의 법전을 읽고 깨우
치는 그 백성 외에는 너희들을 돌아다
보지 아니한다는 그 엄연한 사실을 너
희들은 알아야 할 것이니라.
25 이를 보고 구원을 받으라, 이것이 나
의 법전이라고 그렇게 나의 아들을 통
하여 그 제자들이 부르짖으나,
26 지금의 모든 종교 집단 너희들은 이를
찢어 버리고 태워 버리고 등을 돌리고
이를 욕하고 돌아서니,
27 너희들이 언젠가는 그를 보고 나의 법
전을 갖고자 몸부림칠 날이 머지않을
것이니라.
28 너희들이 정녕 고칠 수 없는 병마에
시달리며 그 의사라는 선생의 처방에
'너는 얼마 살지 못한다'는 그와 같은
돌이킬 수 없는 진단의 명이 떨어졌을
때,
29 너희들은 그때에야 울고불고 나의 법
전을 찾고, 이를 보고 깨닫고자 몸부
림칠 것이니라.
30 그러나 너희들이 앞이 캄캄하여 숨이
막혀오며 앞이 아찔하여 견딜 수 없는
그와 같은 형국이 되었을 때, 나의 법
전을 찾으며 그를 깨우쳐 하늘에 오르

고자 몸부림칠 것이나,
31 그때는 이미 때가 늦은 것이며, 나의
법전으로써 구원의 길을 볼 수 없다는
것을 너희들은 알아야 할 것이니라.
32 너희들이 그 앞이 보이지 아니함이요,
아찔함이요, 그 두려움이요, 공포 속
에, 머지않아 너희 생명을 거둔다는
의사 선생의 진단이 내려졌을 때, 나
의 법전을 찾으며 나의 아들의 손을
잡고 애걸복걸해도 그때는 너희들이
이미 늦었음을 알아야 할 것이니라.
33 너희들이 죽음의 진단을 받고 아찔한
그것보다도,
34 너희들이 죽어 나에게 와 심판을 받았
을 때, 너희들이 불바다의 길을 건너
야 하며 그 강을 건너야 하는 그 무서
움 앞에, 오늘의 아찔한 것이요, 오늘
의 두려움은 아무것도 아님을 알라.
35 너희들은 정녕 죽음의 문 앞에 섰을
때 나의 법전을 찾을 것이며, 이것이
진정한 하늘에 오르는 길이라 그리할
것이니,
36 그때 너희들은 이미 아무것도 이룰 수
없는 때가 되어 있다는 것을 알라.
37 그 늦지 않은 때, 너희들이 나의 법전
을 접하고 깨우쳐 하늘에 오르는 길이
라 부르짖는 그 소리를 들어야 할 것
이니라.
38 그때가 되었음이니라, 머지않았음이
니라.
39 창조주 나 여호와를 찾으며 '하나님!
살려 주옵소서.' 하며 몸부림치고 부
르짖을 때,
40 지금까지 살았던 것이 위선이요, 진정
한 삶이 아니요, 지금의 삶으로써 도
저히 구원을 받을 수 없으며 제가 잘
못 살았다며 나를 부르고 나의 법전
을 찾으며 나의 아들을 몸부림쳐 불러
봐도,
41 이미 그때는 너희들은 그 준비된 죽음
에서 돌이킬 수 없으며, 너희들이 넘
지 않으면 안 되는 그 선을 통곡 속에
넘게 됨을 알라.

5,316 번째 하나님 말씀

2003년 3월 3일 19시 29분

1 사랑하는 나의 아들아!
2 "네, 아버님! 말씀하옵소서."
3 이 세상에 나로부터 생명을 받아 나간
영리하고 똑똑한 나의 백성 너희들이
어찌하여 깨끗하고 아름다운 생각을
하지 못하고 이리도 혼탁하고 험악한
세상을 살아가며,
4 무엇이 진정 너희들을 구하는 진리요,
무엇이 가서는 안 되는 길인가를 어
찌 그리도 구분하지 못하는가?
5 너희들이 먹어서는 안 되는 것을 모르
며, 먹어서 좋은 것을 모르는, 그와 같
이 마구잡이로 아무거나 닥치는 대로
먹어 대는 그와 같이 어리석은 삶을
살고 있음이니,
6 이를 보는 나 여호와의 마음이 이리도
아픔을 너희들은 아는가?
7 너희들이 얼마나 어리석은 삶을 살고
있는가 그 자신을 한번 돌아다보도록
그리하라.
8 나의 아들이 법전을 기록하여 만백성
에게 전하며, 이것이 구원의 길이요,
이 책 속에 있는 것이 너희들이 하늘

에 오르는 길이라 그리 전하고 깨우치
고자 하거늘,
9 어찌하여 너희들은 귀가 있으면서도
들으려 하지 아니하며, 눈이 있어도
이를 보려 하지 아니하며, 이리도 어
리석은 삶을 살고자 하는가?
10 너희들은 그러하니라.
11 지금 너희들이 하늘에 오르는 길이요,
영원히 사는 삶을 위하여 그 길을 가
는 것이 가장 위대한 것이며,
12 이 세상에 어떠한 사업이요, 어떠한
역사요, 너희들이 먹고살기 위한 어떠
한 장사보다도 나의 법전을 읽고 깨우
쳐 이를 보는 것이 가장 값진 사업이
고 장사이거늘,
13 어찌하여 너희들은 이리도 무심하며
보지 아니하는가?
14 너희들은 영원히 사는 나의 법전을 보
라 하면 보지 않으나, 나의 아들이 금
화 몇 닢을 들고 이 금화를 줄 것이라
하면 그저 구름 떼처럼 나의 아들 앞
에 모여들 것이니,
15 너희들은 몇 푼의 금화요, 몇 장의 지
전이라는 그 지폐에 의하여 모여들며
구름 떼처럼 그를 받으러 올 것이니,
16 그러면서도 너희들은 그 작은 것을 위
한 것은 알며 한 끼의 끼니를 때울 수
있는 그 금화의 소중함은 알면서,
17 영원히 살며 영원한 하늘나라에, 태양
빛보다 더 찬란하고 아름다운 세상에
올 수 있는 구원의 이 법전은 어찌하
여 들여다보지 아니하는가?
18 나의 법전이요, 내가 내려보내는 이것
만이 구원의 길이라 내가 그리 말하
며, 마지막 시대에 심판을 시작하는
그 심판의 기준이요, 이를 보지 아니
하는 자는 심판대에 설 수도 없다 내
가 그리 말하거늘,
19 어찌하여 그리도 너희들은 어리석은
삶을 살아가는가?
20 나의 법전을 읽는 자는 하늘에 오르는
찬란한 영광의 빛을 보게 되며, 그 빛
을 따라 하늘에 오른다 말하였으나,
너희들은 이를 듣지 아니함이니라.
21 2천 년 전 나의 아들 예수를 따랐던
그 시대의 백성과 오늘날 똑같은 행위
를 하고 있는 것이 지금 너희들이 변
화된 모습이던가?
22 정녕 너희들은 변화된 것이 없으며,
개혁된 것이 없으며, 두려움을 모르
며, 나 여호와가 존재함의 소중함을
모르는 것이 너희들이니라.
23 2천 년 전, 내가 나의 아들 예수를 통
하여 기적의 역사를 이루었으며 그가
많은 것을 너희들에게 보여 주었음이
니라.
24 그리하여 그는 세상에 나와 죽은 자를
살리며 병든 자를 고쳐 가며 나의 뜻
을 강론하며,
25 그는 스스로 '하나님 아버지로부터 명
받은 자요, 나를 보낸 이는 창조주 하
늘의 아버지요, 나는 그분의 명을 받
아 지금 아들로서 만백성을 구하고자
대명을 수행하니, 너희들이 지금 잘못
가고 있는 그것을 고쳐야만 구원을 받
는다.' 그리 말하였으나,
26 그들의 기득권이요, 그들이 만든 율법
이요, 그들이 만든 계명에 도취되어
거기에 빠져 있었음이니,
27 그리하여 나의 아들을 그리 죽인 것이

지금 2천 년 전의 너희들의 조상이며,
28 오늘날처럼 하늘에 오르는 길이요, 구
원을 받겠다 믿는 너희들의 조상이 그
와 같은 행위를 했음이니,
29 오늘날 그 후손들이 또한 그와 같이
하고 있음이니라.
30 나의 아들 예수가 역사를 보이며 기적
을 보인 그도, 저를 보낸 이가 있고 나
의 아들이라 그리 부르짖어도 너희들
이 듣지 않고,
31 그와 같이 가장 참혹한 극형으로써
그를 다스린 그 후손인 너희들이 지금
또한 그러하기에,
32 나의 아들을 통하여 너희들을 다시 깨
우치고자 하나, 이를 보지 아니하며
듣지 않으려 하는 것이 지금의 너희들
이니,
33 2천 년 전에 너희들의 조상이 나의 사
랑하는 아들을 그리 극형에 처하여 죽
게 했으며 그리하여 스스로 구원을 받
지 못한 그 후손인 너희들이 오늘에
그와 같은 역사를 이루려 하지 말라.
34 너희들이 스스로 말하지 아니하던가?
35 이 세상의 모두는 나 여호와의 주관하
에 이루어지지 아니한 것이 하나도 없
다 너희들이 그리 말하였음이니,
36 이제 나의 법전을 한번 들여다보라.
37 그러면서 너희들 스스로 깨우쳐 그 길
을 가면 될 것이며, 너희들 스스로 평
가하고 너희들 스스로 다스리면 될 것
이거늘,
38 어찌하여 그를 보지 아니하려 하며
그리도 어리석은 삶을 사는가?
39 이제 깨우칠 때가 되었음을 알라.
40 두 번 다시 너희들에게 기회가 없으
며, 두 번 다시 사는 기회가 없음을 알
라.

5,317 번째 하나님 말씀

2003년 3월 3일 19시 36분

1 사랑하는 나의 아들아!
2 "네, 아버님! 말씀하옵소서."
3 너희들이 이 지상에 살아가면서 너희
들이 생각지 못했던 험하고 무서운 여
러 가지 사고요, 그와 같은 돌발 사태
가 벌어짐이니,
4 너희들은 그럴 때마다 무어라 말하는
가?
5 '어찌하여 이렇게 험악하고 무서운 일
이 이 세상에 일어나는가?'
6 그리고 '정녕 하나님이 계신다면 어찌
하여 하나님이 이와 같이 참혹한 것
을 눈감아 주시며, 이와 같은 사고가
이 세상에 일어나도록 놔두는 것인
가?'
7 그리하며 나를 의혹하며 나를 의심하
며 나에 대한 원망의 소리를 부르짖는
것이 너희들이니라.
8 그러나 너희들은 깨달아야 함을 알라.
9 너희들 스스로 변화되며 깨우쳐 가는
그것도 고통과 시련이 없이는 거듭나
지 못하며 변하지 못하는 것이 너희들
의 마음 자세가 아니던가?
10 그리하여 너희들은 고통과 시련 속에
서 깨달으며,
11 고통과 시련이 닥쳐올 때 너희들은 거
기서 나를 찾으며 진리를 깨달아 거
듭나도록 깨우쳐 가는 것이 너희들이
니라.

12 그러나 모든 그 돌발 사태요, 비참한
일이 일어나는 것은 너희들이 자초한
것이며, 너희들 스스로 양심을 속였음
임을 알아야 할 것이니라.
13 너희들이 양심을 속였으며 하늘나라
나의 법도대로 하지 아니하였으며,
14 그리 행하지 아니하여 그와 같이 무서
운 일을 너희들이 자초한 것이요, 나
여호와가 그리 만든 것이 아님을 알
라.
15 너희들이 깨우쳐 나로부터 상을 받는
것도 내가 너희들에게 주는 것이 아니
요, 너희들이 받을 만한 자격이 갖추
어졌을 때, 그저 있는 것을 내가 너희
들에게 준나 그리 말했음이니,
16 참사요, 참혹한 사고요, 어떠한 돌발
사태가 일어나 많은 생명이 죽어 가는
비참한 그 현장에서 나를 원망하며 나
를 욕하며 울부짖지 말라.
17 너희들이 나의 법대로 살아가지 아니
하였으며 너희들 인간의 양심이 타락
되었으며, 양심을 실낱만큼도 갖지 못
한 자들이 그와 같은 역사를 만들었
으며 그 변화를 하고자 하였음이니,
18 당연히 받는 그 대가는 너희들이 만든
것이요, 너희들이 그 대가를 받아 감
이니라.
19 양심을 속이지 아니하며 양심을 버리
지 않은 자가 그를 만들고 그를 역사
했더라면, 그와 같이 비참하고 처참한
환경은 절대 일어나지 아니할 것이니
라.
20 그는 내가 하는 것이 아니요, 너희들
스스로 함이니라.
21 그리고 너희들은 하늘의 법도가 얼마
나 무서우며 나의 뜻대로 살아가지 아
니하는 것이 얼마나 두렵고 무서운가
를 거기서 그때야 깨우치느니라.
22 그리고 나의 뜻대로 행하지 아니할 때
너희들이 얼마나 무서운 것인가를 그
때만이 깨닫고 두려움을 아느니라.
23 그러면서 너희들은 그게 언제 있었냐
는듯이 또 잊어버리며 또 속이고 또
속는, 그와 같이 양심이 전혀 없는, 도
덕이 무너진 그와 같은 자들이 세상
것을 만들어 냄이니,
24 바로 너희들이 그 무서운 재앙을 자초
하는 것임을 알아야 할 것이니라.
25 바로 너희들 스스로 나의 율법이 전하
는, 법전이 진하는, 성경이 진하는 그
위에,
26 너희들에게 지키고 살라는, 도덕적으
로 살 수 있는, 내가 먼저 내린 나의
법을 두려워하지 아니하며 무서워하
지 아니하며 그를 지키지 아니하고,
27 너희들이 요령껏 살며 수완을 부리며
잔꾀를 부리며,
28 그리고 도덕적인 양심이 하나도 없는
그들이 세상을 만들고 지배함이니,
29 그와 같이 무서운 것이 중단되지 아니
하고 계속 역사한다는 것은 당연한 것
이 아니던가?
30 이것은 내가 이루는 것이 아니요, 너
희들이 하는 것이니라.
31 너희가 지은 죄요, 너희들이 만든 것
을 너희들 스스로 짊어지고 간다는 것
을 알아야 할 것이니라.
32 너희들이 양심이 있으며 도덕적으로
조금이라도 실낱같은 바른 자세의 마
음이 있다면,

33 그 속에서 남의 생명이 소중함을 알
것이며, 남의 생명이 얼마나 귀한 것
이며, 그 한 사람으로 하여금 가족과
주변 사람들이 얼마나 슬픔을 갖고
고통 속에서 살아가는지,
34 너희들이 남의 생명의 존엄성을 생각
지 아니하며
35 귀하게 생각지 아니하며
36 진실을 생각지 아니하며
37 내가 내린 법도를 생각지 아니하며
38 수단과 방법을 가리지 아니하고 이익
을 추구하기 위하여 하나의 양심도 없
는 자들이 만들기에, 인재가 발생하는
것이며,
39 너희들이 내가 내린 도덕적인 가르침
에 따라 양심적으로 모두를 이루었다
면 그와 같은 참사요, 무서운 인재요,
대형 사고라 하는 것은 일어나지 않을
것이며, 그를 막고 지켜 갈 수 있을 것
이니라.
40 내가 내려보낸 법도를 너희들이 따르
지 아니하며 행하지 아니하였기 때문
에, 너희들이 스스로 만든 참사요, 그
불행은 너희들의 몫이라는 것을 잊지
말라.
41 제 규정과 제 법규에 의한 역사를 하
며 나 여호와의 하늘의 법도에 따라
너희들이 행한다면 그 무서운 문제는
없었을 것이니라.
42 그리하여 너희들 앞에 그 비참하고 처
참한 그와 같은 장면의 그림은 있지
아니할 것이니라.
43 너희들이 지금도 변화되지 못하고 깨
우치지 못하며 양심이 없는 자들이 세
상을 지배하고자 하며, 양심이 없는
자들이 세상 것을 만들어 내는 한, 그
와 같은 무서운 재앙은 계속될 것이라
는 것을 잊지 말라.

5,318 번째 하나님 말씀

2003년 3월 3일 19시 52분

1 사랑하는 나의 아들아!
2 "네, 아버님! 말씀하옵소서."
3 너희들이 나로부터 받아 나간 그 생명
이요, 남의 생명의 그 존귀함을 잊어
버리며 양심을 상실하고 살아갈 때,
4 그리고 나의 뜻에 따라 하늘에 오르고
자 하는 참진리의 믿음이 아니요,
5 형식적이고 외형적인 믿음으로, 그저
나의 아들 예수의 보혈로써 구원을 받
았다 말하며, 그저 재물만 갖다 바치
면 구원을 받는다 그와 같이 생각하는
그 자세는 너희들이 인간의 기본자세
를 상실하며 기틀을 상실하고 사는 것
이니라.
6 내가 너희들에게 기본 양심을 지키고
살라 내려보낸 그것을 너희들이 지키
지 아니하여 이 세상에 무서운 재앙이
계속되는 것이니, 너희들이 막을 수
없는 그와 같은 사고들이 계속 일어남
이니라.
7 나 여호와가 정녕 너희들의 그와 같은
기본자세를 바로잡기 위하여,
8 너희들이 그와 같은 역사의 슬픈 일을
너희 스스로 계속 만듦이니,
9 나 여호와가 그를 내려다보지 아니함
을 너희는 알아야 할 것이니라.
10 너희들이 기본자세요, 기본의 인성이
잘못되었기에, 인간의 생명의 귀중함

을 모르며, 남의 생명이 얼마나 위대
한 것인가를 모르기에, 그와 같이 험
악한 일을 너희 스스로 만들며,
11 너희들이 죽어 가는 무덤을 너희 스스
로 파는 것이니라.
12 그러니 너희들은 내가 그를 말리지 아
니하며 그를 막지 않는다 하여 나 여
호와를 원망하지 말라.
13 그와 같이 어려운 시련과 고통 속에서
그를 보며 깨우쳤을 때, 그나마 기본
자세요, 기본의 양심을 돌아다볼 수
있는 것이 나의 백성 너희들의 그 마
음 자세가 아니던가?
14 그를 보지 아니하며 그를 체험하지 않
는 한 너희들은 절대로 자신의 잘못
가는 것을 돌아다보지 않으며, 고치려
하지 않으며, 그저 묻어 가며 덮고 가
는 것이 너희들이니,
15 그게 지금의 사악한 마음이요, 양심의
뿌리도 없는 자들이 지금 이 세상을
지배하고 살아가는 것이 아니던가?
16 이 모두는 종교 지도자들이 나의 백성
을 이기주의자로 만들었으며, 그저 욕
심을 갖게 하였으며,
17 저만 생각하며, 저만을 위하며, 저만
이 구원받으면 되는 것으로 그와 같이
너희들이 몇천 년 동안 나의 백성을
잘못 가르쳤으며, 잘못 인도했으며,
18 그들의 길을 잘못 안내했기 때문에 오
늘과 같이 이 무서운 현실이 이루어짐
을 너희들은 알아야 할 것이니라.
19 너희들이 인간의 기본자세요, 인성으
로 돌아가지 아니하며, 내가 너희들에
게 내린 나의 성령이요, 나의 법전의
가르침을 상기하여 그를 지키고 행하
는 그와 같은 대변화가 이루어지지 않
는 한, 그 비참한 참사는 계속 일어날
것이며, 끝이 없이 인간의 비참한 현
상을 보게 될 것이니라.
20 그와 같은 너희들의 기본의 자세가 바
로 설 때까지 나 여호와는 너희들이
잘못하여 이루어지는 그 역사를 내가
시시비비하지 아니하며 그를 들여다
보지 아니할 것이니라.
21 너희들이 양심을 찾으며 인간의 존엄
성을 회복할 때, 너희들 스스로 그 모
두를 막을 수 있는 것을, 너희들이 막
지 않고 하는 그와 같은 행위임을 너
희들은 알아야 할 것이니라.
22 이를 스스로 막고 안 막는 것은 너희
들에게 달렸음이니,
23 나를 원망하지 말며, 나를 부르지 말
며, 나를 부르며 눈물로 하소연하지
말며, 눈물로써 나를 원망하는 그와
같은 너희들의 행위를 하지 말라.

5,319 번째 하나님 말씀

2003년 3월 3일 20시

1 사랑하는 나의 아들아!
2 "네, 아버님! 말씀하옵소서."
3 너희들은 내가 만든 이 위대한 지상이
요, 이 세상의 모든 것이요, 여기에 사
는 모든 동식물이요, 만백성을 너희들
이 나의 뜻에 따라 지키고 행하는 주
인이 되고자 한다 하면,
4 너희들은 어떠한 노력과 너희들의 그
변화의 역사가 있어야 하겠는가?
5 너희들은 내가 만든 이 지상의 주인으
로서 이 모두를 지배하고자 한다면,

6 너희들에게 관여된 모든 작은 것을 버릴 수 있는 그와 같은 마음의 자세가 되어 있지 아니하며 그를 버리는 그와 같은 결단이 없이는 내가 만든 이 아름다운 지상의 주인이 될 수가 없음을 알아야 할 것이니라.

7 하늘의 뜻이요, 창조주 나를 대신하여 내 명을 받아 너희들이 이 세상의 모두를 지배하는 주인이 된다 하면,

8 그 주인으로서 모든 작은 것을 다 놓을 수 있는 그와 같은 마음의 훈련 자세가 되어 있지 아니해서는 이 지상을 지배하는 경영자가 될 수 없음을 너희들은 알아야 할 것이니라.

9 인간 세속의 국가요, 큰 집단의 일부를 경영하는 그와 같은 지도자도 너희들은 말하지 아니하는가?

10 하늘에서 내린 자가 아니면 한 나라를 경영하는 책임자로서 그 자리에 설 수 없다 그리 말하느니라.

11 그러나 너희들은 한 나라를 경영하는 지도자가 아니요, 내가 만든 이 지상의 모두를 다 관장하는 주인으로서, 지도자로서 서려면 너희들의 주변에 있는 모든 작은 것을 놓을 줄 알며,

12 거기에 연연하는 그와 같은 삶을 살아서는 나의 뜻을 볼 수 없다는 것을 알아야 할 것이니라.

13 이는 작은 욕심이요, 작은 바람에 의해 큰 것을 보지 못하는 그와 같은 나약한 마음을 가진 것이 너희들이기 때문이니라.

14 너희들이야말로 이 세상의 주인이요, 내가 명한 이 아름다운 세상의 책임자이니,

15 너희들은 너희들의 자식이요, 또한 너희들의 가정이요, 너희들이 알고 지내는 사람들의 온갖 것을 다 걱정하며 그를 생각하며 거기에서 안주하고자 하며 거기서 벗어나지 못한다면,

16 육의 행복과 육의 즐거움에서 너희들이 벗어나지 못한다면, 이 세상을 경영하는 지도자로서, 나의 백성으로서 선택된 지도자로서 설 수가 없음을 알아야 할 것이니라.

17 하늘의 뜻을 경영하는 너희는 나의 뜻을 알아야 할 것이며, 내가 원하는 것을 알아야 할 것이며, 내가 역사하고자 하는 그 큰 뜻을 따라 너희들이 살아감이니,

18 육에서 이루어지는 작은 일의 그 고리를 끊지 못한다면 큰 역사를 이루는 것을 볼 수가 없다 함이 내가 너희들에게 일깨워 주지 아니하였던가?

19 모든 육의 종파들이 그 이름에 얽매어 벗어나지 못하며,

20 그 틀에서 유능하고 한 시대를 이끌어 가며 종교의 대변화와 혁명을 이룰 수 있는 그와 같은 자격을 갖춘 자들이 그 틀 속에 묶여 그저 사장된 자들이 수없이 많이 있음이니,

21 그들은 그 틀 속에 얽매여, 아무리 기회를 보여 준다 해도 나의 아들 너처럼 독자적으로 이 세상을 이끌어 가는 그와 같은 역사를 이룰 수 없으며, 그와 같은 자신을 이루지 못하며,

22 또 이와 같이 쉬지 않고 나의 법전 160권을 책으로 단시간에 만드는 그와 같은 역사도 그들은 불안하고 두려워서 할 수 없는 것이니라.

23 이제 나 여호와가 경영하는 지상의 그
방대함 속에 주인이 될 너희들은, 너
희들 자신으로서 그 작고 큰 것에 연
연하지 말며, 버릴 것은 버리며 놓을
것은 놓고,
24 나 여호와의 뜻을 알고자 노력하며 내
가 이루고자 하는 역사에 모두를 맞
추어 살아가는 그와 같은 대변화의 삶
으로써 너희들이 살아가야 함을 잊지
말라.
25 그것이 너희들의 오늘의 희생이 냉혹
한 사람으로 보일지 모르나, 크나큰
대를 위해서 너희 자신을 태워 버리
는 그와 같은 희생정신의 시작이라는
것을 너희들은 알라.
26 그 희생과 봉사의 정신이 없이는 너희
들은 그 모든 인간의 육의 향락이요,
즐거움을 놓을 수 없으며,
27 거기서 가정과 모든 너희 주변이요,
처자식이요, 그 인간관계의 고리를 대
중적으로 볼 수 있는 그와 같은 무서
운 마음으로 설 수 없기 때문임을 알
라.
28 작은 것에 연연하다 보면 너희들은 큰
뜻을 이루지 못한다는 그 무서운 사실
을 깨우쳐 너희들이 바로 서도록 그리
하라.

5,320 번째 하나님 말씀

2003년 3월 3일 23시 37분

1 사랑하는 나의 아들아!
2 "네, 아버님! 말씀하옵소서."
3 너희들은 인생을 살아가면서 네 임의
대로 살며 너희들이 잘못해 지은 죄라
생각하는 것을, 너희들의 손으로 지은
성전에 가 나 여호와요, 나의 아들의
이름을 부르며 용서해 달라 그리 기도
하며, 또한 그리 빌고 눈물의 기도를
드리면 모든 것이 다 지워지고 씻어졌
다 말하느니라.
4 이제 너를 따르는 제자들이요, 나의
법전을 읽은 만백성 너희들은 먼저 이
와 같은 마음으로 회개하며 너희들 자
신이 변화되는 그 깨달음이요, 진정한
후회요, 용서하는 마음을 갖도록 해야
할 것이니라.
5 너희들이 지은 죄를 나 여호와에게 빌
며 나의 아들 예수에게 그리 비는 것
보다,
6 너희들이 죄지어 잘못한 것, 남을 아
프게 한 것, 남에게 용서받을 수 없는
짓을 한 것을, 그 사람을 만날 수 있으
며 그 사람과 더불어 대화할 수 있으
면 직접 그 사람에게 너희들이 잘못한
그 죄의 용서를 빌며,
7 그리고 나 여호와에게 총체적인 그 죄
를 용서해 달라 빌며 나에게 그리 기
도하라.
8 너희들은 인간으로서 잘못된 짓을 한
자, 너희들이 죄를 지은 자, 그들에게
상처를 입혔으며 그들의 마음 아픔이
있거늘,
9 어찌하여 그를 달래 주지 아니하며 그
에게 용서를 빌지 아니하고, 어찌하여
무조건 나 여호와에게 그리 비는가?
10 너희들은 그 기도하는 방법 자체가 틀
렸으며, 그 또한 너희들이 쉬운 방법
으로 가고자 하는 것이니라.
11 여기서 너희 제자들은 깨우쳐야 할 것

이니라.
12 너희가 남들에게 언성을 높이며 남의
것을 훔쳤으며 남의 것을 도둑질하며
남에게 거짓말을 했을 때,
13 그 사람을 만날 수 있으며 그 사람이
네 주변에 있다 하면, 그 사람에게 먼
저 백배사죄하는 그 용서를 빌라.
14 그리하여 그 사람의 마음의 상처를 다
스려 놓은 다음에,
15 나 여호와에게 비는 것은, 내가 생명
을 너희들에게 내려보내어 세상에 아
름답고 착하게 살며 내가 내려보낸 그
원심대로 살다 나에게 오라 한 것을
너희들이 지키지 못하고 산 그 용서를
나에게 빌도록 그리하라.
16 만일 너희들이 그와 같이 잘못한 자
요, 거짓말한 자요, 물건을 훔친 자요,
음해한 자요, 그와 같은 사람을 만날
수 없으며 그와 같은 관계가 정립되지
아니할 때는,
17 그 사람의 이름 앞에 먼저 용서를 빌
며 그 이름 앞에 진심으로 눈물의 회
개를 먼저 하라.
18 그리하여 너희들이 깨달음을 얻도록
그리해야 할 것이니라.
19 부모에게 잘못한 자, 부모에게 용서를
빌며,
20 형제에게 잘못한 자, 형제에게 먼저
용서를 빌라.
21 그리하여야 너희들의 마음이 깨끗함
을 알게 될 것이니라.
22 너희들이 이웃에게 죄를 지었으며, 친
구에게 죄를 지었으며, 너와 가까운
자들에게 죄를 지어 놓고 그들에게 가
슴 아픈 상처를 남겨 놓고 나에게 죄
의 용서를 빈다는 것은 내가 받아들일
수가 없음을 알아야 할 것이니라.
23 내가 너희들에게 남의 것을 도둑질하
며 남에게 죄를 짓고 말로써 비는 것
은 천날을 빌어도 아니 되며, 너희들
의 손에서 피가 나도록 빌어도 아니
된다 그리하지 아니하였던가?
24 상대성이 있기 때문에 그를 할 수가
없다 하였음이니라.
25 그리하여 열 배로 갚아야만 그 죄를
면한다 그리 내가 너희들을 다스리고
가르쳤으며,
26 말로써 나에게 그저 용서를 먼저 비는
것은 내가 받아들일 필요도 없으며,
27 그것은 깨우침도 아니요, 용서함도 아
니요, 회개함도 아님을 너희들은 알라.
28 간단한 이치 같으나 그렇지 아니하니
라.
29 너희들로 하여금 마음에 상처를 받은
자 있으면, 그 상처를 준 자에게 너희
들이 용서를 빌며, 말로 사과를 하며,
거기에 네가 회개하는 그와 같은 마음
을 가진 다음에,
30 총체적인 인간의 생명을 내려 준 나
여호와의 뜻에 따라 살지 못함을 나에
게 용서를 빌며 회개하는 것은 내가
너희들을 받아들이고 그를 내가 이해
할 수 있으나,
31 남에게 잘못해 놓고 나에게 와 용서를
비는 것은 나는 받아들일 수 없으며,
32 그것은 진정한 회개가 되지 아니함을
알아야 할 것이니라.
33 너희들 말에 있지 않더냐?
34 '북에서 뺨을 맞고 남쪽에 와서 화풀
이한다'는 그와 같은 말도 안 되는 짓

을 하는 것이니, 이 이치를 이제 깨달으라.
35 너희 제자들이 경지에 오르고 오른 만큼, 이제 내가 하는 그 뜻을 이해할 것이며,
36 내가 너희들에게 원하는 것, 또한 내가 너희들을 가르치는 그 뜻을 알 것이니라.
37 이제 너희들이 모든 잘못한 자를 만날 수 있으면 그에게 용서를 빌며, 그 상대방에게 용서를 빌며, 그 사람에게 사죄하라.
38 그리해서 그것이 되지 아니할 때, 너희들은 그 사람의 이름 앞에 용서를 빌며 그 사람을 생각하면서 너희들이 반성하고 회개를 한 다음에, 총체적으로 나에게 기도를 드리는 그와 같은 마음으로 하라.
39 그리하여 상대방이 상처받은 것을 위로하며 그의 마음을 편안하게 해 주었을 때, 너희들이 지은 죄를 갚는 것이 아니던가?
40 너희들이 남의 것을 훔쳐서 임의로 그것을 써 그 사람이 거지가 되었으며 폐인이 되게 해 놓고 나에게 용서를 빈다면,
41 내가 그 사람을 놔두고 무슨 자격으로 너희들을 용서하며, 내가 너희들을 이해하며, 너희들의 그 죄를 받아들일 수 있는가?
42 너희들을 창조한 아버지로서 내가 너희들을 잘못 가르쳤으며 잘못 다스려 죄를 짓게 한 죄가 나에게 있을 뿐이며,
43 내가 세상에 태어나게 한 너희 어버이로서 나에게 너희들이 잘못 살아온 것을 빌 수 있으나, 그보다도 너희들이 잘못한 자에게 먼저 용서를 빌라.
44 그것이 너희들과 직접적인 관계요,
45 나와는 아무런 관계도 없으니, 나와는 관계없는 그와 같은 기도로 울고불고 광란의 짓을 하지 말라.
46 이웃에 있는 사람의 뺨을 때리고 그 아픈 사람의 마음을 달래 주지 않고 나에게 용서를 비는 것은,
47 너희들이 살인을 하고도 나에게 용서를 빌면 용서받는다 말할 수 있는 그와 같은 자이니라.
48 너희들은 지금 어떠한 면에서 기도하는가?
49 너희들은 그저 남에게 잘못하고 인간 세상의 법으로써 다스리는 무서운 중죄가 아닌 것은 그저 말로써 나에게 빌면 떨어진다 그리 생각하나, 너희들은 그리하지 말라.
50 나에게 빌지 말며 당사자에게 용서를 빌라.
51 너희들이 인간 세상에서도 서로 감정이 격해졌다가 사과를 하고 화해를 할 때 어찌하던가?
52 당사자끼리 손을 잡고 서로의 잘못을 용서하며 서로 이해하며, 아름답게 살아가자면서 너희들이 사과를 하며 화합의 장을 만드는 것이 아니던가?
53 그 이치와 똑같음이니, 너희들이 죄는 딴 데 가서 지으며 남을 가슴 아프게 울려 놓고,
54 창조주 나요, 나의 아들의 이름을 부르는 그와 같은 애매한 행위를 하지 말라.

55 우리 부자의 이름을 욕되게 하는 그와 같은 행위로써 너희들이 용서받았다 생각하지 말라.

56 더욱이 너희들은 한 술 더 떠서 재물을 바치고 나 여호와에게 기도하고 용서받으며 구원을 받는다 하니,

57 그렇기에 너희들이 재물을 바치고 기도해도 구원하고 용서할 수 없으며, 그게 나와는 관계없다는 그 뜻을 너희 제자들은 알았을 것이니, 이 이치를 먼저 깨우치고 그리 행하도록 하라.

5,321 번째 하나님 말씀

2003년 3월 3일 23시 59분

1 사랑하는 나의 아들아!

2 "네, 아버님! 말씀하옵소서."

3 내가 나의 법전을 세상에 내려보내 만백성을 구하고자 너를 통하여 이 책으로써 세상에 전함이니, 너는 나의 성령을 기록하여 '하늘에 오르는 길'이요, '하나님! 말씀하옵소서'라는 이 책으로써 만백성을 깨우치고 전하라 하였으며,

4 종파를 갖지 말며 종파를 두지 말라 하였으며,

5 어떠한 종파와도 결탁하여 그 종파 속에 의탁하여 나의 법전을 전하는 그와 같은 역사를 하지 말라 하였음이니,

6 그 뜻이 어디 있는지 너는 알고 있는가?

7 네가 만일 어떠한 종파의 그들과 타협하여 무엇을 이룬다 하면, 그들은 저희들의 규정이요, 그들의 규칙에 의하여 흐르는 관습이요, 그 틀을 벗어날 수 없기에, 너는 나의 뜻을 세상에 전할 수 없으며 내가 이루고자 하는 그 역사를 이룰 수 없음이니라.

8 그리하여 네가 어떤 종파와 같이 손을 잡고 나의 뜻을 역사한다면 오늘은 네가 나은 길이요, 빠른 길로 이를 수 있다 생각하나, 그는 그리되지 아니하느니라.

9 그들은 그들 나름대로 흐르는 규정이 있으며 지키는 도리가 있음이니,

10 네가 그 제도 속에 들어가 나의 법전을 가지고 만백성에게 전하는 역사를 이룰 수 없음이니라.

11 우선 그 종파가 네가 기록하여 전하는 그것을 받아들일 수 없으며 수용할 수 없느니라.

12 그리하여 네가 어떠한 종파나 큰 집단과 더불어 그 틀 속에서 같이 움직인다면, 내가 이루고자 하는 그 큰 뜻이요, 새로운 역사를 이루고자 하는 그것을 이룰 수가 없느니라.

13 그들은 작은 종파요, 저희들의 계획이요, 흘러가는 그 틀에서 벗어나지 못하고,

14 내가 이루려 하는 나의 법전의 그 뜻이 사장되며, 전해질 수 없는 그와 같은 형국으로 전락하기에,

15 내가 너에게 누구와도 타협하지 말며 종파의 이름을 갖지 말라 하였음이니라.

16 종파의 이름을 가짐으로 인해 너희들은 너희들 것만이 으뜸이요, 너희 것만이 소중하다는 그와 같은 일이 생길 것이며,

17 하나의 종파를 가졌을 때 세월이 흐르

다 보면 나의 법전을 가지고 많은 백
성이 수천수만 개의 종파가 또 생길
것이니,
18 그리하여 종파를 가진 것은 내가 선택
한 백성이요, 종교 지도자가 아니라는
것을 내가 만백성에게 깨우쳐 주고자
종파를 갖지 말라 한 뜻이 여기 있음
이니라.
19 네가 그와 같은 생각을 하고 역사하고
자 한다면 그 마음을 다 거둬들여야
함을 잊지 말라.
20 예수가 세상에 나와 만백성을 구할
때, 그가 종파를 가졌으며 어느 종파
에 속해서 그가 만백성을 구하고자 그
리하였던가?
21 그는 어느 곳에도 속한 것이 없으며
독자적인 행보로써 나의 뜻을 전하며
역사를 이루고자 했던 것을 너는 알아
야 할 것이니라.
22 지금 네가 나의 법전을 만들어 나의
성령이라는 것을 만백성이 아는 한,
너희들은 어떠한 종파를 가져서도 아
니 되며, 치우치는 그와 같은 생각으
로써 이끌어 나가도 아니 됨이니라.
23 그들은 지금 나의 법전이 정녕 나 여
호와의 뜻이요, 변화의 시대가 와야
할 것이며, 변화가 되어야 한다는 것
을 종교 지도자는 누구보다도 잘 알고
있느니라.
24 그러나 그들은 억지를 쓰고 있음이니
라.
25 이것이 세상에 전해짐으로써 저희들
이 설 자리가 없으며 문을 닫는다는
그 엄연한 사실 앞에 그들이 거부하는
것이며 이를 받아들이지 아니하는 것
이니라.
26 그러니 나의 아들 네가 가는 길은 어
떠한 종파나 어떠한 뜻을 둬도 아니
되며,
27 너의 제자들 또한 그와 같은 생각을
가지고 나의 법전을 전하는 그와 같은
일이 있어서는 절대로 아니 되느니라.
28 지금 그들이 끌고 가는 종교 집단 속
에 그 종교 지도자보다도 유능한 자,
그리고 높은 직함을 가진 자보다 깨달
음이 높이 있는 자들이 수없이 많이
있느니라.
29 그러나 그들은 저희들이 만든 틀 속
에서 저희들이 만든 법규요, 법이라는
그 속에서 그 모두를 다 익입하며 그
들을 통제해 가고 있느니라.
30 그리하여 그들은 그것이 두려워 거기
에 거부할 수 없기에, 그들을 가르치
는 종교 지도자보다도 더 많이 알며
유능한 자며 남으로부터 존경을 받을
만큼 인격을 갖춘 자요, 깨달음이 있
는 자도 아무 소리 못 하며,
31 그 사악한 자가 설교하는 소리를 듣고
그것이 구원의 길이요, 하늘에 오르는
길이라 그저 끌려가는 그와 같은 형국
이 됨이니,
32 너 또한 어떠한 종파요, 어떠한 집단
과 손을 잡는다면 그 규정의 틀 속에
서 네가 벗어날 수 없음이니,
33 내가 전하고자 하는 그 역사요, 내가
만백성을 깨우치고자 하는 것을 그대
로 행할 수가 없기 때문이니라.
34 그리하여 너희들 단독으로 독자적으
로 해야 한다는 것을 잊어서는 안 될
것이며,

35 아무리 어렵고 힘든 일이 있다 해도
너희들끼리 힘을 뭉쳐 그 길을 가는
길밖에 없음을 알라.

5,322 번째 하나님 말씀

2003년 3월 4일 0시 05분

1 사랑하는 나의 아들아!
2 "네, 아버님! 말씀하옵소서."
3 너를 통하여 기록하는 160권의 이 법
전을 만백성을 구하고자 그들에게 전
하고 깨우치는 역사를 함에 있어서,
독자적으로 나의 명에 따라, 너는 나
의 뜻에 따라 그저 한 길을 가야 하는
것을 잊어서는 아니 될 것이니라.
4 오로지 너는 독자적으로 이 길을 가
야 하느니라.
5 그리하여 너는 나의 아들이기에 직접
나의 성령을 받아 나의 뜻에 따라 만
백성을 주관하는 중차대한 책임을 맡
은 자요, 네가 그 대명을 받은 자이기
때문에,
6 너는 직접 독자적으로 너 스스로 너의
제자들과 더불어 가야 한다는 것을 절
대로 잊어서는 아니 되느니라.
7 어떠한 집단의 이름을 가져서도 안
되며 어떠한, 집단과 타협을 해서도
절대 아니 됨을 알라.
8 오로지 내가 나의 아들 너에게 직접
내리는 그 규정이요, 그 법 안에서 내
가 너에게 원하는 것, 내가 명하는 그
틀 속에서 벗어나서는 아니 될 것이며,
9 그 틀 속에서 너 스스로 너의 제자들
과 더불어 가야 한다는 것을 잊어서는
안 되느니라.
10 그리하여 독자적으로 일어서며 너희
들 스스로 가야 하기에,
11 그 무엇과도 타협이나 협잡을 하여
어떠한 것이 이루어진다면, 내가 그를
용서치 아니할 것이니라.
12 너를 떠나는 제자들이요, 너에게서 떠
나가서 또 나의 역사를 이루는 그와
같은 선택된 제자들 너희들이 바로 어
떠한 타협이나 어떠한 협잡이나 어떠
한 나의 뜻에 위배되는 그와 같은 힘
을 발휘해서는 아니 된다는 것을 알아
야 할 것이니라.
13 그와 같이 너희들이 무너질 수 있으며
그와 같이 흘러갈 수 있기에,
14 너희들을 완벽히 깨우치며 완벽한 나
의 백성으로 만들고자 오늘의 고통과
시련의 훈련 속에서 내가 너희들을 다
스려 가고 있음을 알아야 할 것이니라.
15 나로부터 선택된 제자 너희들이 완벽
하지 아니하면 이 길을 갈 수 없으며,
16 너희들은 집단이요, 힘 있는 자요, 능
력 있는 자의 말에 의하여 그와 타협
하며 협잡의 행위를 할 수 있는 것이
니라.
17 그리하여 수천 년 동안 흘러오면서 지
금의 하늘에 오르는 길을 인도한다는
종교 집단들이 처음에는 금과 같이 순
수하고 깨끗한 것으로 시작하였으나,
지금은 쇳가루같이 부서져 퇴색되었
다 말하지 아니하였던가?
18 너희들도 그러하니라.
19 너희들이 완벽하지 아니하면 그와 같
이 세월이 흐른 다음에 무너지게 되어
있으며,
20 너희 후손들은 더 무너져 나를 역행하

며 나와는 관계없는 길을 가게 됨이
니,
21 천 년 후에 새로운 역사를 이 세상에
이룰 수 있는 것이 너희들이 잘못 가
고 잘못 깨우치는 그 순간에 다 무너
진다는 것을 알아야 할 것이니라.
22 이제 사랑하는 나의 아들 너는 독자적
으로 이 길을 가며,
23 모든 백성이요, 종교 지도자들이 외형
의 치장에 의해서만 믿음의 길을 가며
깨우치는 길이라 하여 달려가는 그들
의 형태에서 벗어나,
24 너희들은 내면에 있는 아름다움을 치
장하며 내면의 아름다움을 가꾸는 데
그 모든 몸과 마음을 다 바쳐야 할 것
이니라.
25 외형으로 보이는 겉모양을 치장하는
그와 같은 믿음에서, 이제는 보이지
않는 내면의 아름다운 마음의 본성을
찾는 데, 거기를 치장하고 그것을 다
스리는 데, 원상복귀하는 데 너희들의
모두를 다 바치는 그와 같은 삶을 살
도록 그리하라.

5,323 번째 하나님 말씀

2003년 3월 4일 06시 49분

1 사랑하는 나의 아들아!
2 "네, 아버님! 말씀하옵소서."
3 이 세상 그 모두를 나 여호와가 창조
하였으며 모두를 나의 뜻이요, 내가
주관하지 아니하는 것이 없다 그리 말
하지 아니하였던가?
4 그렇다면 너는 나의 아들로서 이 세상
에 나가 만백성을 구하고자 나의 뜻에
따라 나의 성령을 받아 세상에 전함이
니,
5 내가 너에게 일찍이 말하였던 이 세상
것은 다 내가 관장하고 다스리는 것이
거늘, 어찌하여 네가 그리 마음을 불
안해하는가?
6 네가 마음을 불안해하며 네가 믿지 못
한다 함은, 네가 나 여호와의 뜻이요,
내가 역사하는 것을 믿지 못하고 불안
한 마음을 가진 것이나 마찬가지이거
늘,
7 다만 너는 너의 제자들이요, 너를 따
르는 그들의 어렵고 힘든 것을 역사
하지 아니함을 걱정하고 불안해하나,
너는 여기서 두려워하지 말라.
8 내가 말했듯이 네가 누군가 한 사람을
위해서 과연 기도할 수 있으며 그 이
름을 나에게 추천할 수 있는 사람이
지금 있는가?
9 내가 너에게 물어보고자 하느니라.
10 네가 나에게 이 사람만큼은 정말 천사
와 같은 자요, 나의 성령과 같은 마음
으로 살 수 있다는 제자, 단 한 사람이
라도 있다면 그를 나에게 추천하여 그
이름을 네가 내 앞에서 불러보도록 그
리하라.
11 그와 같은 자가 하나가 있다 해도, 내
가 너희들의 오늘의 그 모두를 다 들
어줄 것이며 역사해 줄 것이니라.
12 "네, 아버님! 정녕 한 사람도 없사옵
나이다.
13 이 사람인가 싶으면 또 그 단점이 있
으며, 저 사람인가 싶으면 또 하나의
고칠 그 벽이 너무나 두꺼워, 한 사람
도 제가 감히 추천하여 아버님께 그

이름을 기도 드려 이 세상의 모두를
역사할 수 있는 제자가 아직은 아무
도 없사옵나이다."
14 사랑하는 나의 아들아!
15 네가 정녕 이 사람은 지상에서 인간의
천사라 말할 수 있는 자가 있으면 나
에게 그 이름을 추천하라.
16 그때 내가 너에게 모든 역사를 다 이
루어 줄 것이니라.
17 단 한 명을 만들라.
18 단 한 명도 네가 나에게 이름을 당당
히 추천할 수가 없다 하면,
19 거기에 내가 너희들에게 금화와 은화
요, 모든 어려운 고통의 그 길을 들어
준다 할 때, 과연 그들이 지키고 자신
있게 갈 수 있다 너는 생각하는가?
20 그를 내가 너에게 묻고자 하노라.
21 예수의 제자들처럼 등 돌리며 그를 파
는 그와 같은 자들은 없겠는가?
22 그들은 예수를 팔았음이니라.
23 그리고 그들은 예수에게 등 돌렸음이
니라.
24 지금의 너의 제자들이 과연 그보다 더
강한 제자들이요, 그보다 더 역사할
수 있는 그와 같은 제자들이 있는가?
25 그들과 같은 전철을 밟을 수 있는, 그
한계를 벗어나지 못했다 너는 생각하
고 있지 아니하는가?
26 그 한계를 다 벗어났을 때, 그와 같은
불안한 마음을 네가 갖지 아니하고 추
천할 수 있는 자가 한 사람이라도 있
다 할 때, 내가 모두를 역사해 줄 것이
니라.
27 내가 의인이 세상에 하나가 나와도 세
상 것을 다 주고도 바꾸지 않는다 하
였거늘,
28 네가 그와 같은 제자를 나에게 추천하
는 날 모든 역사는 변화될 것이니 그
리 알라.
29 그와 같은 제자를 네가 찾으며 길러
내도록 그리하라.
30 의인과 같은 너의 제자요, 천사와 같
은 너의 제자를 만들어 내는 것, 그와
같은 자를 추천할 수 있는 그 역사부
터 이룬 다음에,
31 네가 그렇다 하면 내가 모두를 들어
너의 제자가 다 하나가 되어 갈 수 있
는 그 길을 열어 줄 것이니라.
32 그러나 바로 서지 못한 너의 제자들에
게 길을 열어 준다 할 때, 그들은 죽음
의 길로 가는 것이며 그들을 무너지게
함이니, 아직도 그들이 갈 길이 멀었
음을 알라.

5,324 번째 하나님 말씀

2003년 3월 4일 06시 57분

1 사랑하는 나의 아들아!
2 만백성을 구하며 그리고 나에게 오를
수 있도록 그 길을 인도하며 세상 속
에 살아가는 나의 백성을 정화하며 바
르게 살아갈 수 있도록 가르친다는 지
도자들이,
3 저 자신이 가진 그 욕심을 버리지 못
하고 있으며, 저 자신을 다스리지도
못하고 있으며,
4 이기적인 그 마음을 버리지 못하고 자
신이 진정 나 여호와의 뜻에 살아가는
그와 같은 변화의 역사도 이루지 못하
는 자들이 나의 피조물 만백성을 구원

한다 그리 말하고 있음이니,
5 저 자신을 다스리지 못하며 제가 누구
인지 제가 있는 위치도 모르는 그와
같은 자는 세상의 변화를 이루어 낼
수가 없느니라.
6 자신을 버리며, 자신이 없으며, 제가
존재하지 않는 그와 같은 마음이요,
7 이기적인 욕심이 없는 그와 같은 지도
자로서 그는 자신이 변할 수 있으며,
이 세상을 변화할 수 있도록 이끌어
갈 수 있는 지도자임을 너희들은 알아
야 할 것이니라.
8 너희들은 아름답게 살아야 하며, 이
아름다운 세상 속에서 살아가도록 내
가 모두를 준 것을 자신의 욕심이요,
이기적인 심성 때문에 그리 살아가지
못함이니라.
9 너희들이 이기적인 심성만 없었더라
면 내가 만들어 준 세상의 아름다움을
볼 수 있으며, 그 아름다움 속에서 너
희들이 아름답게 살아갈 수 있거늘,
10 그리 살지 못하고 너희들의 살아가는
모습이 너무나도 추한 모습으로 살아
가고 있기 때문에,
11 나로부터 명받아 세상에 나간 너희들
이 역사해야 할 개인의 임무요, 너희
들의 책무도 알지 못하며 그냥 살아가
는 것이 너희들이니라.
12 너희들은 육의 세상에 살고 있는 육의
삶 이외에는 아무것도 보지 못함이니
라.
13 춥고 더운 것이요, 배부르고 배고픈
것이요, 아름답고 호화로움이요, 이와
같은 것을 너희들이 보는 눈은 있으
나, 미래에 오는 것을 보지 못함이니,
14 육의 삶의 그 한계를 벗어나지 못하고
사는 것이 지금의 종교 집단의 지도자
요, 그를 따라 구원을 받겠다는 나의
백성이니,
15 너희들이 오늘의 육의 삶 이후의 다음
세상에서 역사하는 것이 무엇이며, 창
조주인 나 여호와가 이루고자 하는 것
이 무엇인지를 보지 못하며 알지 못함
이니, 너희들이 어찌 변할 수 있겠는
가?
16 너희들은 나에게서 생명을 받아 세상
에 나가 최소한 지키고 살아야 하며
이루어야 할 저 자신의 임무조차도 모
름이니,
17 너희들 자신이 나로부터 임무를 받아
세상에 나간 것이 얼마나 위대한 것
인가를 모르며,
18 나로부터 명받아 너희들이 이루어야
할 그 사업이 얼마나 소중한 것인가
를 보지 못하며, 그를 깨닫지 못하고
지금 살아가는 형국임을 알아야 할 것
이니라.
19 종교 지도자가 저 자신의 신분도 모르
고 나 여호와를 능멸하며 욕되게 하는
그와 같은 짓을 하고 있으며,
20 저희들이 지금 어떠한 길을 가고 있는
지, 저 자신도 구원의 길이 무엇인지
모르면서 만백성을 구원한다 하여 잘
못 가르치는 그들의 추한 모습을 나
여호와가 더 이상 볼 수 없어 이를 다
스리고자 하며,
21 그 잘못된 종교 지도자들 밑에서 구원
의 길이라 달려가는 나의 수많은 백성
이 지옥으로 흘러가는 것이 측은하여
내가 더 이상 바라볼 수 없기에, 그들

을 구원하고자 하여 세상에 법전을 내
보낸다 그리 전하였으니,
22 이를 보고 너희들이 깨우쳐 구원의 길
을 얻는 현명한 삶을 살아가도록 해야
함을 잊어서는 아니 됨이니라.
23 그 모든 백성을 깨우쳐 줘야 하며, 그
들이 잘못 가는 길이요, 정녕 저희들
이 구원의 길이라 눈물로써 기도하고
찬송하며 광란의 짓을 하는 것,
24 있는 것, 없는 것, 재물이요, 시간과
모두를 다 그곳에 바침으로써 구원을
받는다 생각하는 자,
25 이웃이 쓰러져 가든, 이웃이 배고파
죽어 가든, 그를 구원하며 그를 돕는
것이 아니요,
26 그저 저만이 구원을 받겠다는 그 욕심
때문에 잘못 지도하며 잘못 가르치는
종교 집단의 지도자요, 너희 손으로
지은 성전에 갖다 붓기만 하면 구원을
받는다 생각하는 자,
27 너희들은 불쌍한 자를 먼저 도와주며
그들의 아픔을 이해하고 달래며 살아
가는 것이 하늘에 오르는 빛을 볼 수
있음이니,
28 너희들이 살아가는 임무요, 너희들이
세상에 태어난, 나에게 명받아 너희들
이 할 수 있는 일, 해야 할 일이 무엇
인가를 그때 알게 될 것이거늘,
29 그를 보지 못하며 그를 알지 못하고
살아가는 불쌍한 너희들이라는 것을
잊지 말라.

5,325 번째 하나님 말씀

2003년 3월 4일 08시 24분

1 사랑하는 나의 아들아!
2 "네, 아버님! 말씀하옵소서."
3 나의 법전 1부가 나올 때 내가 너에게
일찍이 무어라 가르쳤던가?
4 너희들이 이 세상에 살아가는 것을
'오른쪽으로 도는 팽이를 왼쪽으로 돌
리는 삶으로 살아야 한다.' 했음이니,
5 그 말을 너희들은 그냥 들었을 것이
나, 그게 얼마나 기가 막힌 이야기며
그게 얼마나 잘못되었으면 반대 현상
으로 봐야 한다 하겠는가?
6 그렇다면 너희들이 사는 것이요, 지금
의 모든 종교 집단이요, 그들이 이끌
어 가는 것이 다 반대로만 가고 있다
는 것이니,
7 그걸 반대로 돌린다는 것은 어렵고 힘
들다는 것을 생각하기 전에,
8 이 세상이 그렇게 되어 있다는 그 아
픈 마음을 너희들은 알아야 할 것이며,
9 모두를 다 반대쪽에서 생각해야만 옳
은 생각이며 나 여호와가 생각하는 그
뜻이라 말한다면, 그 얼마나 무서운
이야기가 되는가 너희들은 그 의미를
알아야 할 것이니라.
10 내가 너희들에게 말하지 아니하였더
냐?
11 너희들이 죄를 짓고 나에게 용서를 빌
며 나에게 기도하는 것은 무엇 때문에
하는지 그 자체를 나는 모르겠다 그리
말하였으며, 나에게 용서를 비는 기도
는 할 필요가 없다 그리하였음이니라.
12 그것 또한 너희들이 지금 울고불고 나

에게 기도하고 용서를 빌면 구원받는
다 생각하나,
13 너희들이 남들에게 잘못하고 나서 왜
나 여호와에게 용서를 비는 것인지 그
의미를 내가 모르며 그 뜻을 모른다
하지 아니하였더냐?
14 너희들이 정녕 용서를 빌고 회개를 한
다면, 잘못한 사람에게 먼저 용서를
빌고 회개하라 하지 아니하였던가?
15 그 사람이 세상에 유명을 달리하여
그가 존재하지 않거든, 그 이름 앞에
먼저 용서를 비는 그와 같은 회개를
하는 것이 타당한 것이며,
16 너희들이 남의 것을 훔쳤을 때는 행동
이 추하고 더러우니 열 배로 갚으라
하였음이니라.
17 그와 같이 하고 그 죄를 사함을 받고
자 하면 되는 것이지,
18 너희들끼리 인간관계에서 잘못하고
죄를 짓고 사악한 짓을 해 놓고, 왜 나
에게 와서 비는가?
19 그것도 반대로 봐야 하니, 그와 같은
무서운 뜻이 있음을 알라.
20 너희들이 얼마나 잘못 살았으며 얼마
나 잘못 가고 있으면 오른쪽으로 계속
돌아야 하는 팽이를 반대쪽으로 돌리
라 하였겠는가?
21 이 세상의 그 모든 것이 다 거꾸로 가
는 형국이요, 뒤죽박죽이 되어 있다는
뜻이니라.
22 그 말의 의미가 얼마나 무서운 말인
가 너희들은 알아야 할 것이며,
23 그 말 한마디로 정신을 차리지 아니하
면 세상사를 볼 수 없느니라.
24 너희들이 행하는 모든 것을 반대쪽에
서 봐야 한다는 것이 나의 뜻이니라.
25 그러니 너희들이 얼마나 정신을 차려
야 하는가를 이제는 내가 말하였느니
라.
26 이제 너희들은 나에게 쓸데없는 그 죄
의 용서를 빌지 말라.
27 다만 너희들이 용서를 빈다는 것은,
나 여호와가 생명을 세상에 내주었건
만 너희들이 그대로 지키고 살지 못한
그 죄는 나에게 용서를 빌 수 있음이
니라.
28 그러나 또한 거꾸로 생각하면, 나 여
호와가 너희들을 잘못 만들었으며 너
희들이 그리 사악한 짓을 하도록 잘못
만든 나 여호와의 죄 또한 크며 그 책
임이 없다 말할 수 없는 것이 이와 같
은 형국이니,
29 감히 나에게 쓸데없이 죄를 빌며 눈물
로 비는 그와 같은 허황된 짓을 하지
말라.
30 그것으로써 너희들의 죄가 사해지며
용서를 받는 것이 아니요,
31 죄를 지었으면 지은 사람에게 먼저 용
서를 빎으로써 마음이 시원하고 깨끗
해짐을 알 것이니,
32 그와 같은 이치를 생각한다면 모두를
다 반대로 살아야 한다는 것이니라.
33 너희들이 울고불고 찬송하며 그저 나
에게, 나의 아들 예수의 보혈로써 구
원받았다 소리 지르며 구원을 받았다
는 것이 얼마나 잘못된 것이며 얼마
나 허황된 짓을 하고 있는가?
34 너희들은 왜 밖에 나가서 인간관계에
서 치고받고 죄를 지어 놓고 그 사람
에게 용서를 빌지 아니하고 나에게 비

는가?
35 상처가 나 아픈 자, 상처가 나 손해 보
는 자, 상처가 나 일을 못하는 자, 그
에게 배상을 해 주고 그에 대한 잘못
을 빌어야 할 것이며 용서를 바라면
되는 것이지, 그리 한 짓을 왜 나에게
빌며 나에게 용서를 비는가?
36 나쁜 짓은 남한테 하고 죄를 나에게
비는 것은 너희들의 그 알량한 자존심
이요, 알량한 고집 때문이니, 그 사람
에게 정녕 빌 수 있는 용기가 없으니
괜히 그 마음의 무거움을 나 여호와
요, 나의 아들의 이름을 부르면서 용
서를 빌며 회개를 하는 그와 같은 기
도를 하지 말라.
37 너희들은 회개할 수 있는 자격이 없느
니라.
38 나는 회개할 수 있는 자격이 있는 자
의 기도만 받느니라.
39 너희들이 먼저 그 사람에게 용서를 빌
고 나에게 기도를 할 때 자격이 있으
니 내가 그를 받아들일 것이며, 너희
들이 '저의 죄를 용서하여 주옵소서.'
함부로 하지 말라 하였음이니라.
40 그와 같이 말할 수 있는 자격은 하루
에 한 가지라도 악한 것보다 착한 것
을 더 한 사람만이 그 말을 할 수 있으
며 그 기도를 할 수 있는 자격이 있음
을 알라.
41 그렇지 않은 자는 그 자격이 없으며
'저의 죄를 용서하여 주옵소서.' 하는
것이 소멸된다는 것을 잊지 말고 살라.
42 '오른쪽으로 도는 팽이를 반대로 돌리
라.' 하는 나의 뜻이 얼마나 무서운 것
이며,
43 이 세상이 얼마나 거꾸로 가고 잘못
되었으면 나 여호와가 그와 같이 극단
적인 명을 내렸겠는가?
44 사실이 그러하니라.
45 반대로 보고 반대로 가지 아니하면 너
희들은 참진리요, 율법이요, 계명이
요, 그리고 성경보다도 미리 내려보낸
나의 법도를 따라 살 수 없기에, 내가
이를 다시 한 번 나의 아들을 통하여
이 아침에 강조함이니,
46 너희들은 이를 깊이 깨우쳐 부끄러움
을 알며 무서움을 알며 그리 행하여
살도록 하며,
47 반대쪽으로 생각하고 깨우쳐 보라.
48 그러면 너희들이 내가 처음에 내린 진
리의 뜻을 알게 될 것이니라.

5,326 번째 하나님 말씀

2003년 3월 4일 08시 37분

1 사랑하는 나의 아들아!
2 "네, 아버님! 말씀하옵소서."
3 너희들이 이 세상에 살아가면서 아름
다운 진리 하나를 깨우치며 아름다운
말 한마디를 하고 사는 것이 얼마나
아름답고 영광된 것인가를 생각지도
아니하며 듣지도 아니하려 하느니라.
4 오로지 재물이요, 금화와 은화요, 물
질 만능의 시대로 변하여 가고 있음이
니,
5 오죽하면 재물을 계산하고 생각하는
말을 너희들이 이와 같은 것에 비유
하여 쓰던가?
6 세상에 새로운 생명이 하나가 태어나
는 그것도, 열 달 동안 어머니의 모태

안에 있다가 세상에 나오는 그 순간에
도 돈이라 하는 금화요, 은화의 보따
리를 갖다 쌓아 놓으면 그 아이가 그
를 보고 빨리 나오며 순산한다는 말을
갖다 붙여 세상사의 비유를 그리 말함
이니,
7 이것이 얼마나 무서운 이야기이며 너
희들이 얼마나 물질에 연연해 사는
백성이며 얼마나 물질 만능 시대가
되었으면 그와 같은 말을 하겠는가?
8 아무것도 모르는 아이가 세상에 태어
나는 것도 밖에서 금화와 은화를 그득
히 쌓아 놓으면 그 아이를 순산할 수
있으며 빨리 세상에 쉽게 나온다는 말
을 하니,
9 이와 같은 너희들의 말이 세상에 전해
져 있는 것이 세상에 떨어진 너희들의
이 말의 뜻이니,
10 이것이 세상에 전해져 만백성이 이를
듣고 깨우치는 것을 너희들은 과연 모
르는가?
11 이와 같이 지금 흘러가고 있으며 이와
같이 재물에 대하여 연연하고 살아가
는 것이 너희들이니라.
12 그저 재물로써 모두를 치장하며 가꾸
는 것으로 인간을 평가하며, 그것으로
사람의 됨됨이요, 인격을 평가하는 이
와 같은 세상 속에서,
13 나의 아들 너는 해어진 양말을 꿰매
신으며 해어진 옷을 꿰매 입겠다는 그
와 같은 마음으로 가며,
14 절대로 너 자신이 치장하려고 물건을
사지 아니하며,
15 있는 그것을 네 생명이 다할 때까지
관리하여 해어지면 기워 입으며 또 해
어지면 또 붙여 입는 그와 같은 마음
으로 가겠다 네가 나에게 약속하며 그
리 결심을 하였음이니,
16 그와 같은 마음을 가지고 살아가는 너
를 정녕 그 누가 뭐라 말하겠는가?
17 너를 바보천치라 그리 말할 것이며,
어리석은 백성이라 말할 것이니라.
18 그러나 정녕 누가 어리석고 누가 불쌍
한 백성이며 누가 잘못된 백성의 삶의
길을 가는 것인가를 볼 줄 알아야 할
것이니라.
19 지금 나의 뜻을 전한다는 모든 종교
지도자들이요, 설교한다는 자들이 과
연 무엇을 가르치며 나의 피조물 만백
성에게 무엇을 깨우쳐 하늘에 오르는
길을 가르치는가?
20 그저 이기심을 길러 주며 재물을 갖
다 많이 바치며 그저 많은 것을 저희
들 앞에서 쌓아 놓는 것만이 구원을
받는다 말함이니,
21 그들이 많이 바치라, 많이 쌓아 놓으
라는 것은 무엇이던가?
22 더 호화롭고자, 더 새로운 것을 갖고
자, 더 좋은 것을 갖고자 하는 그와 같
은 행동이 아니던가?
23 과연 그것이 종교 지도자로서 할 수
있는 일이라 생각하는가?
24 종교 지도자들이 단상에 서서 설교한
다는 것이 무엇인가?
25 그들이 하는 소리요, 그들이 지껄이는
것을 한번 들어 보라.
26 나 여호와의 뜻이요, 참진리를 가르치
려고 피땀 나는 노력을 하여 그를 가
지고 한 시간 동안 강론하는 게 아니
지 않더냐?

27 찬송을 부르며 너희들을 자극하며, 그
리고 단상에 서서 나의 뜻을 전한다는
종교 지도자들이 세상에 살아가는 것
을 예를 들어 세상사를 말하며,
28 엊그저께 인재로 재난을 당했던 것을
본보기로 들어 거기서 무엇을 깨우치
고자 하며, 또 그를 붙여 강론하는 것
이 단상에 서서 설교하는 종교 지도자
들의 행위이니,
29 그게 어디 진리의 뜻을 가르치며 나
여호와의 뜻을 가르친다 말할 수 있는
가?
30 세상사 그저 느낀 대로 갖다 붙이며
세상사 생각나는 대로 그를 갖다 붙이
며, 결론은 재물을 바치라고 말하며,
31 그 소리를 듣고 은혜를 받았다 말하는
나의 사랑하는 선한 백성, 너희들의
그 측은한 모습을 볼 수 없어, 지금 나
의 법전을 세상에 내려보낸다 말하였
음이니라.
32 너희들은 설교가 아니요, 참진리를 가
르치는 것이 아니요, 세상사에 있는
이야기를 그저 전하며 세상사의 재앙
을 당한 것을 본보기라 하여 그를 떠
들어 대는 그와 같은 자가 바로 무엇
이냐?
33 바로 웅변 연습을 하는 것이 아니냐?
34 너희들이 웅변 연습하는 자에게 연설
문을 들으려 하거든, 웅변 대회 하는
곳에 가서 그를 듣고 청취하면 될 것
이니라.
35 너희들이 거기 가서 구경하고 듣고
오면 될 것이거늘, 어찌하여 재물과
돈을 모두 다 바치며 그 쓸데없는 자
의 소리 지르는 것을 듣고 앉아 너희
들이 구원받았다 하며 은혜 받았다 말
하는가?
36 너희들이 쇼하는 연극배우의 연출하
는 것을 보려면 극장이라는 곳에 가
표를 사서 연극배우가 하는 연극을 보
면 될 것이지,
37 어설픈 종교 지도자가 그 무대에서 연
극하는 그 형상을 보면서 너희들이 모
두를 다 바치며 지옥으로 가는 그 훈
련을 하고 있다는 것을, 너희들은 어
찌하여 그 어리석은 삶을 사는 것을
모르는가?
38 너희들이 지금 성전에서 하고 있는 형
태가 어설픈 연극배우가 연극을 하는
것이며, 연설할 줄 모르는 이가 그 연
설을 들어 달라 청중을 끌어모아 놓
고 떠드는 그와 같은 형국이 지금 너
희들의 작태라는 것을 잊지 말라.
39 그 속에서 너희들은 구원이 없으며,
나를 볼 수 없으며, 나에게 올 수 없는
그와 같은 길을 가면서 구원을 받는다
생각하니, 너희들이 소중하게 새로 태
어나는 그 생명의 역사를 함부로 그리
남용하지 말라.

5,327 번째 하나님 말씀

2003년 3월 4일 08시 43분

1 사랑하는 나의 아들아!
2 "네, 아버님! 말씀하옵소서."
3 나의 아들이 나의 종이요, 만백성의
종이라 하였으니, 그 제자 너희들은
누구던가?
4 나의 종이요, 만백성의 종으로 살아가
야 하는 것을 너희들은 잊어서는 아니

됨이니라.
5 그러니 너희들이 나의 법전 한 권을
가지고 백성에게 전할 때, 주인의 심
부름으로 그 물건을 주인에게 갖다 바
치는 그와 같은 종의 자세의 마음으로
써 너희들이 나의 법전을 백성에게 전
하며 사람에게 전하는 그와 같은 마음
자세를 가져야 함을 잊지 말라.
6 주인의 심부름으로 주인에게 그 물건
을 바치는 종의 자세처럼 너희들이 나
의 법전을 그리 전하라.
7 그러면 그들이 깨달을 것이며 그들이
보고 느낌이 있을 것이니, 그들은 나
의 법전의 뚜껑을 열 것이니라.
8 너희들에게 진리의 강론을 듣고자 하
는 백성이요, 또한 너희들에게 와서
무엇인가 깨우치기를 바라는 자, 그리
고 너희들로부터 무엇을 듣고자 찾아
오는 백성, 앞으로 너희들 앞에 수없
이 생기는 그 제자들,
9 너희들은 그들 앞에 군림하고자 하는
그와 같은 자세가 되어서는 아니 될
것이니라.
10 너희들에게 무엇인가 깨달음을 얻고
자, 그리고 참진리를 얻고자 너희를
선생이라 찾아오는 그와 같은 사랑하
는 백성 앞에 너희들이 지도자로서 군
림하며 제왕적인 자세를, 지금의 종교
지도자같이 똑같은 그 폐습을 답습할
때,
11 나 여호와가 너희를 용서하지 아니할
것이며, 내가 너희를 버릴 것이며, 내
가 너희에게서 손을 놓는다는 것을 명
심하고 또 명심하도록 그리하라.
12 나의 아들을 따르는 너희 제자들이요,
또 나를 따르는 만백성 너희들은 이제
깨우쳐야 할 것이니라.
13 너희들은 외형의 모습에 모두를 다 바
치며 외형으로써 사람을 평가하는 그
와 같은 한계를 벗어나,
14 내면의 아름다움이요, 내면의 깨달음
을 가지고 너희들이 사람을 볼 수 있
는 눈을 뜨도록 그리하라.
15 씻으면 지워지는 얼굴의 외형의 모습
을 가지고 인간을 평하며, 다 벗어 버
리면 아무것도 남지 않는 그와 같은
걸친 호화로운 옷을 가지고, 그 외형
의 차림새를 가지고 사람을 평가해서
는 아니 되느니라.
16 너희들은 그와 같은 것에서 벗어나야
할 것이니라.
17 지금의 모든 백성은 씻으면 지워지는
얼굴의 그 형태를 보고 그 사람을 평
가하며,
18 벗어 던지면 아무것도 없는 똑같은 인
간이 걸친 옷을 화려한지 화려하지 아
니한지를 보며 그 사람을 평가하는
그와 같은 어리석은 것이 지금 인간
세상에 이루어지는 것이니,
19 참진리를 가진 자, 아름다운 나의 성
령을 가슴에 지닌 자, 그를 끌어내어
너희 것으로 만들지 못하는 어리석은
그와 같은 형국으로 사는 것이 너희
들이니라.
20 너희들은 씻을 수 있는 외형이요, 벗
어 버릴 수 있는 걸친 옷을 보고 평가
하지 말며,
21 아름다운 생각이요, 참진리를 가슴에
그득히 가진, 초라한 그 사람으로부터
진리의 한 말씀을 들을 수 있고 하나

의 가르침을 들을 수 있는 그와 같은
눈을 뜨며, 그와 같은 삶을 살아가도
록 그리하라.
22 인간 내면의 아름다움을 볼 줄 아는
나의 백성이 되어야 할 것이니라.
23 그와 같은 인간의 내면의 아름다움을
볼 수 있는 백성이야말로 너희들이 만
질 수도 없으며 볼 수도 없으며 들을
수도 없는 나 여호와의 뜻이요, 내가
행하는 것을 그나마 들여다보며 거기
서 깨우침을 얻을 수 있을 것이니라.
24 내가 일찍이 너희들에게, 나를 사랑하
며 나를 따르며 나를 경배한다 하면,
너희들이 육으로 길러 준 그 부모에게
바치는 작은 사랑을 실천하며, 부모에
게 그 은혜를 다 갚고자 하는 마음으
로써 부모를 공경할 때,
25 그 사랑이야말로, 그 정신이야말로 나
여호와를 진심으로 따르며 진정으로
따를 수 있는 기초요, 기틀이 되는 것
이라 하였듯이,
26 너희들이 선행을 베풀며 그리고 아름
다운 인간의 내면의 그 성품을 볼 줄
아는 그와 같은 눈을 뜨는 자가 나 여
호와의 깊은 뜻을 그나마 들여다볼
수 있으며, 그를 알 수 있으며, 내가
행하는 것을 알 수 있는 그 깨달음을
얻게 되는 그 기초임을 잊지 말도록
하라, 사랑하는 나의 아들딸들아!

5,328 번째 하나님 말씀

2003년 3월 4일 12시 10분

((강론을 마치며)

1 사랑하는 나의 아들아!
2 "네, 아버님! 말씀하옵소서."
3 내가 지상 모두를 창조할 때, 이 모두
가 존재하도록 하며 이 모두가 하나의
오차도 없이 운영되며 돌아가는 것은
그들의 세계에 법도가 있음을 너희들
은 알아야 할 것이니라.
4 나 여호와가 세상을 만들 때 이 총체
적인 것을 통제하는 법도가 있으니,
5 동물은 동물이요, 식물은 식물대로 그
들이 살아가는 법도가 있으며, 인간
또한 너희들이 살아가는 나름대로 그
법도가 있고 지키는 법이 있지 아니하
던가?
6 그 위에 모두를 통제하는 것이 바로
나 여호와가 세상을 만들 때 너희들에
게 내려보낸 그 질서요, 법도가 있음
이니라.
7 이는 너희들이 책으로 기록한 것이 없
으며 어떠한 증거함이 없으나,
8 너희들이 스스로 깨닫고 이를 지켜야
한다는 것을 마음속에 느끼며 이것이
옳고 그른 것을 느끼는 것, 그게 바로
내가 세상에 먼저 내린 법도이니라.
9 너희들을 세상에 내려보낼 때 내가 너
희들이 지킬 것을 만들었으며, 그리하
여 너희들의 집단은 집단이요, 동물은
동물이요, 식물은 식물로서 지킬 규칙
을 알고 있음이니라.
10 그와 같이 모두가 다 정해져 있으며,
그리하여 세상이 움직이고 돌아간다
는 것을 너희들은 알아야 할 것이니라.
11 내가 나의 아들을 통하여 말하기를,
오늘날 너희들이 세상을 잘못 살아가
며 거꾸로 세상을 보고 살아가는 그와
같은 형국이 되어 있기에, 내가 구약

과 신약을 덮는다 그리 말하였음이니,
12 너희들은 이를 보고 잘못된 자요, 사
탄이요, 거짓된 자라 말할 것이니라.
13 내가 세상을 만들어 내려보낼 때 원줄
기요, 나무 뿌리의 법이 있으며, 구약
과 신약이요, 그 모두는 다 가지와 같
은 것임을 알아야 할 것이니라.
14 그리하여 가지가 임무를 다하여 내가
그를 덮는다 말함이니라.
15 이 구약과 신약이 원천의 너희들을 구
원하는 길이요, 원본의 법도라 하면
이를 덮을 수가 없으며 지울 수가 없
다는 것을 너희들은 여기서 깨달아야
할 것이니라.
16 정답은 영원한 것이니, 정답을 찾아
놓고 오답을 만들 수 없듯이, 정답의
법이 세상에 내려와 이 세상에 존재하
며 그 속에서 너희들은 그를 지키고
살아가는 것이니라.
17 너희들이 신약을 보고 깨우치고 구약
을 보고 깨우치며 나의 법전을 보고
깨우치는 그 깨달음보다,
18 인간이면 누구나 다 똑같이 보고 생각
해서 그것은 잘못이요, 잘한 것이라는
것을 알 수 있듯이, 남을 욕했을 때 그
것이 잘못된 것임을 스스로 깨달을 수
있는 그것이 바로 내가 너희들을 처음
만들면서 내려 준 법도요, 질서라는
것이니,
19 그가 모든 율법 위에 있음을 너희들은
알아야 할 것이니라.
20 그가 존재하며 그 정답이 존재하기에,
내가 지금의 가지와 같은 구약이요,
신약이요, 그 모두를 덮는다는 그 뜻
을 이제는 너희들이 깨우쳐야 할 것이
며 그 의미를 알아야 할 것이니라.
21 이제 너희들은 성서요, 새로운 성경이
요, 나의 법전에 기록하여 전하는 그
뜻 하나하나를 알게 될 것이니, 이는
나의 법전을 정독하는 자만이 그와 같
은 깨달음을 스스로 얻음을 알아야 할
것이니라.
22 나의 아들을 통하여 너희들을 가르쳐
깨닫는 것이 아니요, 스스로 나의 법
전을 읽고 깨우쳤을 때 너희들이 정녕
지도자가 됨을 알아야 할 것이니라.
23 그리고 너희들은 이 세상 모든 백성을
다 사랑하라 했으니, 그를 사랑하는
마음이 그리 약함이니라.
24 모든 종파요, 미신을 믿는 자요, 잡신
을 믿는 자요, 돌멩이를 믿는 자요, 어
떤 종파든 다 가슴에 안고 사랑하라
하였음이니라.
25 그러나 그를 가슴에 안고 사랑하지 못
한다면, 내가 너희들의 그 마음을 다
스리는 법을 오늘 나의 아들을 통하여
전할 것이니 들으라.
26 너희들이 지금 나의 법전을 만들어 열
여섯 권이 세상에 나왔음이니,
27 너희들이 160권의 법전을 만들어 세
상에 전하며 나의 아들의 강론을 듣는
오늘의 이 성전을 너희들이 모두 가꾸
고 이끌어 나가기에 너무나 힘이 들고
벅차며 더 이상 지탱할 수 없는 그와
같은 힘든 길을 가고 있지 않은가?
28 그러니 너희들이 나의 법전이 3부가
세상에 나갈 때, 각국의 언어로 번역
하여 세상에 나가며,
29 4부부터는 동양의 작은 나라의 언어
요, 이 문자로 세상에 나간다 함이니,

30 너희들이 160권의 법전을 만들어 내
는 그 역사도 벅차 지칠 것 같거늘, 지
금 법전이 4부가 나와 모든 백성이 동
양의 작은 나라의 글자요, 문자를 알
수 있게 하며 이를 전한다 하면 과연
너희들이 이를 할 수 있겠는가?
31 너희들은 못할 것이니라.
32 너희들이 해야 할 일을 지금 모든 백
성이 나와서 너희들을 대신하여 일하
고 있다고 생각하면, 너희들은 그를
미워할 수 없으며 그를 다른 생각으로
볼 수 없을 것이니라.
33 형제로 보도록 그리하라.
34 동양의 작은 나라를 떠나서 먼 곳에
사는 백성, 그리고 너희들의 문자를
전하는 것, 모든 종교의 집단이요, 모
든 설교요, 강론을 하기 위해서 너희
들이 동양의 작은 나라의 언어를 가지
고 나가서 가르치고 전하는 그 백성이
다 너희들이 해야 할 일을 대신해 주
는 것이며, 너희들이 해야 할 일을 그
들이 역사하고 있다고 생각하면,
35 너희들이 주인으로서 오늘 나의 성령
이요, 나의 법전을 만들어 내고 이를
역사하는 너희들 것을 가지고 그들이
전할 것이며,
36 그들이 있기에 너희들이 이 동양의 언
어로써 만든 나의 법전 4부부터 세상
에 전할 수 있으니,
37 그들이 다 너희들이 해야 할 일을 미
리 하는 것이며,
38 크게는 나로부터 선택되어 그들이 쓰
임을 받는 것이며, 작게는 너희들이
해야 할 일을 그들이 대신해 주고 있
음이니,
39 그들에게 감사함을 알며 고마운 마음
을 갖고 산다면, 그들을 미워하기 전
에 그들을 사랑하는 마음으로 볼 수
있을 것이니,
40 이 이치를 깨달아 그들을 사랑하는 마
음으로 보도록 너희들을 다스리는 길
을 열도록 그리하라, 사랑하는 나의
아들딸들아!

5,329 번째 하나님 말씀

2003년 3월 4일 23시 45분

1 사랑하는 나의 아들아!
2 "네, 아버님! 말씀하옵소서."
3 내가 너에게 내리기를, 법전 열여섯
권이 세상에 나왔음이니, 그게 기초
요, 기본이니라.
4 그것을 너희들이 정독하고 깨우침으
로 인하여 거기에 숨어 있는 그 뜻을
깨닫고 깨닫다 보면 그 진리의 길을
너희들이 계속 달려오게 되어 있음을
알아야 할 것이니라.
5 선한 마음을 가지고 사는 자, 선한 행
위를 하는 자는 계속 선한 것을 볼 수
있으며, 그 선한 행위며 선한 생각이
너희들 가슴에 쌓이듯이,
6 나의 법전을 읽고 또 읽고 정독할 때
그 속에 들어 있는 내가 너희들에게
원하는 그 뜻을 알게 됨을 너희들이
알아야 할 것이니라.
7 내가 너희들에게 위대하게 가르친 것
은 무엇이며 가장 소중한 것이 무엇인
지 알겠는가?
8 너희들이 남에게 배우지 아니하고 가
르침을 받지 아니하여도, 남의 것을

도적질하며 남에게 폐를 끼치면 안
된다는 생각을 느끼고 깨닫지 않는가?
9 그것이 모든 율법이요, 성경에 내가
너희들에게 가르치는 것보다 더 앞에
있는 나에 대한 믿음이요, 진실이라는
것을 너희들은 알아야 할 것이니라.
10 그 모두를 너희들이 지키지 못하기 때
문에 내가 지금 이와 같이 구약이요,
신약이요, 나의 법전을 내려보낸다 하
였음이니,
11 바로 가장 낮은 가르침인. 남에게 해
서는 안 되는 것, 너희들이 할 것과 하
지 않을 것을 스스로 깨닫고 느끼는
그것이 너희들에게 내가 가장 깊이 가
르쳐 준 것이며 가장 위대한 가르침임
을 알아야 할 것이니라.
12 그와 같은 마음을 가지고 사는 것이
너희들이 가장 위대한 나에 대한 믿음
이요, 나에게 올 수 있는 근본이니,
13 그 마음을 내가 너희들에게 다시 돌려
놓고자 하며 너희들을 바로잡고자 하
는 것이, 나 여호와가 지금 나의 법전
을 내려보내며 나의 아들을 통하여 강
론을 전하는 것이 거기에 있음이니라.
14 그러나 너희들은 인간 본연의 그 자세
로 돌아가고자 하는 그와 같은 깨달음
의 삶을 사는 것이 아니요,
15 그저 너희들은 인간 세상에 살아가는
물질 만능 주의의 그와 같은 세대로
지금 변하여 물질에 얽매어 사는 그와
같은 삶을 삶이니,
16 너희들은 과연 어떻게 내가 내린 원심
의 그 마음을 회복할 수 있다 생각하
는가?
17 그 마음이 너무나도 무너져 있고 그
원심이 나와는 너무나 거리가 있기에,
이를 바로잡고자 하여 오늘날 이와 같
은 역사를 이루는 것임을 너희들은 알
아야 할 것이니라.
18 너희들이 물질 만능의 시대로 된 것은
이기주의요, 자기만을 생각하며 자기
만이 편하게 살아가려 하며, 자기만이
구원을 받아야 한다는 그와 같은 가르
침을 가르치는 종교 집단들, 종교 지
도자 너희들이 나의 백성을 잘못 인도
했기 때문이니라.
19 그리하여 순박하고 원초적인 원심의
마음으로 살아가고자 하는 백성에게
너희들은 지금같이 물질 앞에 모두를
다 계산하는 그와 같은 험악한 형국으
로 나의 백성을 2천 년 동안 이끌어
온 오늘의 형국이 되었음이니라.
20 너희들이 진정한 믿음으로 나에게 오
는 게 아니요, 모든 것을 물질로 계산
하며 계산법에 의하여 모두가 살아감
이니라.
21 그리고 너희들은 본질을 잃어 버리고
사는 것이니라.
22 남녀가 결혼하는 것이요, 하나의 부부
요, 한 가정이 탄생하는 것은 얼마나
의미 있으며 얼마나 아름다운 마음이
던가?
23 서로 사랑하는 그 마음이야말로 하늘
의 마음이요, 나 여호와의 마음이니라.
24 결혼하여 그와 같은 가정을 이룰 수
있는 사람들의 그 사이에 생각하는 마
음이 그리 소중한 마음이니라.
25 그러나 너희들은 서로 만나 가정을 이
루고 사랑하고 살아가는 그 소중한 결
혼의 의미는 저버리고,

26 결혼이라는 것을 맺으면서도 재물로
계산하며 이해타산에 계산을 따지고
그걸 먼저 따짐이니,
27 본질을 잊어버리고 사는 너희들이 아
니던가?
28 남이 죽어 가는 그 슬픔의 장소에서도
너희들은 모든 실속이요, 이해관계를
따지는 것이 지금 나의 피조물 만백성
너희들이 살아가는 그와 같은 형국이
되어 있느니라.
29 오죽하면 부모와 자식 간에도 계산을
두며 형제간에도 모든 것을 계산을
앞에 두고 상대하며 생활하겠는가?
30 너희가 인간의 본질을 다 망각하고 사
는 것을 알아야 할 것이니라.
31 부모와 자식 사이가 어떠한 것이던가?
32 그리고 형제의 관계가 무엇이던가?
33 형제의 관계가 소중한 것이 재물보다
도 더 소중하다는 그와 같은 것을 너
희들은 망각하며, 형제지간의 우애보
다 재물을 더 소중하게 생각하는 그와
같은 물질 만능 형태가 되었으며, 부
모와 자식 간에 재물을 따진다는 것
은 과연 무엇을 의미하는가?
34 낳아 준 부모요, 길러 준 부모요, 자식
과 부모 사이에 그 은혜에 보답하는
것보다도 그 은혜에 감사하는 것보다
도, 물질을 가지고 계산하는 것이 무
서우리만큼 그를 더 소중히 생각하는
이와 같은 세상이 되었음이니, 과연
그와 같은 너희들의 마음을 어찌 원초
적인 그 본연의 마음으로 돌릴 수 있
단 말이던가?
35 너희들이 인간 세상의 법이라는 것을
만들어 제재하며 그를 다스리며 엄하
게 통제해도, 지금 수없이 죄라는 것
을 짓고 살며 남에게 용서받지 못할
일을 하고 감이니,
36 그와 같이 통제하며 억압하며 너희들
을 다스리지 아니하는 나의 원초적인
나에 대한 그 마음, 내가 내려 준 원심
의 그 본성을 너희들이 회복할 수는
정녕 없는 것이니라.
37 그와 같이 너희들이 물질 만능이요,
모든 것을 재물의 계산으로 이해관계
요, 이해타산을 따지면서 지금 살아가
는 그와 같은 형국이 되어 있음이니,
38 재물의 이해관계보다도 더 소중한 것
이 이 세상에 없도록 그리되었음이니
라.
39 너희들이 재물 앞에 형제지간의 우애
요, 부모와 자식 간의 그 사이보다도
재물을 더 소중히 하니,
40 너희들이 보이지 않는 나 여호와요,
만질 수 없는 나 여호와를 향하여 믿
고 오는 길이 과연 얼마만큼 진실하던
가?
41 너희들은 금화와 은화요, 그 재물로
따지는 것보다도 나의 믿음이 그만큼
도 못하다 생각함이니,
42 다 형식적이요, 그저 마지못하여 가는
그와 같은 믿음의 길을 가고 있는 것
이 너희들이니라.
43 내가 십계명의 제1번에 무어라 말하
였는가?
44 '다른 신을 너희들에게 두지 말라.' 하
였음이니라.
45 그 다른 신이란 무엇이던가?
46 너희들이 나 여호와를 생각하는 것보
다 어떠한 것이든 사랑을 주며 애착을

가지는 것이 바로 나 외에 다른 신을
모시는 것이라 하며 다른 신을 받들고
자 하는 마음과 같다 하였음이니,
47 너희들이 형제지간의 우애보다도 부
모와 자식 사이보다도 재물을 더 소
중히 챙기고 물질을 더 소중히 챙기고
따지는 그와 같은 지금의 형국이니,
48 너희들이 나 여호와의 믿음보다도 재
물을 더 소중하고 귀하게 생각하는
것은 당연하니,
49 그 속에서 너희들이 나를 믿으며 나에
게 오는 길을 온다 말하지 말라.
50 너희들은 두 가지를 다 할 수 없다 내
가 말하지 아니하였는가?
51 나의 아들을 따라 나의 뜻을 역사하는
백성 너희들은 재물을 모으고자 하며
재물을 먼저 소중히 생각한다 하면 너
희들은 나의 아들을 따를 수 없다 내
가 말하였음이니,
52 두 가지를 다 할 수 없기에, 진정한 믿
음의 길을 간다 하면 재물에 대해 연
연하는 마음이 없어야 한다 내가 그리
말하였거늘,
53 무엇과도 바꿀 수 없는 것이 재물이
요, 그 계산법을 가지고 사니, 지금의
믿음이 이와 같이 된 것은 모두의 죄
요, 너희들 탓임을 알라.

5,330 번째 하나님 말씀

2003년 3월 4일 23시 51분

1 사랑하는 나의 아들아!
2 "네, 아버님! 말씀하옵소서."
3 너의 제자들과 나의 법전을 읽고 깨우
친 많은 백성 너희들은 나 여호와가
새로운 시대를 이루고자 하는, 그리고
마지막 시대에 내가 새로운 하늘의 천
국과 같은 지상의 천국을 이루고자 하
는 이곳에 너희들이 역사함에 있어서
나로부터 부름을 받으며 나에게 선택
됨을 알아야 할 것이니라.
4 나 여호와가 제3의 시대에 새로운 법
전을 내리는 것이 내가 마지막 역사하
는 것이며 마지막 시대라 하였음이니,
5 마지막 시대에 나로부터 부름을 받으
며 내가 쓰고자 선택한 백성 너희들은
그 의미를 깊이 알아야 할 것이니라.
6 너희들이 세상사에 살아가면서 말하
느니라.
7 '독 안에 든 쥐'라 그리 말하느니라.
8 그 쥐가 아무리 능력을 갖추고 그 독
을 넘으려 해도 그 높은 독의 벽을 넘
을 수 없다는 그와 같은 가르침이니라.
9 그러니 이는 바로 무엇이던가?
10 나로부터 선택된 너희들은 마지막 길
에서 도저히 빠져나갈 수도 없으며 도
망갈 수도 없으며 담을 넘어서 피할
수 없는 마지막 그 골목길에 와 있다
는 것을 알아야 할 것이니라.
11 지금 내가 쓰고자 부른 백성이요, 내
가 선택한 너희들은 도저히 피할 수도
없으며 도망갈 수도 없는 막다른 골목
에 갇혀 있는 그와 같은 형국임을 알
아야 할 것이니라.
12 너희들 능력으로써 아무리 여기서 빠
져나가려 하고 피하려 한다 해도, 너
희들은 나의 법전을 만들어 이 세상에
전하며 만백성을 구하는, 내가 역사하
는 그 대업에 참여할 전사로서 선택된
자들이니,

13 내가 이와 같이 막다른 골목에 몰려
있는 자요, 독 안에서 쥐가 나오지 못
하게 갇혀 있는 그와 같은 형국이라
말하는 것은, 어쨌든 그 임무요, 그 역
사를 이루어야만 하기 때문에 너희들
자신이 마음의 정리를 하라 함이니라.
14 너희들이 아무리 피하고자 하여도 도
저히 거기서 피할 수 없는 것이요,
15 물러나면 기암절벽에서 바다로 떨어
지는 것과 같으며,
16 또 도저히 오를 수 없는 암벽이 뒤로
담이 쳐 있으며, 앞에는 나갈 수 있는
길목을 막고 있는 것처럼 나갈 수도
없으며 피할 수도 없는 그와 같은 형
국이니,
17 너희들이 어렵고 힘들다 하여 도망가
려 하지 말며 피하려 하지 말고, 용기
와 자신을 가지고 도전의 자세로써 나
의 법전을 만들어 세상에 전하며,
18 내가 하늘에서 이룬 것같이 지상의 낙
원을 이루는 그 대업의 전사로서 너희
들이 최선을 다하라는 것을 내가 깨
우쳐 주고자 함이니라.
19 너희들이 아무리 피하려 해도 피할 수
없음을 알라.
20 도저히 갈 수도 없으며 도망갈 수도
없으며 나의 품에서 떠날 수가 없는
것이 너희들이니라.
21 그러니 너희들이 마음 자세를 바로 세
워 단단히 마음을 굳히며,
22 여기에서 벗어나려 하지 말고, 어렵고
힘들다 하여 다른 길로 간다든지 도망
갈 생각을 아예 하지 말라.
23 너희들은 도망가고 빠져나가려야 갈
길이 없느니라.
24 기어오르려야 오를 수도 없는 절벽이
너희 뒤를 막고 있으며, 앞에 너희들
이 나오려는 그 좁은 길목은 많은 사
람이 도망가지 못하도록 막은 것과 마
찬가지로 나 여호와가 너희들을 막고
있음이니,
25 내가 너희들을 풀어 줄 때까지 최선
의 노력을 다해야만 거기서 나올 수
있음을 알라.
26 너희들이 나의 법전을 만들어 세상에
전하여 만백성을 구하는 그 역사에 최
선을 다하지 아니할 때, 나는 절대로
그 앞에 막아 놓은 길을 터 주지 아니
할 것이니 그리 알라, 나로부터 선택
된 사랑하는 나의 아들딸들아!

5,331 번째 하나님 말씀

2003년 3월 5일 0시 18분

1 사랑하는 나의 아들아!
2 "네, 아버님! 말씀하옵소서."
3 너희들이 인간 세상에 살면서 가장 큰
소원이요, 바라는 것이 무엇이냐 물을
때, 너희들은 나에게 오르며 구원을
받는 길이라 그리 말할 것이니라.
4 그보다 더 중요한 것이 없으며 그보다
더 귀한 것이 없다 너희들은 그리 알
며, 또한 그리 알고 그 길을 위해 가는
것이니라.
5 그것을 알려 주며 그걸 너희들을 깨우
치고자 하는 것이 바로 내가 나의 아
들을 통하여 법전을 전하며, 나에게
오르는 진정한 길이 무엇이며 구원을
받는 길이 무엇인가를 너희들에게 깨
우쳐 주고자 하는 것이 바로 나의 뜻

이니라.
6 너희는 이 세상에 살아가면서 지상의
최고 교육 기관에서 교육을 받으며 깨
달음을 얻고 또한 깨우쳐 나가느니라.
7 그러나 나로부터 선택된 백성이요, 나
의 아들을 따르는 제자 너희들은 이
세상에서 가장 위대한 교육기관에서
가르치는 그것보다 그들이 감히 너희
들을 바라볼 수 없는, 하늘의 교육이
요, 하늘의 법도를 배우고 있음을 알
아야 할 것이니라.
8 너희들이 아무리 지상의 세상에서 높
은 교육이요, 최고의 교육기관에서 최
고의 학위를 가졌다 해도 그것은 인간
세상에서 주는 것이며 인간 세싱에서
얻는 것이요,
9 하늘나라의 법도요, 하늘나라의 교육
을 받는 것이 아님을 알아야 할 것이
니라.
10 그러나 지금 나의 아들을 따르는 제자
들이요, 나의 법전을 가지고 깨우치고
공부하는 너희들은 이 세상에서 있을
수 없는 그 수준 높은 교육이요, 하늘
나라의 교육을 받고 있음을 알아야 할
것이니라.
11 인간의 형태로 육을 가진 백성이 하
늘의 법도요, 하늘의 교육을 받고 있
다는 것은 얼마나 힘들고 어려운 길
을 가야 하는가를 깨닫고 너희들 자신
이 알아야 함을 잊지 말라.
12 너희들이 아무리 구원의 길을 가고자
발버둥친다 해도 인간 세상의 교육으
로써는 그 선을 넘을 수가 없음이니,
13 하늘의 나의 법도요, 내가 내리는 나
의 뜻을 너희들이 깨우쳐 배워야만 하
니,
14 그 길에 입문하여 가는 나로부터 선택
된 나의 아들딸이요, 나의 아들을 따
르는 제자 너희들이 얼마나 수준 높
은 교육을 받는 것인가를 알라.
15 이 세상에서는 받을 수 없는 교육이
요, 들을 수 없는 그 교육 과정을 지금
배우고 있음을 잊어서는 아니 될 것이
니라.
16 너희들은 그 교육의 과정이요, 그 길
의 과정에서 어렵고 힘들다 하여 나
여호와를 원망하며 너희 자신이 이 길
을 가는 것을 후회하는 자 없지 않아
있는 것을 나 여호와가 잘 알고 있음
이니라.
17 그러나 너희들은 들어야 할 것이니라.
18 인간 세상에 살아가면서 소정의 교육
을 마치고 그 교육을 이수했을 때 너
희들에게 무엇을 주는가?
19 너희들은 그 교육을 마치며 졸업을 하
게 되면 그 졸업을 하는 장소에서 인
간 교육을 수료한 그 졸업장을 받는
것이니라.
20 그리고 너희들은 사회에 나와서 가정
을 꾸리며 자식을 두며 그와 같이 배
운 상식이요, 지식을 가지고 너희들이
살아가는 데 모두를 다 동원하여 쓰며
사회에 공헌하며, 또한 이웃을 돌보
며, 봉사를 하며 그와 같이 살아가는
것이 나의 아들딸이요, 만백성이 살아
가는 길이니라.
21 그러나 너희들은 알아야 할 것이니라.
22 마지막 이 시대에 나에게서 선택된 나
의 아들딸 너희들은 나로부터 졸업장
이라는 것을 반드시 받아야 한다는 것

을 잊어서는 아니 될 것이니라.
23 인간 세상에서 내리는 졸업장을 받는
것이 아니요, 창조주 나에게서 졸업장
을 받아야 한다는 것을, 그 졸업장을
받는 것은 필수 과정임을 알라.
24 인간 사회에서 교육과정을 마쳤을 때
너희들이 그 졸업장을 수여하듯이, 나
로부터 졸업장을 받아야 하는 것이 너
희들이 가진 운명임을 알아야 할 것
이니라.
25 나의 명에 의하여 내가 내리는 졸업장
을 받아 그를 취득한 자만이 나의 피
조물 만백성을 가르치는 교사요, 선생
으로서 그 자격이 있음을 너희들은 알
아야 할 것이니라.
26 그렇다면 너희들은 여기서 깨달아야
할 것이니라.
27 과연 너희들이 하늘나라 나 여호와요,
창조주로부터 받는 그 졸업장이요, 그
교육의 과정은 과연 어떠한 것인가?
28 너희들은 그것을 알고자 할 것이니라.
29 바로 그 졸업의 과정이요, 졸업장을
받는 것은 나의 사랑하는 아들 예수가
살았던 예수의 삶과 똑같은 그 길을
너희들이 인내하고 견디는 것이니라.
30 어렵고 힘든 그 과정을 이수하였을
때, 나의 아들 예수와 같은 마음으로
살아갈 때 바로 너희들은 나로부터 졸
업장을 받는 영광을 얻게 됨을 알라.
31 나의 아들 예수가 이 세상에 살아가
사랑을 베풀며 역사했던 그것이 바로
하늘나라에서 내가 너희들에게 이루
고자 하는 그 사랑이요, 진리의 길을
가는 백성이 할 길이니라.
32 그리하여 그 과정을 이수했을 때 내가
너희들에게 졸업장을 준다는 것을 너
희들은 알아야 할 것이니라.
33 나의 아들 예수가 재물을 모으며 살았
던가, 부귀영화를 그가 살았던가, 내
일을 걱정하여 제가 무엇을 쌓아 놓
으며 내일을 걱정하는 삶을 살았던가?
34 바로 나의 아들 예수가 거쳐 간 그 과
정을 거치는 자, 그리하여 나에게 졸
업장을 받으며 지도자로서 자격증을
받는 것을 너희들은 잊어서는 아니 될
것이니라.
35 너희들이 가식과 꾸밈이 없는 진정한
진리의 길을 깨우칠 때까지 그리하여
너희들에게 교육은 계속 되며, 너희들
이 어렵고 힘든 고통의 교육 과정을
가야 한다는 것을,
36 너희들이 교육의 과정을 단축시켜 자
격증을 받고, 또 영원히 교육의 과정
에서 허덕여 지도자로서 자격을 받지
못하는 것은 너희들의 변화에 달렸음
을 알아야 할 것이니라.
37 나의 아들 예수는 성령으로 태어났으
며 육으로써 세상에 난 자니,
38 그리하여 나의 우편에 그가 올라와 있
으며, 어떠한 백성도 내 앞에 와 있는
백성이 없다 말하였으니,
39 너희들이 나의 지도자로서 나에게 올
수 있는 길은, 너희들의 교육의 과정
은 예수가 살아온 그 과정을 그대로
답습하며 그와 같이 사는 것, 예수와
같이 살았을 때 너희들이 내 앞에 와
앉을 수 있다는 것을 잊지 말라.
40 너희들이 내가 나의 아들을 통하여 전
하는 이 이야기를 한쪽 귀로 듣고 한
쪽 귀로 흘려서는 아니 될 것이니,

41 너희들은 가슴 깊이 이를 새겨 그와
같은 삶을 살도록 최선의 노력을 다
하도록 하라.
42 그것만이 너희들이 나에게 졸업장을
받을 수 있으며, 졸업장을 받는 그가
나의 선생이요, 나의 지도자로서 만백
성을 구하는 그 역사를 이룰 것이며,
43 그리하는 자가 내 앞에 오를 수 있는
백성이라는 것을 잊지 말라.

5,332 번째 하나님 말씀

2003년 3월 5일 0시 26분

1 사랑하는 나의 아들아!
2 "네, 아버님! 말씀하옵소서."
3 너희들 인간의 삶의 그 세월이 길고
긴 것같이 생각하나, 나 여호와의 존
재함을 생각할 때 과연 너희들이 사는
인생이 무엇이라 말하였던가?
4 너희들의 육이 사는 그 세월이 긴 것
같이 느껴지나, 나 여호와가 존재하는
세상이요, 나 여호와가 존재하는 것에
비춘다면 너희들은 반딧불과 같은 짧
은 인생을 산다 내가 그리 말하지 아
니하였던가?
5 반딧불이 그 빛을 비췄다 꺼지는 그것
만큼 짧은 인생을 사는 것이 너희들이
라 내가 나의 법전에 일찍이 기록하여
가르쳐 주지 아니하였던가?
6 너희들은 나 여호와가 어찌하여 너희
가 기도하며 원하는 것을, 그리고 나
의 아들이 지금 고통과 시련을 겪고
가는 것을 즉각 그를 들어주지 아니하
며 그를 이루어 주지 아니하며 모르는
체하는 것인가 하는 것을 의구심을
가지고 나 여호와를 원망할 것이니라.
7 그리하여 너희들이 가는 길이 진정한
참진리의 길이요, 나 여호와의 길인지
아닌지 불안한 마음을 가진 자도 있을
것이니라.
8 그러나 너희들은 들어야 할 것이니라.
9 백 년을 못 사는 너희들에게는 불이
붙듯이 모든 것이 그저 타들어 가듯이
성급히 이루어지며 모두가 바로 역사
하기를 그리 바라느니라.
10 백 년이라는 세월은 반딧불이 빛을 한
번 비추는 것만도 못한 세월이라 하였
으며, 나 여호와가 존재하는 하늘나라
의 그 역사는 끝이 없이 연결됨이니,
11 나 여호와가 무엇이 그리 급하며 서두
를 것이 어디 있다 생각하는가?
12 너희들의 백 년의 인생을 생각하면
오늘의 삶이 모든 것이 급하여, 장작
에 불이 붙듯이 내가 내려 주고 치고
받는 그와 같은 역사를 이루어 주기를
바라나,
13 나 여호와는 그리 급할 것이 없으며
내가 당황할 것이 없으며 빨리 갈 이
유가 없는 나 여호와임을 너희들은 알
아야 할 것이니라.
14 내가 장작불이 타듯이 너희들이 원하
는 것, 기도하는 것, 나의 아들이 원하
는 것을 그저 들어주고 너희들을 다스
려 끌고 가면 된다 생각하나,
15 그리하면 너희들이 정녕 내 앞에 올
자가 한 명도 없다는 그 무서운 사실
을 알라.
16 그리하여 나는 완벽한 계획이요, 완벽
하게 실천하며, 그 모두는 하늘나라의
질서에 의해 이루어질 수 있도록 나는

너희들을 완벽히 만들어 가고자 함이
니라.
17 내가 존재하는 하늘나라의 질서요, 법
도에 너희들이 저촉되는 행위를 할
때, 거기에 부끄러운 행위를 하며 거
기에 걸리는 그와 같은 행위를 할 때,
18 너희들은 한 사람도 구원을 받을 수
없기 때문임을 알아야 할 것이니라.
19 나 여호와가 어찌하였던가?
20 모세의 시대도 몇백 년이라는 그 세월
이 흘러 모세를 세상에 내보내어 그
한 사람으로서 그 모두를 통제하고 다
스리게 하였으며,
21 노아의 방주는 또 무엇이던가?
22 노아 한 사람으로 하여금 그로서 그
역사를 이루었으며,
23 예수의 시대는 예수 나의 아들 하나로
서 그로 하여금 모두를 깨우쳐 역사했
음이니라.
24 너희들은 그리 급하게 원하며 급하게
무엇이 이루어지고 역사하기를 바랄
것이나, 나 여호와는 그럴 이유가 없
음이니라.
25 너희들은 백 년의 세월 속에서 무엇인
가가 빨리 이루어지며 보고 싶어 하나
나는 그러할 이유가 없음이니라.
26 그리하여 지금의 나의 아들을 다스려
세상에 내보내 너희들을 구하는 그 역
사를 이루고자 하는 것이니라.
27 이 세상에 내가 선택한 나의 아들 한
사람을 세상에 내보내 이 세상을 서서
히 다스려 통제하며 완벽하게 만들어
가고자 하는 것이니라.
28 내가 깨우친 자, 그리고 나의 아들처
럼 지도자가 될 수 있는 자를 대량 생
산하여 세상에 지도자라 보내지 아니
함도 거기에 있음이니라.
29 너희들이 생각할 땐 그저 불에 콩 볶
듯이 많은 사람을 세상에 내보내 이
세상을 정화하면 될 것이라 생각하나,
그는 그리되는 것이 아니니라.
30 지금의 시대는 나의 아들 하나로서 모
두를 다 역사하며 그로 하여금 역사하
고자 하는 것이 나의 뜻이니라.
31 이는 즉 무엇이더냐?
32 완벽한 지도자를 만들고자 함이니라.
33 의인이 한 사람 있을 때 세상을 다 주
고도 안 바꾼다 했듯이, 한 사람으로
하여금 이 세상을 통제하며 이를 다스
리도록 하며, 그를 완벽한 자로 만들
어 그 하나를 씀으로 인하여 모든 역
사의 변화가 더불어 이루어지는 것이
나의 뜻이니라.
34 너희들은 지금 진심으로 나 여호와를
믿건만, 나의 아들이 어렵고 성전이
어렵고 힘들며 너희들이 살아가기 힘
든 그 모두가 어찌하여 그저 불이 타
듯이 그리 이루어지지 아니하며 역사
하지 아니하는가 하여 원망하니,
35 너희들은 급할지 모르나 나 여호와는
급함이 없음이니라.
36 백 년을 못 사는 너희들의 인생은 급
할지 모르나, 영원히 존재하는 나 여
호와는 급함이 없음이니라.
37 서서히, 서서히 완벽하게 다스려, 내
가 완벽한 지도자를 세상에 내며 만백
성의 빛이 될 수 있는 한 사람을 만들
어 가면 되는 것이니,
38 내가 그리 급히 달려가며 황급히 이룰
일이 없는 나의 입장을 알아야 할 것

이며, 내가 행하고자 하는 것을 알아
야 할 것이며, 내 뜻을 알아야 할 것이
니라.
39 급하고 성급한 것은 너희들의 마음이
니라.

5,333 번째 하나님 말씀

2003년 3월 5일 0시 40분

1 사랑하는 나의 아들아!
2 "네, 아버님! 말씀하옵소서."
3 너희들은 어찌하여 한 사람으로 하여
금 모두를 역사하여 나의 뜻을 세상에
전달하며 너희들을 구원하고자 하는
가를 의혹할 것이며, 또한 많은 백성
을 가르쳐 세상에 동시에 내보내지 않
는 것을 의심할 것이며 의혹할 것이
니라.
4 그리고 성령으로 임하며 예수가 재림
하여 세상에 천군을 데리고 와 너희들
에게 보여 주든가, 아니면 나 여호와
가 직접 성령으로 내려와 너희들을 구
원하지 아니하고,
5 어찌하여 인간인 사람을 통하여 깨우
침을 전하며 그를 전하는가 그와 같은
것을 너희들은 의혹을 품을 것이니라.
6 그러나 너희들은 여기서 깨달아야 할
것이니라.
7 너희들은 양떼를 길들이기 위해서 그
많은 양떼를 통솔하는 그 우두머리를
몇 마리의 양을 만들어 그를 이끌게
하는가?
8 그 양의 무리 중에서 한 마리를 골라
훈련하고 가르쳐서 그 우두머리로 하
여금 그를 이끌어 가도록 하느니라.
9 그리하여 많은 양이 그를 따르며, 그
는 또한 그들을 이끌며 그가 모두를
다 인간이 원하는 방향으로써 그들을
길들여 가는 것을 너희들은 알 것이니
라.
10 너희들이 진정 양들 속에서 양을 통제
하며 이끄는 것을 목동이 하는가, 양
이 하는가?
11 양 속에서 양을 골라 그로 하여금 임
무를 수행하게 함이니,
12 너희들 인간 세속에 있는 인간을 선택
하여 너희들을 깨우치고 바른길로 인
도하는 것은 당연한 것이 아니던가?
13 너희들은 그 이치를 깨닫는다면 나의
아들을 선택하여 내가 지금 너희들을
깨우치며 그를 통하여 나의 성령을 태
워 내려보내 법전이요, 책을 만듦이
니, 그것을 누가 만들든지 무슨 관계
가 있던가?
14 나의 성령이요, 나의 뜻을 받아서 그
걸 만드는 것은 몸이 불편한 사람이면
어떠하며, 신체가 건장하지 못한 사람
이면 어떠하며, 어떠한 사람인들 어떤
가?
15 배우지 못한 사람이면 어떠하며, 배운
사람이면 또한 어떠한가?
16 그와 같은 것을 탓하고 말할 것이 없
느니라.
17 인간을 다스리는 인간의 통솔자로서,
그리고 지도자로서 내가 한 인간을 선
택하여 명하면 되느니라.
18 그리하여 인간을 통하여 너희들을 다
스리는 것이 하늘의 법도며,
19 한 사람을 세상에 내보내 그로 하여금
모든 역사를 이루는 것은 양떼처럼 그

이치가 똑같음을 여기서 깨닫고 알았을 것이니라.

20 한 마리의 우두머리 양으로 하여금 이끌도록 하는 그 이유는 너희들이 너무나 잘 알 것이니라.

21 여러 마리의 우두머리 양을 만들어 그 무리 속에 집어넣는다면 그들은 서로 무리지어 싸우며 치고받고 그와 같은 형태가 이루어지며 질서가 지켜지지 아니할 것이니라.

22 그와 같이 이 세상의 모든 만백성을 가르치고 깨우치는 것도 내가 다량으로 만들어 세상에 내보냈을 때, 넓은 세상에 그 많은 사람을 어디에 박혀 있든 어디에서나 역사할 것 같으나, 그들로 하여금 대혼란을 이루는 것이니라.

23 나 여호와요, 내가 선택한 나의 아들 한 명을 세상에 내보내 그 제자들로서 바로잡고 깨우쳐 가는 그와 같은 역사를 함이니,

24 양을 양으로서 그 우두머리로 만들어 그 양들을 이끌고 통솔할 수 있도록 그리하듯이, 인간은 인간을 통하여 그리함이니,

25 나의 아들로 하여금 너희들을 가르치고자 하며 깨우치고자 하는 것이 나의 뜻이며,

26 또한 그 인간 속에서 인간이 한다는 그 원칙을 알아야 할 것이며,

27 그리고 통솔이요, 통제하는 것은 한 사람으로서 모든 게 이루어지는 것이 질서요,

28 그게 늦은 것 같으며 뒤진 것 같으나, 여러 사람을 만들어 놓고 저희들끼리 치고받고 싸우며 한 발짝도 나가지 못하는 그 형국보다 한 사람의 통솔자가 끌고 가는 것이 얼마나 순리적이며 효과적이며 미래의 역사를 이루는 것인가를 세월이 지나면 알 것이니 그리 알라.

29 이제는 한 사람의 나의 아들을 통하여 역사하며 인간을 통하여 모두를 역사하는 그 뜻을 알았을 것이니,

30 너희들은 이제 나의 법전을 가지고 갑론을박하지 말며, 나의 아들을 사탄이요, 이단이라 감히 그리하지 말며 손가락질하지 말라.

31 너희들이 못 하는 것을 남이 한다고 해서, 너희들이 선택받지 못한 것을 남이 선택받았다 해서 그를 넘어트리려 하며 그를 가지 못하도록 하는 그 사악한 마음을 갖지 말라.

32 너희들이 받지 못한 것은 너희들이 부족함이며, 내가 너희들을 선택하지 아니함은 너희들의 자질이 부족하며 너희들이 할 수 없기에 선택하지 아니하였으니,

33 네가 부족한 것을 너 스스로 부끄러움이라 생각한다면, 감히 사탄이요, 이단이라며 이 법전을 찢어 버리고 태워 버리며, 마지막 시대에 오는 거짓 선지자의 사악한 행위라 그리 말하지 말라.

34 종교 지도자들이 얼마나 사악한지 너희들은 아는가?

35 그들은 말하느니라.

36 저희들이 역사하지 못하니, 사탄도 하나님과 똑같이 역사한다 그리 말하느니라.

37 그리고 하늘에서 내려와서 똑같이 역
사한다 하니,
38 너희들은 어찌하여 그 말을 하면서 사
탄이 잘못되어 있기 때문에 사탄도 사
탄의 자식으로서 나 여호와의 자식
흉내를 낼 수 있다는 그 한 가지에만
눈이 어두워, 너희들이 세상 모두를
사탄이 나와 똑같이 만들 수 있다 하
며, 내가 버린 사탄과 나와 똑같다는
그와 같은 망발을 하는가?
39 얼마나 나를 욕하며 나를 모독하는 얘
긴 줄도 모르고 종교 지도자가 단상에
서서 그리 말하느니라.
40 '사탄도 하나님과 똑같이 역사를 함이
니, 하나님과 같은 역사를 하는 자에
속지 말라' 그리 말하니,
41 창조주 내가 직접 내려와서 가르친들
무엇하겠느냐, 내가 전한들 무엇하겠
느냐?
42 너희들은 '사탄이 그리하면 하나님보
다 더 영특하게 하나님보다 더 위대한
역사를 이루는 것이니라. 그러니 거기
에 속지 말라.' 또 그리 말함이니,
43 썩은 그 종교 집단의 썩은 물속에서
노는 그 물고기가 그것만이 위대한 것
이요, 그것이 좋아서 벗어나지 못하는
그와 같은 어리석은 삶을 사는 것이니
라.
44 너희들이 감히 그 말을 하는 것이 얼
마나 나를 능멸하는 것인지 아는가?
45 그러면 내가 사탄과 똑같단 말이더냐?
46 그리고 사탄이 내 능력을 따를 수 있
단 말이던가?
47 나와 사탄을 구분 짓지 아니하고 밀어
붙이니,
48 이는 나 여호와요, 나의 아들 예수가
재림하여 직접 너희들을 가르쳐도, 그
가 사탄의 흉내를 내고 있으니 장작불
에 태워 죽이자 하여 가장 고통스러운
방법으로 그를 죽게 할 것이 너희들이
니,
49 이와 같이 사악한 자들이기에, 그래서
법전으로써, 너희들이 밀어도 안 되며
찢어도 안 되며 태워도 안 되며 던져
도 안 되며 아무리 너희들이 변명을
해도 그 책표지를 읽어 그를 읽고 깨
우치면 다 깨달음이 있으니,
50 변명할 수 없는 나의 법전160권으로
이 소중한 나의 성령을 세상에 내려보
내는 이 고달프고 어려운 역사가 이루
어짐을 너희들은 알라.
51 그를 돕는 자, 그와 더불어 가는 자,
이 법전이 세상에 나올 수 있도록 모
두를 다하여 나의 아들과 더불어 가는
그 백성 너희들의 오늘의 노고는 이루
말할 수 없으나, 너희들이 나에게 와
받는 그 상은 감히 상상할 수 없는 은
혜일 것이니 그리 알라.

5,334 번째 하나님 말씀

2003년 3월 5일 06시 54분

1 사랑하는 나의 아들아!
2 "네, 아버님! 말씀하옵소서."
3 너희들은 이 세상에 살아가는 동물과
같은 그와 같은 마음을 가지고 살지도
못하는 것이 내가 그리도 지혜를 높
게 만들었으며 그리 아름답게 만든
너희들이 살아가는 형국이니라.
4 이 세상 지상에 사는 동물은 같은 동

족이 남으로부터 공격을 받을 때 저희
들이 힘을 합쳐 서로 버티려고 하며
저희들의 동족의 소중함을 알고 더불
어 살아가느니라.
5 그들은 위계질서가 있으며, 그 모두가
질서 정연하게 살아가며 저희끼리 반
목이 없으며 저희들끼리 물고 뜯고 죽
이고 하는 그와 같은 일이 없음이니라.
6 그러나 가장 지혜가 높고 아름다움을
생각할 수 있는 인간 너희들은 그 동
물이 동족을 사랑하는 것만큼도 같은
형제요, 같은 민족이요, 나의 아들딸
을 서로 사랑함이 못함이니,
7 너희들은 서로 반목하며 서로 미워하
며 서로 앞에 가는 것을 시기하며 질
투하며 인간과 인간이 서로 만나는 것
을 두려워하는 마음을 갖고 사는 것이
니,
8 이게 얼마나 불행한 삶이며, 얼마나
잘못된 인간의 습성으로 변해 있는가
너희들은 그를 알아야 할 것이니라.
9 너희들은 이제 인간이 인간으로서 한
형제라는 마음을 떠나서, 그러한 나의
아들딸이라는 것을 떠나서,
10 같은 동족의 인간으로서 같이 살아감
이 이 세상에 가장 소중하고 귀한 것
이라는 것을 먼저 깨우치고 생각해야
함을 잊지 말라.
11 나의 아들을 따르는 제자들과 나의 법
전을 읽는 백성 너희들은 이 세상의
무엇보다도 인간과 인간의 만남이 가
장 소중하며, 사람이 사람보다 더 소
중한 것은 없음을 알아야 할 것이니
라.
12 그리하여 내가 너희들에게 '이웃을 네
몸같이 사랑하라' 한 것이 무슨 뜻인
지 알겠는가?
13 그만큼 이웃이요, 같은 동족이 소중하
며, 사랑해야 한다는 것이니라.
14 너희들이 나에게 기도하고 경배하는
것도 좋으며 재물을 바치고 구원의 길
을 간다는 것도 좋으니라.
15 손으로 지은 성전에서 예수의 보혈로
써 구원을 받았다 소리 지르는 것도
좋으니라.
16 내가 다 잘못 가는 길이며 잘못된 길
이라는 것을 알고 있음이니라.
17 그러나 너희 이웃을 네 몸보다 더 사
랑하는 마음 하나 갖고 산다 하면, 너
희들의 믿음이 잘못 가는 그것 또한
내가 다 용서할 수 있는 나 여호와임
을 알라.
18 인간이 인간의 소중함을 알라.
19 사람을 너희들 목숨보다도 더 소중히
생각하고 사랑하는 마음, 그 마음을
하나만 갖도록 그리하라.
20 그 마음을 가지고 너희들이 사람을 보
며 모든 사람과 대화하고 살아갈 수
있게 된다 하면 너희들은 나에게서 구
원을 받을 수 있음을 알라.
21 형제지간에 반목하며 인간이 인간을
사랑할 줄 모르며 인간의 소중함을 모
르고 사는 것은 바로 무엇이던가?
22 저희 동족을 지키고 살아가는 짐승만
도 못한 것이니라.
23 내가 짐승만도 못한 나의 아들딸을 둔
사실이 없으며, 그와 같은 자를 나의
아들딸이라 부르고 싶지 않은 것이
나 여호와이니라.
24 이제 나의 아들을 따르는 제자요, 나

의 법전을 읽고 깨우치는 백성 너희들
은 우선 인간을 사랑하는 것을 먼저
배우라.
25 인간의 소중함을 먼저 배우고 그리 행
하면 너희들이 천 가지, 만 가지 죄를
짓고 산다 해도 내가 그를 다 용서할
것이니라.
26 그리고 너희들이 나에게 구원받아 하
늘에 올라올 수 있는 것을 알라.
27 부모는 자식을 사랑하며 부모가 자식
보다 세상에 더 소중한 것이 없으며,
자식은 부모보다 세상에 더 소중한 것
이 없으며, 아내는 남편보다 더 소중
한 것이 없으며, 남편은 아내보다 더
소중한 것이 없으며,
28 네 형제요, 네 부부요, 이웃이 너보다
도 세상에 무엇보다도 소중한 것이 없
다는 그와 같은 마음으로 살아가도록
하라.
29 너희들은 항상 놓을 수도 있으며 버릴
수도 있으며 수시로 모을 수 있고 만
들 수 있고 쓰다 버릴 수 있는 그 지폐
라는 것이요, 금화와 은화보다 더 소
중한 것이 없는 듯이 그리 살아감이
니, 그것 하나만 고쳐도,
30 너희들이 수많은 죄를 짓고 나에게 온
다 해도, 인간을 사랑하는 그 아름다
운 마음을 갖고 산다면 내가 너희들을
다 용서할 수 있는 나 여호와 하나님
이라는 것을 잊지 말라.
31 그것 하나도 지키지 못하면 이제는 너
희들은 정녕 나에게 올 수 없는 백성
임을 알라.

5,335 번째 하나님 말씀

2003년 3월 5일 08시 43분

1 사랑하는 나의 아들아!
2 "네, 아버님! 말씀하옵소서."
3 너의 제자들과 나의 법전을 읽는 만백
성에게 전하라.
4 지금의 종교 집단이 우리 부자의 이름
을 팔아 그 간악하고 사악한 짓을 수
없이 하며 위장 속에서 살았느니라.
5 그리하여 내가 너희들을 바로잡고자
나의 법전이요, 새로운 성경을 세상에
내려보냄이니,
6 이를 받아 기록하는 나의 아들을 사탄
이요, 이단이라 말하며 이를 태워 버
리고 찢어 버리는 너희들의 그 만행을
나 여호와가 그냥 눈감아 줄 것이라
생각하는가?
7 이제 내가 나의 법전에 기록하여 종교
집단이요, 종교 지도자 너희들의 추악
한 모습이요, 잘못 가는 그 모습을 하
나하나 기록하여 거기다 전하여 너희
들을 깨우쳐 주고자 하나, 너희들이
이를 듣지 아니하고 이를 보지 아니하
며 이를 보고 깨우치지 아니함이니,
8 너희들 종교 집단이요, 지도자들이 가
는 추한 모습을 내가 세상에 하나하나
드러내기 시작할 것이니.
9 거기에서 더 이상 정신적인 타격이요,
고통을 감내하기 힘든 그와 같은 지경
에 이를 것이니라.
10 너희들이 사회생활에 육의 삶의 불안
과 실망을 하는 그와 같은 것을 보이
지 아니하고 나의 법전으로써 너희들
이 깨우쳐 간다면, 내가 너희들의 그

추한 모습을 더 이상 들춰내어 오늘
의 종교 지도자요, 종교 집단이 잘못
되어 가는 것을 말하지 아니하겠으나,
11 너희들이 계속 나의 법전을 태워 버리
며 찢어 버리며, 이를 사탄이요, 이단
이요, 사악한 자라 말하며 너희들의
추한 모습을 감추려고 진실을 매도한
다면,
12 정의로움이요, 진실은 반드시 밝혀져
야 함이니라.
13 지금까지 몇천 년 동안 흘러온 종교
집단의 너희들의 잘못된 그 악습이요,
그 사악한 모습을 하나하나 베일을 벗
겨 세상에 던질 것이니,
14 그때마다 너희들은 경악을 금치 못할
것이며,
15 지금까지 속아 온 것이 얼마나 분하
고 억울한가 하는 것을 알게 될 것이
며,
16 그리고 돈을 거둬들이는 것이 사기 집
단이요, 나를 위하여 오는 길이 아니
니,
17 자금이요, 돈이라는 것을, 금화와 은
화를 거둬들이며 거기에 연연하는 집
단은 사기 집단이요, 나 여호와의 뜻
에 따라가는 집단이 아니라는 걸 알라.
18 그와 같이 너희들이 재물을 거둬들이
는 그 추한 모습을 이제 내가 백일하
에 하나씩 하나씩 너희들 앞에 벗겨
던질 것이니,
19 너희들이 스스로 회개하고 깨우쳐 바
로 가는 길을 간다면 괜찮으나, 그렇
지 않으면 너희들을 지금까지 제왕처
럼 따랐던 백성, 너희들이 마음대로
다뤘던 그들로부터 무서운 결과를 맞
이할 것이니, 그건 너희들이 스스로
선택하라.
20 나 여호와가 너희들을 그냥 놔두지 아
니할 것이니라.
21 나의 법전을 이단이요, 사탄이요, 마
지막 시대에 오는 거짓 선지자가 한
다, 너희들을 지옥으로 이끌어 가는
것이라 매도하는 그와 같은 행위를 내
가 더는 묵과할 수 없으며 더 이상 놔
둘 수 없음이니라.
22 그리하여 내가 나의 법전이 진실하다
는 것을 너희들이 깨달을 때까지 모든
종교 집단이요, 지금까지 만백성을 속
이고 하늘을 속여 왔던 흉악한 너희들
의 그 죄상을 하나하나 너희들에게
던져 놓을 테니,
23 거기서 보고 깨우쳐 바른길을 가지
못한다면 그것 또한 너희들의 운명이
니라.

5,336 번째 하나님 말씀

2003년 3월 5일 08시 48분

1 사랑하는 나의 아들아!
2 "네, 아버님! 말씀하옵소서."
3 너를 따르는 제자들이요, 나에게 선택
된 백성, 나의 아들딸들이 고통과 시
련의 어려운 길을 가지 아니하면 아니
되는 그와 같은 운명이니라.
4 지금 나로부터 선택된 백성 너희들은
나이를 먹을 만큼 먹고 세상을 살아왔
으니, 그는 나로부터 인간 세상의 교
육을 받으며 지금까지 훈련하며 왔다
는 것을 알라.
5 나의 아들을 따르는 제자들이요, 나의

법전을 가지고 공부하는 백성 너희들
은 너희들의 개인의 삶이 아니요, 나
여호와가 너희들의 삶을 주관하여 오
늘까지 살아왔음이니,
6 오늘의 어렵고 힘든 삶이요, 그 모두
는 내가 특별히 인간 세상에서 너희들
을 교육하였음을 알라.
7 너희들은 지금 인간 세상의 삶 속에서
나 여호와가 하늘에 오르는 질서요,
하늘의 법도를 밟고자 인간 세상에서
기초 훈련을 하여 지금 너희들이 먹은
나이에 맞게 나 여호와의 뜻을 따르며
나의 아들을 따라 제자라 하여 나의
법전을 가지고 공부하며 나의 성령을
듣게 되었음이니,
8 오늘 나의 아들을 만나 나의 성전에
와 나의 강론을 듣는 이 나이까지 너
희들을 내가 주관하였으며 내가 인간
세속에서 훈련하였음을 알아야 할 것
이니라.
9 그리하여 인간 세상의 삶인 그 기초
훈련을 하여 지금 하늘나라의 법도와
하늘의 진리와 내가 내리는 나의 뜻을
너희들이 배우고 공부하는 것임을 알
아야 할 것이니라.
10 너희들은 인간 세상에서 인간의 법도
는 지금까지 살아오는 속에서 나로부
터 훈련을 받았으며,
11 나의 법전을 접하는 그 순간부터 너희
들은 인간 세상의 법도요, 인간 세상
의 공부를 하는 것이 아니라,
12 인간 세상의 공부를 초월하여 하늘나
라의 법도를 지금 배우며 하늘나라의
질서를 배우고 진리를 공부하는 것이
니라.
13 인간이 인간 세상에서 벗어나 하늘나
라의 진리와 하늘의 뜻을 공부한다는
것이 얼마나 어렵고 힘든 길인지 알
겠는가?
14 그러하기 때문에 힘들고 어려운 길을
가느니라.
15 예를 들어, 너희들이 사랑하는 나이
어린 자식이요, 말을 배워서 이제 갓
말을 하고 엄마에게 재롱을 떠는 아이
요, 또 나이를 먹은 아이요, 그와 같은
자들을,
16 외국어를 한 마디도 모르는 그와 같
은 머나먼 나라에 그저 홀로 보내어
그곳에서 스스로 그 나라의 언어를 배
우며 그 나라의 학문을 배우며 그 나
라의 교육을 받아 성장하여 세상에 필
요한 인간으로 키우고자 한 자식을 외
국으로 보냈다 하자.
17 그 자식이 그곳에서 언어를 배워야 하
며, 그 나라의 풍습을 배워야 하며, 그
나라의 교육을 받아야 하며, 그 나라
의 문자를 배워 제가 거기서 그 민족
과 같이 공부하고 깨우쳐 가는 그 길
을 간다면, 그가 얼마나 고통스럽고
힘들고 어렵겠는가?
18 그와 같이 하늘나라의 법도요, 하늘나
라의 질서를 공부하는 것이 그보다 더
어렵고 힘든 길이니라.
19 오늘 너를 따르는 제자들이 인간 세상
의 공부를 하며, 나의 법전이요, 나의
새로운 성경은 하늘의 뜻이니 하늘의
진리와 하늘의 공부를 함이니,
20 외국에 나가 그 나라의 언어를 배우며
학문을 배우며 아무것도 모르며 기초
가 되지 않는 사람이 혼자 연구하고

노력해서 그 문화를 받아들이고 거기
에서 교육을 받아 사회에 필요한 사람
으로 성장하는 그와 같은 길을 가는
자보다 너희들이 수천수만 배 어려운
그 역경에서 지금 가고 있음이니, 바
로 너희들이 그 과정을 겪는다고 생각
하라.
21 처음에는 머나먼 외국에 가 그 나라의
학문이요, 문화를 배우는 사람이 얼마
나 힘들고 어렵겠는가?
22 그러나 그것을 제 나라 말이요, 언어
처럼 소화하고 그를 알아들을 때, 그
는 그 민족과 같이 더불어 편안한 삶
을 살 것이며,
23 처음 개척할 때처럼 어렵고 힘든 그와
같은 삶을 살지는 아니하지 않겠는가?
24 바로 너희들이 그러하니라.
25 너희들이 기초를 다지며 나의 법전을
읽고 깨우쳤을 때, 정녕 하늘의 질서
요, 하늘의 법도가 어렵지 아니하며
정녕 견디기 어려운 그 고통의 세월이
아니니라.
26 외국에 멀리 나가 그 나라의 공부를
하는 학생이 말을 배우고 문자를 배울
때까지 고통과 시련이 있듯이,
27 너희들이 나의 법도를 조금만 더 깨우
치고 터득하여 하늘의 진리를 안다 하
면, 그와 같이 너희들이 편안한 길을
갈 수 있으며 평탄한 길을 인간으로서
살다 나에게 올 수 있으며,
28 내가 부를 때 자신 있게 나에게 올 수
있는 그와 같은 영광을 얻게 됨이니
라, 사랑하는 나의 아들딸들아!
29 그와 같은 이치를 알며 그와 같은 순
리를 안다면 오늘의 짧은 이 고통과
시련을 두려워하지 말며 겁먹지 말며
좌절하지 말라, 사랑하는 나의 아들딸
들아!

5,337 번째 하나님 말씀

2003년 3월 5일 08시 57분

1 사랑하는 나의 아들아!
2 "네, 아버님! 말씀하옵소서."
3 나 여호와가 너희들을 세상에 내보낼
때 내가 그저 무조건 내보내는 것이
아니요, 그냥 세상에 나가 살라 한 것
이 아니니라.
4 첫째는 너희들이 나에게 와 심판을 받
을 때 한 번의 기회를 주면 천사와 같
은 삶을 살겠다 하여, 또한 너희들이
나갈 자격이 있기에 내가 너희들을 세
상에 내보냈음이니,
5 내가 너희들을 내보낼 때 나의 계명을
지키며 내가 먼저 세상에 내려보낸 나
의 법도를 따라 지키고 살라 그리 전
하였으며,
6 그리고 너희들을 내가 쓸 곳이 있으며
쓰고자 하여 보냈음이니라.
7 그리하여 너희들은 그냥 존재하는 것
이 아니라 나에게 쓰일 곳이 있으며,
이는 곧 너희들이 이루어야 할 임무가
있으며 행해야 할 그 책임을 갖고 세
상에 나온 것이니라.
8 그러나 너희는 나 여호와가 너희 자신
을 어디에 쓰고자 하며 어떠한 중요한
책임을 맡기는지, 그와 같이 너희들이
무엇을 해야 하는가를 너희 자신이
알지 못하고 살아가는 것이니라.
9 너희들이 세상에 나갔을 때 인간의 본

성인 아름다운 마음으로써 그리 산다
하면, 내가 너희들에게 명한 그 임무
를 알 수 있으며,
10 너희가 세상에 태어나기 전에 나에게
서 받은 약속이요, 그 모두를 알 수 있
느니라.
11 그러나 너희들은 욕심에 치우쳐 있으
며 그 마음이 사악한 쪽으로 변하기
시작하며, 처음에 나에게서 받아 나간
그 아름다운 인성을 잊어버리고 살며
지워 버리고 사는 그와 같은 형국이
되었기에,
12 너희들은 오늘의 그와 같은 네 임무가
무엇인지를 모르고 억울하게 살아가
는 것이며 길을 모르고 살아가는 백성
임을 알아야 할 것이니라.
13 너희들이 세상에 나갈 때 나로부터 약
속이 있었으며 너희들을 내가 쓰고자
하며 쓸 곳이 있으며 임무를 주어 세
상에 내보냈으나,
14 세상에 나오자마자 그를 저버리며 그
를 지키지 아니하고 사는 것이 너희들
이니, 그리하여 너희들이 얼마나 무서
운가를 알아야 할 것이니라.
15 너희들이 말하는 그 원죄라는 것은 너
희들의 조상으로부터 원죄가 아니요,
16 너희들이 지고 나간 나에게 지킬 것이
요, 나에게 쓰이고자 하여 약속한 그
길을 가지 아니하고 나의 뜻을 지키지
아니하며 나와의 약속을 시키지 아니
하기 때문에 지금 근본적인 죄를 짓고
있다 함을 너희들은 이제 기기서 깨닫
아야 할 것이니라.
17 원죄란 너희 조상 대대로 내려온 것이
아님을 알라.
18 그것을 알려고 하는 백성, 그리고 주
어진 그 임무가 무엇인가를 알고 깨우
치며 살아가고자 하는 백성, 선하게
살아가고자 하는 그와 같은 백성, 그
마음을 악용하여 그들이 내가 보낸 그
뜻을 알지 못하도록, 나의 백성이 제
자리가 무엇이며 제가 가야 할 곳을
알지도 못하며 보지도 못하며 찾지도
못하도록 한 것이 바로 누구인지 아는
가?
19 나의 사랑하는 백성은 그 길을 가려
하고 그 길을 위하여 애를 쓰느니라.
20 그리하여 도덕이요, 관습이요, 상식에
벗어나지 않는 삶을 살려고 하나,
21 지금의 종교 집단이요, 종교 지도자들
이 그들의 약점을 이용하여 지금의 나
의 백성을 그저 저 자신만을 알며 욕
심이 그득한 이기주의자로 만들어 놓
았음이니라.
22 그리하여 나의 사랑하는 백성이 저 자
신을 망각하며 제가 나로부터 받아간
그 뜻을 모르고 있음이니라.
23 그러니 너희들이 살다 나에게 와 심판
을 받을 때, 그때 저의 임무요, 나에게
약속을 어긴 그 죄가 얼마나 무서운
것인가를 깨달을 것이니라.
24 나 여호와가 너희들에 대한 임무를 매
일 쉬지 않고 지금도 지시하고 내려보
냄이니라.
25 내가 내려보낸 뜻을 지키고 살라 내
가 수시로 너희들에게 메시지를 내려
보내나,
26 너희들이 마음이 어둡고 검으니 이를
듣지 못하며 알아보지 못하는 것이니
라.

27 이를 볼 수 없는 나의 백성, 너희들의
눈을 멀게 하며 귀를 막아 버리는 그
원흉이요, 그 사악한 자들이 누구더냐?
28 내가 위에서 말했듯이, 지금의 잘못
가는 종교 집단이요, 종교 지도자들이
너희들을 그리 죽음의 길로 인도한다
는 것을 알아야 할 것이니라.
29 그리하여 너희들이 원죄에서 벗어나
지 못하도록 하며 더 사악한 죄를 짓
도록 하니,
30 그 무거운 죄로써 지옥에 가, 나와의
약속을 지키지 않은 것만큼 너희들이
그 대가를 치름을 알아야 할 것이니라.
31 그리하여 내가 마지막으로 너희들을
지금 깨우치고자 하여 제3의 시대를
열며,
32 종교 지도자들이 내가 앞으로 가라 하
면 옆으로 가라, 좌로 가라 그리 가르
치며, 저희들 생각대로 나의 피조물
만백성을 이끌어 가니, 사악한 마음이
요, 사악한 자로부터 순박한 나의 백
성까지 그 길을 제대로 보지 못하여,
33 내가 문자요, 글로 만들어서 세상에
전함이니라.
34 그리하여 문자요, 글로써 내가 세상에
전함이니,
35 각자가 읽고 깨우쳐, 그 누구의 가르
침이나 그 누구의 설교가 필요 없이
너희들이 하늘에 오르는 길을 볼 수
있도록 하며,
36 나에게서 명을 받아 나간 너희들이 살
면서 지켜야 할 그 임무요, 내가 쓰고
자 하는 그 자리를 찾아 주고자 하는
것이 나 여호와의 간절한 뜻임을 너희
들은 알라.
37 그러니 나의 법전을 가슴에 안고 정독
하고 또 정독하여 나에게 약속한 그것
을 알며, 오늘의 삶을 얼마나 아름답
게 살아야 하며 천사와 같은 삶을 살
아야 하는지 그 뜻을 깨우치도록 그
리하라, 사랑하는 나의 아들딸들아!

5,338 번째 하나님 말씀

2003년 3월 5일 09시 02분

1 사랑하는 나의 아들아!
2 "네, 아버님! 말씀하옵소서."
3 너희는 성령으로 충만한 자만이 하늘
에 오를 수 있는 것이니라.
4 사악한 마음을 하나하나 뽑아내며 아
름다운 마음으로써 성령이 충만하여
있는 자는 하늘에 오를 수 있다는 것
을, 그리하여 나의 아들 예수가 그를
너희들에게 깨우쳐 주었으며,
5 그 진리의 진실한 길을 가는 것이 성
령이 충만한 길이라 그리 너희들에게
가르쳤음이니라.
6 그러나 너희들은 듣지 아니하였으며
성령의 내 말을 들으려 하지 아니하였
으며 이를 그저 세상에 흘려보낸 것이
니라.
7 그리하니 지금과 같은 사악한 시대가
되었으며 오늘날과 같은 시대가 되었
음이니라.
8 그리하여 내가 나의 뜻이요, 나의 말
을 글로써 이 세상에 내려보내는 이
와 같이 어렵고 힘든 역사가 다시 시
작됨을 알아야 할 것이니라.
9 내가 160권이라는 이 법전의 책으로
써 너희들을 깨우치려 세상에 내보내

는 것은,
10 나의 아들 예수가 너희들에게 깨우쳐
전하고자 했던 하늘에 오르는 길은 성
령이 충만하며 나의 뜻에 의해 살아가
는 것이며,
11 그와 같이 된 자만 하늘에 오른다는
그 뜻을 알아 나의 뜻에 따라 나의 율
법에 따라 살아가고자 그리 노력했더
라면, 너희들은 오늘날과 같이 나의
아들을 통하여 이 역사의 장정의 어
렵고 긴 세월의 터널을 가지는 아니하
였을 것이니라.
12 그 모두는 너희들이 잘못 살아왔으며
이루지 못하였기 때문이니 이를 알라.
13 이제 내가 나의 아들을 통하여 글로써
나의 성령을 하나하나 기록하여 너희
들의 말로써 깨우치고자 세상에 전하
고 있음이니, 너희들은 이 뜻을 알아
야 할 것이니라.
14 너희들은 그리 말할 것이니라.
15 어찌하여 나 여호와가 그저 예수를 통
하여 말로 전하듯이 그냥 전하면 될
것을, 이 글로 만들며 문자로 만들며,
그리고 책이라는 것을 만들어 너희들
을 깨우치는가 너희들은 그리 의문을
가질 것이니라.
16 그러나 말로써 전하며 나의 성령으로
써 입을 통하여 입으로 전하는 그와
같은 깨달음은 그 도를 지나쳐 너희들
이 너무나 멀리 가 있어 그와 같은 방
법으로는 가르칠 수가 없음이니라.
17 이제는 손에 쥐여 줘도 믿지 아니하
며, 먹는 음식까지도 믿지 않는 그와
같은 형국이 되어 있음이니,
18 물을 마시면서도 그 물이 과연 약인지
독인지를 의심하고 불안한 마음으로
마셔야 하는 이와 같은 형국이 되어
있듯이,
19 너희들이 지금 믿음이라는 것이요, 나
에게 오르는 길이요, 어떠한 새로운
성령도 믿지 않으려 함이니,
20 그저 너희들이 찢어 버리고 태워 버리
고 물속에 던져도 그저 그치지 않고
새순이 나오듯이 계속 뻗어 나가는 나
의 법전, 이 책으로 너희들을 구할 수
밖에 없기에, 내가 글로써 책으로 만
들어 지금 만백성을 구하고자 내려보
냄이니 이를 알라.
21 그리하여 이를 증거하는 것이며 증명
하는 것이니라.
22 책으로써 문자로써 내려보내 증거하
고 증명하는 것을 계속 너희에게 주입
시켜야만 이를 보고 깨우치는 기회를
얻기 때문이니,
23 그리하여 지금 내가 이 역사를 이루어
가고 있음을 너희는 알라.

5,339 번째 하나님 말씀

2003년 3월 5일 14시

1 사랑하는 나의 아들아!
2 "네, 아버님! 말씀하옵소서."
3 너희들은 나 여호와가 존재함을 진정
얼마나 믿고 있으며 그 믿음의 깊이가
얼마나 깊이 뿌리를 내리고 있는가?
4 너희들이 이 세상에 살아가는 어떤 것
보다도 나 여호와가 존재함을 믿는 그
것이 가장 소중하며 귀한 너희들의 삶
이요, 역사라 내가 그리 말하였거늘,
5 그 귀중하고 귀중한 나에 대한 믿음이

요, 내가 존재함을 너희들은 과연 얼
마나 깊이 네 가슴속에 새기고 있는
가?
6 너희들 자신을 한번 돌아다봐야 할 것
을 잊지 말라.
7 나의 아들 예수가 그와 같이 육을 가
진 형태로써 가장 고통스럽게 그 극형
에 처하면서 그가 한 말이 무엇이던
가?
8 그를 죽게 하는 그들을 사랑하여 달라
그리 말하였느니라.
9 너희들이 가장 극한 상황에서 견딜 수
없는 고통과 그 자신이 버틸 수 없는
순간에 저를 해한 자를 사랑해 달라는
그것이 진정한 사랑이니, 그 마음의
뜻을 너희들은 아는가?
10 그리하여 나의 아들 예수가 죽어 내
우편에 와 앉았다 너희들이 그리하며,
예수는 나와 더불어 나의 나라에 와
있음이니라.
11 그러니 너희들이 나에게 오고자 한다
면 예수보다도 더 극한 상황에서 너희
들을 해하는 자를 살려 달라, 용서해
달라 기원할 수 있는 그와 같은 마음
의 자세를 가진 자가 하늘에 오를 수
있지 아니하던가?
12 과연 너희들은 그와 같은 마음의 자세
가 지금 되어 있으며 그런 마음으로써
지금 나를 믿고 살아가는가?
13 너희들이 그와 같은 믿음으로써 행해
야 할 것이니라.
14 그렇지 아니하며 그와 같은 믿음으로
가지 못하는 자, 나의 아들 예수의 보
혈로써 구원받았다 소리를 하지 말며
그 이름을 부르지 말라.
15 '주여, 찬양하는 주여!' 그리 소리 지
르며 그를 욕되게 하지 말라.
16 너희들이 그의 삶이요, 그가 죽어 가
면서 가장 고통 속에서 저를 죽이려는
그 백성이요, 그들을 사랑해 달라 하
며 용서해 달라고 빌었던 그 마음이
얼마나 숭고하며 아름다우며 그 사랑
의 마음이 얼마나 소중한 것인가?
17 이 세상에서 가장 소중하며 가장 사랑
하는 저 자신보다도 더 사랑하는 위대
한 마음으로써 그와 같이 말을 할 수
있었음을 너희들은 알겠는가?
18 너희들이 과연 이유 없이 잘못한 것이
없으며 죄지은 것 없이 죽어 가면서
너희들을 죽이는 자를 용서해 달라 말
할 수 있으며 그를 원망하지 아니할
수 있는가?
19 너희들은 모든 힘을 동원하여 모든 발
악을 다할 것이며 어떠한 방법이든지
너희들을 묶은 그 끈을 끊고 살려고
모든 사람에게 결백을 부르짖으며 억
울한 것을 죽는 순간까지 소리 지르고
발버둥치다 결국은 그 강압에 의하여
죽어 가는 그와 같은 자가 되지 아니
하겠느냐?
20 너희들의 자세는 무엇이며 너희들의
마음은 과연 어떠한 것이던가?
21 너희들은 나의 아들 예수가 가장 고통
스러운 속에서 사랑을 베풀었던 그 사
랑의 마음을 알아야 할 것이니라.
22 그 사랑이 얼마나 숭고하고 얼마나 순
수하고 얼마나 아름답고 고귀한 것인
데, 살아가면서 수없이 죄를 지으며
사악한 짓을 해 가면서 나의 아들 예
수의 보혈로써 그 죄를 다 용서받았다

말하는가?
23 너희들은 그와 같은 말을 하지 말라.
24 너희들이 지은 죄를 어찌 나의 아들
예수가 대신하여 그 피로써 용서해 주
며, 그와 너희들이 어떤 관계이기에
예수가 죽어 가며 그 고통 속에 흘린
그 피의 대가로 구원을 받은 자라 그
리 말하는가?
25 이것이 나를 얼마나 능멸하는 것이며
나 여호와를 괴롭히는 말인지 너희들
은 알겠는가?
26 그와 같은 말을 감히 하지 말며 부르
지 말라.
27 나의 아들 예수가 고통스럽게 죽어 간
그 고통이 어찌하여 너희들이 그 육의
삶의 향락이요, 너희들이 즐거워하며
기뻐하며 너희들 자신이 그저 즐거워
지은 그 사악한 죄요, 감히 부끄러워
행할 수 없는 그와 같은 죄를 지어 놓
고 그 죄를 대신하여 나의 아들의 그
숭고하고 고귀한 사랑의 피가 너희들
의 죄를 씻어 줬다 그리 말하는가?
28 이게 어느 나라의 법이며 어디에서 나
온 기준이며 어디서 흘러나온 말인가
너희들은 한번 생각해 보라.
29 어찌하여 너희들은 그와 같은 망발을
함부로 하는가?
30 너희들의 부모가 너희 자식을 잘못 두
어 그 자식이 잘못 살아가, 그것이 세
상 많은 사람에게 부끄러워 그 부모가
자살했을 때, 그 부모는 바로 무엇을
원하는가?
31 바른 자식이 되기를 바람이니라.
32 바른 자식이 되지 못하면서 '부모가
나를 대신하여 죽었으니 나는 죄인이
아니요, 내 죄는 다 씻어졌다.' 하며
너희들이 더 망나니짓을 하고 더 사악
한 짓을 한다면, 과연 그것이 너희 부
모가 너희를 대신하여 죽어, 부모가
네 죄를 씻어 준 것이라 생각하는가?
33 지금 모든 종교 집단이 그러하니라.
34 나의 아들 예수가 그 고귀한 죽음을
선택하여 너희들에게 깨우쳐 주었으
며, 너희들에게 바로 서라 그리 말하
는 것은,
35 잘못된 자식이 속썩이며 사악한 짓을
하여 남에게 부끄러워 그 부모가 죽으
면서 제 목숨 하나 끊어 자식이 잘되
기를 바라는 그 마음과 같으니라.
36 나의 아들이 저를 죽이는 백성까지도
용서해 주며 사랑해 달라 그리 나에게
간곡히 기도하고 죽은 그 아름답고 숭
고한 마음이요,
37 그 누구도 갈 수 없는 그 길을 간 나의
아들의 죽은 피를 가지고 너희들이 즐
거워서 지은 죄, 너희들의 향락을 위
해서 지은 죄, 그 죄를 다 나의 사랑하
는 아들의 그 애절한 죽음이요, 그 소
중한 사랑 앞에 너희들의 죄를 다 씻
어 주고 다 깨끗이 하려고 대신하여
죽었다 그리 말하니,
38 그 계산법이 과연 어디에서 나오는 것
인가?
39 그렇다면 너희들이 지금부터 사는 것
은 어찌 살아야 하는가?
40 하늘을 향하여 정녕 한 점의 부끄럼이
없는 삶을 삶으로써 내 아들이 죽은
그 피에 대해 보상을 하며 감사를 하
며 깨달음을 얻고 살아가는 것이 너희
들의 길이거늘,

41 어찌하여 너희들은 사악한 짓을 계속
하며 죄를 짓고 또 빌며, 그리고 나의
아들 예수의 이름으로 보혈로써 구원
받았다 하며 눈물로 회개하고 돌아서
서 또 죄를 짓는 그 추하고 더러운 너
희들 인간의 욕심 때문에 지은 죄를
가지고,
42 나의 아들의 그 숭고하고 아름다운
사랑의 마음의 피요, 죽음의 상처와
그 고통이 너희들의 죄를 씻어 주기
위하여 죽었다 그리 망발을 하는가?
43 너희들과 아무런 관계도 없는 그를 갖
다 붙여 대어 그와 같이 가르치는 것
은 어디서 배운 잘못된 가르침인가?
44 이는 종교 집단들이 그와 같은 나의
피조물 만백성의 약점을 이용하여 그
들로부터 재물과 금화를 거둬들이려
는 사악한 자들의 간교한 방법에서 나
의 아들의 숭고한 사랑의 그 죽음을
그리 악용하고 있음이니, 여기에 현혹
되어 지옥으로 가는 삶을 살지 않도록
그리하라.

5,340 번째 하나님 말씀

2003년 3월 5일 14시 13분

1 사랑하는 나의 아들아!
2 "네, 아버님! 말씀하옵소서."
3 구약 시대요, 신약 시대요, 수천 년의
그 역사가 흘러오면서 믿음이라는 그
길을 달려오고 믿음이라는 길을 가고
있으며 하늘에 오르는 길이라 너희들
이 오고 있으나,
4 너희들은 정녕 믿음의 원천의 근본을
모르며, 믿음의 근본이 어디 있는 것
이며 믿음을 가는 길이 어디 있는 것
인가 그 자체도 모르는 백성이니라.
5 이제 너를 따르는 제자들이요, 나의
법전을 읽는 너희들은 믿음의 행함의
길이 과연 어디에 있는가 그것을 오늘
알아야 할 때가 되었음이니라.
6 너희들의 깨달음의 경지가 그만큼 올
라와 있음이니, 믿음의 길을 가는 방
법이요, 믿음을 가는 자의 자세를 오
늘 나의 아들을 통하여 내가 너희들에
게 전해 주는 것이니라.
7 지금의 믿음은 썩은 믿음의 길을 가는
것이니라.
8 썩은 집단이 세상을 통제하고 있으며,
그 믿음의 가는 방법과 길이 무엇인가
그 내용도 모르고 겉만 보고 겉만 아
는 그와 같은 믿음으로 가고 있으며,
9 그저 겉만 보는 그와 같은 믿음을 가
지고 구원을 받을 것이라 두 주먹을
쥐고 달려가는 그 어리석은 지금 삶을
사는 것이니,
10 너희들은 이제는 알아야 할 것이니라.
11 구원을 받는 것이 아니니라.
12 너희들은 구원을 받는다는 그 믿음을
가는 것이 아님을 알아야 할 것이니라.
13 구원을 받고 안 받는 것은 마지막 죽
음의 순간에 결정이 되며,
14 너희들이 구원을 받으려면 죽음의 그
순간, 구원이 결정되는 그때까지 너희
들이 살아가는 과정이요, 걸어가는 인
생의 삶이 중요한 것이며, 그 자체가
구원의 길이니라.
15 즉, 너희들이 나에게서 생명을 받아
세상에 나가 죽을 때까지 가는 과정
이 구원의 길이요, 그것을 향해서 가

는 것이 구원의 길이지, 너희들이 구원의 길을 위해 구원을 받으려고 간다는 그 믿음을 가서는 아니 되느니라.

16 그 과정의 삶을 위해서 그 과정의 삶을 바르게 사는 데 모든 역점을 둬야 하는 것이지, 너희들이 구원을 받을 것이라는 목적을 세워 놓고 그리 간다는 것은 구원 자체의 의미를 모르는 것임을 알아야 할 것이니라.

17 너희들은 지금 눈에 보이는 믿음을 위한 믿음을 가는 것이니라.

18 눈에 보이는 믿음을 위한 믿음을 가서는 안 된다는 것을 알라.

19 구원이라는 것은 죽음의 순간에 결정 나는 것이 구원이요, 그 순간에 난 1초도 안 되는 순간에 모두가 정해지는 것이니라.

20 그 구원이 결정이 나는 그 순간까지 걸어가는 그 과정이 얼마나 아름답고 소중하게 살았느냐 하는 그것이 중요한 것이니라.

21 그것을 위하여 너희들이 아름답게 살며 진정한 인간의 도리를 다하며 사는 것이 중요한 것이지, 구원을 받고 안 받는 그것은 중요한 것이 아니니 구원에 연연하는 믿음을 가지 말라.

22 구원이라는 것은 무엇인 줄 알겠는가?

23 1초도 안 되는 '똑딱' 하는 그 순간에 죽어서 지옥으로 가느냐 나에게 오르느냐, 구원이냐 아니냐 하는 것이 거기서 결정 나는 것이며,

24 구원의 길을 믿으며 구원을 간다는 것은 그 과정이 구원이라는 것을 알아야 할 것이니라.

25 너희들이 어찌 살아가는 것이냐가 중요한 것이며, 그것을 위하여 가야 하는 것을 잊지 말라.

26 그것이 바로 구원의 길이라는 것을, 구원은 거기에 있다는 것을 잊지 말라.

27 그리하여 너희들이 구원을 받겠다는 그 목적을 둬서는 안 되느니라.

28 가는 과정에 목적을 두고, 가는 과정을 위하여 살아가야 함을 알아야 할 것이니라.

29 너희들이 돌팔매질을 하는 것은 무엇이더냐?

30 돌을 던지는 그 순간에 돌을 던진다는 것은 결정된 것이니라.

31 그러나 낭떠러지에 떨어져 자살하는 자, 죽음으로 모든 걸 포기하는 자, 그리고 인생을 포기하는 자, 그와 같은 자가 죽음이라는 것은 그 순간이요,

32 너희들이 죽음의 과정까지 오면서 생각하고 또 생각한 그 결정에 따라 죽음을 선택하며, 또한 하나의 죽음의 계곡에서 벗어날 수 있는 것도 생각하고 생각하는 과정에서 죽고 사는 육의 삶을 결정하듯이,

33 너희들이 결정하는 과정까지가 중요한 것이며 그 과정까지가 구원이라는 것을 잊지 말라.

34 결코, 구원이라는 것이 죽음의 그 순간에 구원이 아니요, 거기까지 가는 그 과정을 어찌 가느냐 그것이 구원이고 아님을 깊이 깨달아 행하도록 그리하라.

35 구원을 위한 목적으로 인생의 삶을 살지 말라.

36 거기까지 가는 그 삶의 과정을 위해서

살라는 뜻임을 깊이 깨우쳐 행하도록
하라.
37 다시 한 번 내가 너희에게 일깨워 전
함이니, 구원이라는 것에 육의 목적을
세워 놓고 그 구원을 받고 안 받는 것
을 위해서 사는 것이 아니요,
38 구원을 받는, 심판을 받는 순간까지
가는 과정의 삶이 가장 중요하다는 것
을 알라.
39 죽으면 구원은 단 몇 초도 안 되는 것
이며, 그 구원의 길에 들어서고 안 들
어서는 그 과정의 사는 삶을 깨닫도록
그리하라.

5,341 번째 하나님 말씀

2003년 3월 5일 14시 22분

1 사랑하는 나의 아들아!
2 "네, 아버님! 말씀하옵소서."
3 믿음의 목적을 구원 자체로 생각하지
말라 내가 너희들에게 깨우쳐 주었으
니, 그 소중함을 너희 제자들과 나의
법전을 읽는 백성 너희들은 가슴 깊이
새겨 그리 가도록 하라.
4 믿음의 목적을 구원 자체라 생각하면
너희들이 가는 과정을 잘못 가며 흐
트러짐을 알라.
5 잘못 가는 과정의 그 결과는 이루어질
수 없음을 너희들은 알아야 할 것이니
라.
6 진정한 믿음의 회복을 위하여 지금이
진정한 회복이 필요한 때임을 너희들
은 알아야 할 것이니라.
7 진정한 믿음의 회복을 위하여 내가 지
금 나의 아들을 통하여 이리 밤과 낮
을 가리지 아니하고 160권의 법전을
너희들에게 전하며 이 과정을 알려
주고자 이 역사를 하고 있지 않은가?
8 너희들이 지금까지 습관적으로 흘러
왔던 믿음이요, 관습적으로 흘러왔던
그 믿음이요, 그것으로써 절대로 구원
을 받을 수 없으며, 그 속에서는 구원
의 길을 볼 수 없다는 것을 알아야 할
것이니라.
9 너희들은 억압적이요, 정해진 틀 속에
서 가는 믿음이 중요한 것인가, 자율
적인 믿음에서 구원의 길을 보는 것이
중요한가?
10 너희들이 정해진 틀 속에서 너희들과
같이 다스려지지 못한 지도자에게, 그
리고 재물과 금화요, 물질 만능 속에
젖어 있는 그 틀에 박힌 지도자 앞에
서는 정녕 구원의 길을 볼 수가 없다
는 것을 알아야 할 것이니라.
11 제한된 삶 속에서, 제한된 틀 속에서
그를 통제하는 자들 앞에서 너희들은
결코 변화가 이루어질 수 없으며 깨달
음을 볼 수가 없으며,
12 이 대자연의 위대한 아름다움이요, 내
가 역사하는 이 대자연의 무궁무진한
변화를 하나도 보지 못하며, 그리 잘
못된 종교 지도자의 그 틀 속에 너희
들이 우롱당하고 있음을 알아야 할 것
이니라.
13 오죽하면 내가 너희들에게 혼자서 기
도하라 하였는가?
14 정해진 그 틀 속에서 가르치는 지도
자, 그리고 정해진 틀에 들어가 신도
라 하며 구원을 받고자, 변하고자 역
사하는 그 백성, 너희들은 이대로는

믿음의 길을 갈 수 없으며 절대로 구원을 받을 수 없다는 것을 알아야 할 것이니라.
15 자유가 없는 세상에서 자유의 이치를 알 수 없으며, 자연의 아름다움을 보지 못하는 그 속에서 자연의 아름다운 이치를 깨달을 수 없듯이,
16 넓고 넓은 이 세상 속에서 수만 가지 진리와 나의 참뜻이 세상 모두를 통제하며 너희들을 다스리고자 이와 같이 내리고 또 내리는 이 대역사 속에,
17 이를 바라보지 아니하는 너희들이 어찌 구원의 길을 얻을 수 있다 생각하는가?
18 아무리 나는 새라 하여도 그 새장에서는 자연의 아름다움을 모르며 자연의 그 위대함을 모르니, 아무리 그 새가 영특하다 하여도 알 수가 없음이니라.
19 미련하고 우매해도 자연 속에 날며 둥지를 틀며 자연 속에 사는 그 새는 자연의 그 넓고 위대함을 알 것이니라.
20 아무리 사나운 맹수요, 아무리 용맹을 떨치는 맹수라 하여도 그 맹수가 우리 안에 갇혀 있다면 그는 맹수의 본성대로 살아갈 수 없으며 애완동물처럼 변화되는 것이 아니던가?
21 하물며 나의 백성 너희들은 생각할 수 있으며 지혜가 있으며 변화를 이룰 수 있으며 너희들 스스로 깨달음을 알 수 있으며 선을 행하면 선을 너희들은 계속 너희들 것으로 축적할 수 있으며, 악을 행하면 악으로써 축적되는 그와 같은 변화무쌍한 삶을 살아갈 수 있으며, 생각과 생각을 하여 창조할 수 있는 그와 같은 능력을 갖춘 나의 백성이,
22 묶인 틀 속에서 아무리 몸부림을 친다 하여도 그 지도자의 특성이요, 그가 가르치는 수법의 틀을 벗어나지 못함이니,
23 너희들이 독재자 앞에 묶여 있어 자유를 모르는 것처럼 그와 같은 속에서 얽매이는 백성 너희들은 진정한 믿음을 알 수가 없음이니라.
24 그리하여 너희들은 진정한 길을 갈 수가 없느니라.
25 지금 나의 아들이 나의 법전을 받아 세상에 전하며 그 제자들에게 뭐라 가르치느냐?
26 세상 것은 다 내가 내린 것이며 다 소중하며 내 뜻이 아닌 것이 없으니 듣고 배우라 그리 전하지 않는가?
27 그와 같이 너희들이 듣고 배울 수 있도록 자연 속에서 아름다움을 보며 자연스럽게 생활하며 자유스럽게 행동하며 자유스럽게 그들의 믿음을 들여다보며 남들 것을 들여다보며 공부하고 연구하여 깨우쳐 깨달음을 얻도록 그리 가야 하는 것이니라.
28 새장에 갇혀 있는 새가 아무리 날개가 좋고 유능하다 해도 자연 속에 사는 미련한 새만큼 자연의 아름다움을 알 수 없으며,
29 그 먹이 또한 제한된 속에서 살아가는 것밖에 모르니, 그 먹이밖에 모르는 것이니라.
30 내가 다시 한 번 너희들에게 말하니, 얼마나 내가 가슴 아프면 우리 안에 있는 맹수가 애완동물로 변하는 그와 같은 삶을 살지 말며 믿음을 갖지 말

라 그리하였겠는가?
31 맹수가 발톱을 쓰지 못하며 그가 이빨
을 쓰지 못한다면 그는 맹수가 아니니
라.
32 그와 같이 위대한 깨달음을 가진 나
의 백성을 잘못 가르치는 종교 지도자
그들의 관습과 틀 속에 얽매어 놓고
저희들이 마음대로 이끌어가며 마음
대로 우롱하고 있어, 나의 백성을 맹
수가 발톱을 쓰지 못하며 이빨을 쓰지
못하며 포효하지 못하고, 애완동물이
목에 줄이 매여 끌려가듯이 그리 그
저 지옥으로 가는 것이 너희들의 형국
이니,
33 너희 자신을 들여다보며, 나의 법전에
잘못된 부분이 있으면 너희들이 나에
게 질문하여 기도로써 답을 얻으라.

5,342 번째 하나님 말씀

2003년 3월 5일 14시 32분

1 사랑하는 나의 아들아!
2 "네, 아버님! 말씀하옵소서."
3 이 세상에 생명을 가지고 나간 모든
나의 사랑하는 아들딸이요, 그 백성은
한 형제가 되어 서로 사랑하며 서로
위로하고 더불어 살아가도록 내가 그
리 원하는 것이며, 너희들에게 바라는
나 여호와의 뜻임을 알아야 할 것이니
라.
4 더불어 살아가게 되어 있으며, 서로
의지하고 도우며 사는 것이며,
5 또 어렵고 힘들 때 협력과 협동으로써
해결하며 더불어 힘을 합쳐 살아가는
것이 인간의 삶이며,
6 그리하여 짐승과 다른 그와 같은 삶의
지혜요, 방법을 너희들에게 주었음이
니, 그것이 바로 이 세상의 모든 동물
과 인간인 너희들과 그 차별화되는 점
이요,
7 너희들에게 높은 지혜를 내가 주었음
이니, 그것이 바로 차별화된다는 것을
알아야 할 것이니라.
8 서로 협력할 때 협력하며, 어려울 때
도우며, 슬픔을 같이 나누며, 괴로움
을 같이 나누며, 즐거움을 같이 나누
며 사는 것이 짐승과 다른 너희들의
특성이며, 더불어 살 수 있도록 명한
것임을 알아야 할 것이니라.
9 내가 너희들에게 바라는 것은 서로 이
해하고 더불어 사는 너희들의 모습이
니라.
10 과연 더불어 사는 이 세상을 누가 이
와 같이 험악한 세상으로 만들었으며,
그 질서를 파괴하였으며,
11 인간이 인간을 보는 것을 두려워하며,
인간이 인간을 만나는 것을 두려워하
며 의심함이니,
12 인간의 만남을 사랑하고 믿는 것이 아
니요, 인간을 만남으로써 불안과 공포
요, 의심이요, 믿음이라는 것을 갖고
살 수 없는 그와 같이 이 세상을 파괴
해 황폐한 땅으로 황폐한 지상으로 만
든 것이 과연 너희들은 누구라 말하는
가?
13 지금 그 큰 집단이요, 믿음이라 하여
이끌어 가는 종교 집단 그들과 나 여
호와를 믿는다는 백성 너희들이 그와
같이 이 세상을 파괴했음을 알아야 할
것이니라.

14 너희들이 말하는 나 여호와를 찾지 않
는다 하며, 너희들과 같이 광란의 짓
을 하며 알맹이 없는 찬송을 부르며
울부짖는 행위를 하지 아니한다는 너
희들이 말하는 소위 이단이라 하는 나
의 순박한 백성이 이 세상을 그리 파
괴하였는가?
15 너희들은 당연히 그 뜻을 알 것이니라.
16 순박한 나의 백성은 그리하지 아니하
였으며, 오로지 너희들만이 이와 같이
험악한 세상을 만들었음이니,
17 믿음이요, 사랑을 베푼다는 너희들은
더불어 살지를 못하나, 너희들이 이단
이라 말하는 나의 순박한 백성은 더불
어 사는 것이니라.
18 그러니 이 세상을 누가 파괴하였는가?
19 너희들은 너희들과 뜻이 다른 사람과
는 더불어 살 수 없다 그리 말하며 믿
음이 같지 않은 자는 더불어 살 수 없
다 하니,
20 너희들이 과연 나의 뜻에 따라, 내가
원하는 바에 따라 사는가?
21 그와 같이 살지 않는 것이 종교 집단
이며, 지금 종교 지도자들이 이와 같
이 험악한 세상을 만들어 놓았음을
너희는 알아야 할 것이니라.
22 많은 백성이 하나같이 더불어 살고자
하는 것이 나의 뜻에 사는 백성이 살
아가는 모습이니라.
23 너희들이 갈라 놓고 찢어 놓은 나를
믿는다는 그 집단은 너희들만이 한 형
제요, 너희만이 세상에 더불어 사는
그와 같은 삶을 사는 것이며,
24 만백성과 더불어 살아가지 않는 그와
같이 편협한 자세로 바꿔 놓은 것이
지금의 종교 지도자이니라.
25 너희들이 말하는 이단이라 하는 나의
백성은 많은 백성이 더불어 협력하며
살고 서로 사랑하며 살아가니, 그들만
도 못한 것이 너희들이니, 이를 어찌
깨우쳐야 하겠는가?
26 지금의 믿음을 가는 그 종교 집단이야
말로 사람들과 같이하는 것을 싫어하
며 깨달음이 다르다 하여, 믿음이 다
르다 하여 그들과 가까이 아니하며 그
들과 같이하기가 까다로운 그와 같은
백성이, 지금 사랑을 베풀며 나의 이
름을 팔고 사는 집단이 대표적이라는
것을 잊지 말라.
27 너희는 인간으로서 길을 모르고 있으
며 인간으로서 삶의 본연의 자세를 모
르며 인간으로서 도리를 모르고 사는
것이 지금 종교 집단 너희들이라는 것
을 가슴 깊이 후회하며 깨우치며 반성
할 줄 알며 살아야 할 것이니라.
28 그 길을 가는 것을 후회하며 잘못 가
고 있음을 반성하며 회개하여 하늘에
오르는 길을 바로 보도록 그리하라.
29 이것이 내가 너희들에게 내리는 마지
막 기회임을 잊지 말라.

5,343 번째 하나님 말씀

2003년 3월 5일 14시 36분

1 사랑하는 나의 아들이!
2 "네, 아버님! 말씀하옵소서."
3 내가 창조한 이 세상의 백성 너희들은
어떠한 경우든, 어떠한 상황에서든 내
가 만들어 내려보낸 창조물이요, 피조
물 만백성 너희들은 그 귀중한 한 사

람 한 사람마다 인격과 그가 지닌 인
품이 있음이니라.
4 그리고 그가 또 지키고 살아가야 할
그 길이 있느니라.
5 그러하여 그 임무가 있으니 서로 남의
임무를 모르는 자들이 인간이 인간을
차등을 두어 대우를 하며 차별을 해서
는 결코 아니 된다는 것을 알아야 할
것이니라.
6 나 여호와가 너희들에게 너희는 한 형
제요, 누구든 인간은 인간을 심판할
수 없으며 평할 수 없다 하였음이니라.
7 그 사람의 진정한 마음의 생각을 알지
못하며 함부로 그를 평하는 것은 지울
수 있는 화장을 한 것을 보고 예쁘고
밉다 평가하는 자요, 그 화장을 지웠
을 때 그 사람의 본 모습을 모르는 것
과 마찬가지니라.
8 그리하여 너희들은 한 형제요, 절대
차등을 두어서는 안 된다는 것을 너희
제자들과 나의 법전을 읽고 깨우친 백
성 너희들은 알아야 할 것이니라.
9 이는 바로 무엇이던가?
10 너희들이 이 세상에 태어날 때 누구에
게 생명을 받아 나갔는가?
11 창조주 나 여호와에게 영혼을 받아 세
상에 나갔음이니, 세상에 나가는 그
순간에 나의 영혼이 너희들 몸속에 흐
르고 있으며 그 영혼의 힘이 너희들을
지탱하고 이끌어 가며 너희들의 모두
를 지배하고 살아가는 것이 아니던가?
12 그와 같이 나의 영혼이 너희들 몸속에
흐르고 있음이니, 그것이 더 소중하며
위대함을 너희들은 알아야 할 것이니
라.
13 그리하여 어떠한 이유든 차등을 두어
서는 안 된다 함이니라.
14 너희들이 생긴 모양이 달라서, 사는
지역이 달라서, 그리고 피부색이 다르
다 해서, 믿는 모든 종교요, 종파가 천
가지, 만 가지로 갈라졌다 해서, 어떠
한 상황이든, 그가 너희들이 볼 수 없
는 어렵고 힘든 길을 간다 해도, 그가
몸이 제대로 되지 않는 불구의 몸이라
하여도, 그가 듣지 못한다 하여도 어
떠한 상황이요, 어떠한 형태든지 절대
로 차별을 두어서는 아니 됨을 알라.
15 너희들이 믿음 따위로 분별하고 믿음
따위로 차별을 두고 차등을 두는 그와
같은 행위로 살아가는 것은 나 여호와
의 뜻과는 관계없다는 것을 알아야 할
것이니라.
16 너희들은 다시 깊이 깨우쳐 행하도록
하라.
17 나 여호와가 나와 관계없는 백성이라
는 그 말이 얼마나 무서운 말인가?
18 내가 너희들을 버리며 내가 손을 놓는
다는 그와 같은 이 무서운 사실에 귀
를 기울이라.
19 나와는 아무런 관계도 없는 백성이요,
아무런 관계도 없는 길을 살아가는 백
성이라 내가 강조하는 그 말의 무서운
의미를 깊이 깨우친다면, 너희들은 인
간을 서로 차등해서는 아니 됨을 특
별히 지켜라.
20 그리고 꼭 그리 행하여 따르도록 그리
하여야 할 것이니라.
21 누구도 차등과 차별을 할 수 없는 것
은 나의 영혼이 그들의 가슴속에 몸속
에 흐르고 있기 때문이니라.

22 너희들의 육의 부모에게 받은 그 피가
형제지간에 같이 흐르니 너희들은 그
게 같은 피라 하여 소중함을 알듯이,
23 너희들 모두에게 나의 영혼이 흐르고
있으니 너희들이 한 형제라는 것을 알
아야 할 것이며,
24 입은 모습으로써, 믿는 종파 때문에
색깔이 다르다 해서, 또 먼 곳에 산다
하여, 가까운 데 산다 하여, 적국에 산
다 하여 적으로 생각하지 말며 차등을
두는 그와 같은 어리석은 삶을 버리도
록 그리하라, 사랑하는 나의 아들딸들
아!

5,344 번째 하나님 말씀

2003년 3월 5일 14시 46분

1 사랑하는 나의 아들아!
2 "네, 아버님! 말씀하옵소서."
3 내가 이 세상을 창조하여 만들 때 너
희들이 지키고 살아가야 할 위대한
그 길을 너희들과 같이 세상에 내려보
냈다 했음이니라.
4 그러나 너희들은 그를 지키지 아니하
였음이니라.
5 그리하여 나 여호와가 너희들에게 무
엇을 역사했던가?
6 구약 시대를 열었으며, 또 구약 시대
에 너희들이 바로 서지 못하였기에 내
가 신약 시대를 열었음이니라.
7 너희들이 나 여호와가 이루고자 했던
구약과 신약 시대를 지나면서 내가
역사했던 것을 그대로 전하고 행하고
살아왔더라면, 오늘날 이와 같은 세상
은 결코 되지 아니하였을 것이니라.
8 오늘 같은 사악한 세상이요, 이 세상
을 치료하지 아니하면 아니 될 이와
같은 지경은 오지 아니하였을 것이니,
9 내가 나의 아들을 통하여 지금 제3의
시대에 새로운 성경이요, 나의 법전이
라 하여 마지막 심판의 기준인 이 법
전을 세상에 내려보내지 아니하였을
것이니라.
10 지금 내가 새로운 성경이요, 나의 법
전을 세상에 내려보내지 아니하고는
견딜 수 없는 그와 같은 형국으로 되
었음이니,
11 그것은 바로 너희들이 지금까지 살아
오면서 이 세상을 그리 혼탁하고 병들
게 하였음이니라.
12 너희들은 지금 병들고 또 썩어 가는
그 형태로써 조금만 더 지나간다면 인
간의 형태를 찾아볼 수도 없을 만큼
마음이 병들어 있으며 마음이 썩어 가
는 것이 바로 너희들이니라.
13 내가 보는 너희들의 그 정신은 병들
대로 병들었으며 썩을 대로 썩었느니
라.
14 너희들은 육신은 멀쩡하나 모두가 다
병자인 것을 너희들은 모르나 나 여호
와는 알고 있음이니라.
15 이대로 더 간다면 인간의 형태요, 인
간의 본연의 그 자세마저도 다 말살되
어 지탱할 수 없는 그와 같은 위기에
처함이니,
16 이를 내가 치료하지 아니하면 더 이상
너희들을 볼 수 없는 그 형국이 되며,
17 그 누구도 나에게 구원을 받는 길을
올 수 있는 자가 없어, 내가 지금 병든
자를 치료하고자 하늘의 의사를 세상

에 내려보내는 것이니라.
18 이 하늘의 의사만이 세상에 내려가 너
희들을 구원할 수 있으며,
19 썩은 부위를 도려내며 병든 곳을 고쳐
너희들을 구원할 수 있는 그 길이 이
밖에 없기에, 너희들을 고칠 수 있는
의사를 세상에 내려보냄이니라.
20 썩어 부식된 그 부분을 도려내며 병들
어 죽어 가는 그 육신을 살릴 수 있는
그 의사를 내려보내거늘,
21 너희들이 그 의사의 가르침을 듣지 아
니하며 그 진단을 듣지 아니하며 그가
처방하는 것을 듣지 아니하는 그와 같
은 방법으로 지금 살아가느니라.
22 내가 아무리 유능한 의사를 세상에 내
려보내 너희들을 치료하고자 해도, 너
희가 치료할 수 있는 그 의술을 믿지
아니하며 그 방법을 의심하며 그 말을
따르지 아니하며 그 뜻을 따르지 아니
함이니,
23 이를 어찌해야 죽어 가는 너희들을 살
릴 수 있는가?
24 너희들을 살리려는 그 의사를 도리어
죽이고자 하며 그를 의심하며 그를 태
워 없애 버리려는 그와 같은 마음을
가지고 있다면,
25 아무리 유능한 의사라도 결코 너희들
을 치료할 수 없으며, 죽음의 길에서
살릴 수 없는 것이 그와 같은 의사의
한계가 아니던가?
26 너희들은 어찌하여 그를 의심하며 의
혹하는 마음을 가지고 있는가?
27 지금까지 너희가 이루어 놓은 그 모든
역사요, 너희가 가진 재물이요, 그 모
두를 너희를 치료한다 하며 너희를 죽
게 해 그것을 약탈할 자처럼 의사를
보고 있음이니, 과연 그리하고서 어찌
병을 고칠 수 있단 말이던가?
28 너희들은 들어야 할 것이니라.
29 지금 이 병들고 썩은 세상에 그 의사
가 바로 나의 법전이요, 나의 새로운
성경이 내려가는 것임을 너희들은 알
아야 할 것이니라.
30 이 법전이 아니고는 너희들을 구원할
수 없음을 알아야 할 것이니라.
31 지금 너희들을 구원할 수 있는 것은
어떠한 약도, 어떠한 치료방법도, 어
떠한 형태로도 구원할 수 없음이니라.
32 너희들 스스로 구원할 수 있는 자질이
없으며, 치료하는 방법도 모르며, 자
신을 구제할 수 있는 그 길도 모르는
자들이 어찌하여 구원하는 그 의사의
치료를 받지 아니하며 그 의사의 처방
을 따르려 하지 아니하는가?
33 오로지 너희들에게는 죽음밖에 없음
이니라.
34 그리하여 나의 법전이 새로 내려보낸
의사니, 그를 보고 썩은 것을 도려내
며 병을 고쳐 치료하지 아니한다면 너
희들은 죽음이니, 그것이 바로 무엇이
더냐?
35 지옥 불로 가는 삶의 연장임을 잊지
말라.
36 어찌하여 천국에 올라오는 그 삶을 연
장할 수 있는 지상에서 천국의 삶을
살지 아니하며 지옥으로 가는 그 지옥
의 삶을 연장하는 그와 같은 길을 자
청하여 가고 있는 것인지, 나 여호와
도 너희들의 마음 자체를 알 수 없는
것이 인간 너희들이니라.

5,345 번째 하나님 말씀

2003년 3월 5일 14시 53분

1 사랑하는 나의 아들아!
2 "네, 아버님! 말씀하옵소서."
3 나로부터 선택된 너희들은 고통과 시
련의 훈련이 연속됨을 알아야 할 것이
니라.
4 나의 법전을 읽고 깨우쳐 선택된 백성
너희들은, 나의 법전을 접했으며 나의
아들이 전하는 나의 강론을 수없이 들
으며 깨달은 너희들은 과연 지금 몇
살 때 나의 아들로부터 강론을 들었으
며 나의 법전을 접하게 되었는가 각자
생각해 보라.
5 너희들은 30이요, 40이요, 50이요, 이
와 같은 길고 긴 세월을 살아오다가
나의 법전을 접했으며, 나의 아들을
만났으며,
6 나의 아들을 통하여 내가 내리는 그
강론을 듣고 지금 이 세상의 이치를
깨달아 가고 있지 않은가?
7 너희들은 이 세상에서 그 삶을 살아
오면서 내가 내려 주었던 그 순수한
마음이요, 아름답고 고운 마음은 너희
들에게서 멀리 감춰졌으며,
8 이 세상의 욕심이요, 욕망이요, 육의
향락을 위하여 짓고 지은 그 죄의 두
꺼움이 과연 너희들을 얼마나 깊이
감춰 놓은 것인가를 아는가?
9 그 죄악이라는 것이 너희들을 수십 겹
둘러싸고 있으며, 밖에서 그 장벽을
뚫고 사랑하는 원초적인 그 마음까지
가는 길은 아무도 그 장벽을 뚫을 수
없어, 나이 먹은 만큼 죄를 지은 것이
감싸고 있으며 그 장벽 속에 너희들이
있다는 그 사실을 아는가?
10 내가 내려 준 그 원초적인 아름다운
마음을, 너희들이 지금까지 30이요,
40이요, 50이요, 나이대로 살아오는
동안에 지은 그 죄의 장벽으로 그 아
름다운 마음은 세상에 빛을 보지 못하
고 그 두꺼운 장벽에 가려져 있음이니
라.
11 그것이 바로 너희들의 오늘의 형태임
을 알아야 할 것이니라.
12 여태껏 살아오면서 너희들이 짓고 지
은 그 두껍고 두꺼운 그 벽으로 인하
여 나에게 받아 나간 사랑하는 인간의
순수한 본질이요, 그 마음은 찾아볼
수 없을 만큼 그리 무너지고 갇혀 있
으니,
13 너희들의 삶에 의한 죄악의 그 장벽은
너무나도 벗기기 힘들고 어려운 그와
같은 형국이니라.
14 너희들이 지금 나이 먹은 만큼 살아오
면서 죄를 지은 그 장벽이 너무나도
두꺼워 그를 일순간에 다 지울 수 없
기에,
15 그저 내가 하나하나 깨우치며 하나를
벗겨 주며 또 너희들이 하나의 깨달음
을 얻어 또 하나를 벗겨 주는 이와 같
은 하나하나 벗는 그 길을 감이니,
16 너희들이 얼마나 힘들고 어려운 길을
가고 있는가?
17 그나마 다른 일반 백성이요, 나의 법
전을 접하지 않는 백성은 그 허물을
벗으려 해도 하나하나 벗을 수가 없느
니라.
18 다만, 나의 법전을 읽고 깨우친 너희

들이 선택된 자들이기에, 지금이라도
나의 법전을 읽고 하나의 아름다운 생
각을 할 때마다 나 여호와가 너희들에
게 그 원초적인 마음을 치고 있는 그
두껍고도 두꺼운 장벽의 허물을 하나
씩 하나씩 지금 벗겨 주는 것이 너희
들의 형국이니,
19 그 쌓여 있던 두꺼운 벽을 하나하나
떼어 낼 때마다 얼마나 고통과 시련이
깃드는지 너희들은 모를 것이니라.
20 그리하여 너희들이 오늘의 그 시련과
고통의 길을 감이니,
21 내가 다 벗겨 줄 때까지 계속 고통과
어려움의 길을 간다는 것을 너희들은
알아야 할 것이니라.
22 아직도 멀었음이니라.
23 너희들이 그를 다 벗기는 아직도 멀었
음이니라.
24 모두를 다 벗어 던져 버리기에는 아직
도 멀었음이니라.
25 너희들의 그 사악한 장벽들이 너희들
을 가렸으며, 내가 내린 순수한 천사
와 같은 그 마음은 숨을 쉬지 못하고
있음이니,
26 너희 가슴속에 있는 진실한 그 마음
의 싹을 태양을 향하여 자랄 수 있도
록 모든 장벽을 치우는 것은 어렵고도
힘든 것이니,
27 하나하나 치워 벗겨질 때마다 고통은
가중되며 고통이 수반하고 같이 감이
니, 너희들이 힘들고 어려운 것이니라.
28 그러니 너희들이 몇십 년 동안 살아오
며 지은 그 죄목을 하나하나 내가 그
장벽을 벗겨 줄 때까지 벗으려고 노력
한다는 그 자체가 얼마나 힘들고 어
려운 것이더냐?
29 그래서 너희들이 고통의 길을 가게 되
어 있음이니,
30 머지않아 결국 그는 다 벗겨질 것이
며, 너희들은 훨훨 나는 아름다운 새
가 되어 이 세상을 보는 날이 있을 것
이며,
31 그 나는 날개는 접히지 않을 것이며,
하늘의 나의 나라에 와 그 날개를 접
을 때, 그때가 접을 때임을 너희들은
알라.

5,346 번째 하나님 말씀

2003년 3월 5일 16시 20분

1 사랑하는 나의 아들아!
2 "네, 아버님! 말씀하옵소서."
3 나 여호와가 너의 마음을 잘 아느니라.
4 이 세상에 너희들이 말하는 이름 석
자만 대면 알 수 있는 자들이요, 지금
이름을 날리며 이름이 세상에 전해지
는 모든 종교 지도자요, 그와 같이 모
든 것이 갖춰진 사람들이 많이 있거늘,
5 어찌하여 너를 선택하여 네가 이와 같
은 고통의 길을 가도록 하는 것인지,
너 자신이 가면 갈수록 두렵고 무서워
하는 마음을 나 여호와는 알고 있음이
니라.
6 그러나 네가 선택되어 나의 이 역사를
이룸을 너 자신이 왜 선택되었는가 후
회하며, 또 네가 이 고통스러운 길을
가지 아니하며 참진리를 깨우치는 것
으로써 네가 그대로 지옥 불로 가지
아니하는 그와 같은 너의 구원의 길을
갈 수 있다면, 그것으로써 너 혼자 구

원받으며 너 혼자 가는 그것으로 충분
하겠다 생각하여,
7 가면 갈수록 고통스럽고 깨달음의 깊
이가 깊어지며 행함이 넓어지는 그것
을 두려워하고 네가 선택된 것을 지금
마음속으로 원망하고 있음을 나 여호
와는 아느니라.
8 네가 아무리 행복하다 생각하며 네가
아무리 이 길을 가는 것이 영광이라
생각해도, 네 마음속에는 너 자신이
이 길을 가는 것이 너무나 고통스럽고
힘드니 네 마음이 무거움을 나 여호와
는 아느니라.
9 그러나 너는 이 길을 가야 하며 누군
가는 행해야 할 것이니라.
10 많은 종교 지도자 그들은 또한 어찌하
는가?
11 저희들이 선택받지 못했으며 나에게
직접 성령을 듣지 못하며 하늘의 이치
요, 하늘의 진리요, 참진리의 가르침
을 저희들에게 내려 주지 아니한 것
을 그들은 원망하며 나 여호와에게 그
들의 아픈 마음을 전하는 것을 너는
알겠는가?
12 다 서로의 사정이 그러하며 더러 생각
하는 것이 다 그러하니라.
13 그러니 저에게 내려 주지 아니하였다
고 원망하는 자가 있는가 하면, 네가
이 길을 가는 것이 너무 힘들고 어렵
다 하여 도망가고자 하는 마음도 있느
니라.
14 그러니 더 받지 못했다 말하는 자, 받
아서 고통스럽다 말하는 자, 나를 접
하여 고통스럽다는 자, 나를 접하지
못하여 고통스럽다는 자, 그 누군가는
나의 뜻을 따라 이 세상에 전해야 함
을 알아야 할 것이니라.
15 그러니 내가 선택하는 것이 당연하며,
내가 쓸 수 있으며 모두를 역사할 수
있는 것을 선택하는 것은 나 여호와의
뜻이니라.
16 너는 할 수 있음이니라.
17 네가 이룰 수 있기에 내가 너를 선택
하였으며, 네가 해낼 수 있기에 내가
선택한 너이거늘,
18 어찌하여 너 자신을 과소평가하며 지
난날의 너의 삶에 대한 그 아픈 마음
을 아직도 떨쳐 버리지 못하고 네가
오늘의 이 길을 고통스럽고 힘들다 그
리 생각하는가?
19 누군가는 인간으로서 이 일을 해내야
하며 누군가는 인간으로서 나의 성령
을 받아 인간을 다스리는 그 책무를
해야 함이니라.
20 그러니 너는 나의 아들로서, 네가 선
택된 그 길을 너 자신이 두려워하며
불안해해서는 아니 될 것이니라.
21 너는 두려워하지 말라.
22 이 세상의 모두는 나의 뜻에 의해 계
획되지 아니한 것이 없으며,
23 과거, 현재, 미래의 그 모두는 다 나의
계획과 나의 뜻에 의해 흘러감이니,
24 모두는 내가 너에게 명한 대로 다 이
루어질 것이니라.
25 다만, 그 때와 시기가 필요하거늘, 어
찌하여 네가 그 적은 고통을 견디고
인내하지 못하여,
26 오늘날 대역사를 이루며 지금 60권이
넘게 법전을 기록하여 만백성을 구하
는 그 길에 서 있으면서도, 네가 이를

받은 것을 남에게 부끄럽게 생각하며
미안하게 생각하며 너는 자격이 없는
자라 그리 생각하는가?
27 너의 제자들에게 미안한 마음이요, 부
끄러운 마음을 갖고 있음이니,
28 그는 네가 바로 서고자 함이라는 것
을 알라.
29 너는 갈 수 있으며 해낼 수 있으며, 중
단할 수 없다는 것을 잊지 말라.
30 내가 너를 선택한 것이요, 네가 나를
선택함이 아니요,
31 내가 너를 아들이라 부르면 나의 아들
이요,
32 네가 나를 먼저 아버지라 부른 것이
아니니, 너는 내가 선택함이니, 정해
진 나의 아들임을 잊지 말라.
33 이제 네 마음을 편안히 하라.
34 그리고 두려워하지 말고 기다리라.
35 그리고 열심히 기도하고 경배하여 법
전을 만드는 데 최선을 다하라.
36 모두는 다 역사할 것이니라.
37 너는 알고 있지 아니하던가?
38 너는 그 모두를 다 알고 있음이니라.
39 너는 나 여호와가 너에게 내릴 때, 제
때에 그저 불붙듯이 바로 이루어지지
아니하는 것을 원망하나, 그리해 줬을
때 아무것도 이루어지는 것이 없음이
니라.
40 걷지 못하는 아이에게 짐을 지운들 그
아이가 일어서겠는가?
41 먹어서는 아니 되는 그 음식을 과식한
다 해서 하루아침에 아이들이 성장하
겠는가?
42 아니 됨이니라.
43 어린아이처럼 너를 다스려 나감이니,
44 네가 성장하는 그 세월은 필요한 것이
며 그 기간이 필요하거늘, 그를 참고
인내하기를 두려워하며 걱정하지 말
라.
45 네 제자들의 어려움과 고통을 도와주
지 못한다 하여 가슴 아파하지 말라.
46 그들은 그들이 다 가야 할 길이며 그
들 나름대로 역사할 길이 있음이니,
47 각자 내가 다스려 나감이니, 네가 불
안하게 생각하지 말며, 그들을 네가
가슴 아파하지 말라.
48 그들이 받을 때가 되면 다 내가 내려
줄 것이니,
49 너만 받고 너만이 영광된 날이요, 너
만이 보람된 삶이요, 고통스럽지 않은
삶을 사는 것을 네가 가슴 아파하나,
50 네가 그 길을 가지 아니하면 나의 법
전을 이룰 수 없기에 내가 너에게 작
은 은혜를 내려 줌이며,
51 모두는 나의 계획하에 감이니, 네가
오늘 좀 더 편안하다 하여 그를 괴로
워하지 말며 가슴 아파하지 말라.
52 너는 너에게 내려 주는 작은 은혜를
제자들에게 베풀어 주기를 바라나,
53 너의 제자들 또한 받을 만큼 올라오면
내가 그들에게 큰 상을 내릴 것이니,
54 너는 묵묵히 법전을 기록하여 전하는
데만 최선을 다하라.
55 그 이상 그 이하도 생각해서는 아니
됨이니, 인간으로서 네 생각을 하지
말라.

5,347 번째 하나님 말씀

2003년 3월 5일 16시 27분

1 사랑하는 나의 아들아!
2 "네, 아버님! 말씀하옵소서."
3 나 여호와가 나의 법전에 기록하여 너
희들에게 뭐라 전하였느냐?
4 내가 성경에 기록하여 너희들에게 먹
지 말라 한 음식이라 하여도, 그것을
너희들이 먹어서 병을 치료하며 생명
을 치료하는 약으로 사용된다면 너희
들이 그걸 먹어 치료하는 것이 당연하
다 하지 아니하였느냐?
5 죽어도 그것을 먹어서는 안 된다 가르
치는 종교 지도자, 그들은 나의 참진
리요, 나의 뜻이요, 내가 추구하는 것
을 모르며, 내가 성경에 기록한 그 비
유의 뜻을 알지 못하는 자들이니,
6 그와 같이 앞뒤가 막힌 자들 앞에, 변
화 없이 가는 자들 앞에 너희들이 어
찌 깨달음을 얻으며 나 여호와의 진리
를 알겠는가?
7 자연 속의 아름다움을 보지 아니한 자
가 자연의 아름다움을 본 것처럼 아무
리 제가 꾸며서 이야기를 한다 해도,
자연 속에 살다 온 사람을 능가할 수
는 없는 것이 인생사의 너희들 삶의
자세가 아니던가?
8 지금 너희들이 그와 같은 형국으로 나
의 피조물 만백성을 이끌어 감이니라.
9 한 생명을 구할 수 있는 그 약이라는
것을, 내가 성서에 기록하여 먹지 말
라 하였다 하여,
10 평소에 너희들이 함부로 먹지 말라 했
다 하여 그것을 약으로써 먹지 않아
죽어 가는 것을 그냥 놔둔다는 것은,
안식일에는 아무것도 하지 말라 하여
죽어 가는 것도 치료하지 않는 그와
같은 어리석고 우매한 자이니라.
11 나의 아들은 뭐라 말하였느냐?
12 나 여호와가 쉬지 않고 일을 함이니,
너희들이 안식일이라 말하는 그날도
일하는 것이며 다스리는 것이 당연하
다 그는 그리 말하였음이니라.
13 너희들이 그를 먹지 아니하고 치료하
지 아니하는 것이 위대한 믿음이라는
그런 말을 하지 말라.
14 그것은 너희들이 자연의 섭리를 모르
며 나의 깊은 뜻을 모르고 행하는 자
이니라.
15 나의 법전을 보고 깨우친 백성, 선택
된 나의 아들딸 너희들은 알아야 할
것이니라.
16 너희들이 잔칫집에 가서, '웃지 말라.'
내가 성경에 기록했다 해서, 그와 같
은 잔칫집에 다 같이 웃고 즐기는데
너희들만 인상을 쓰고 앉아 있는 것이
나의 법도를 지키는 것이 아님이니라.
17 너희들이 그와 같은 이치를 깨우치며,
나의 성경이요, 나의 법전을 읽을 때,
거기에 있는 비유의 깊은 뜻을 알아야
할 것이니라.
18 내가 '웃고 살라.' 하였다 하여 남의
부모가 죽어 슬픈 애도의 장소요, 그
집에 가서 '하하!'대며 웃고 즐긴다면
그것이 있을 수 있는 것인가?
19 이와 같은 이치를 깨우쳐야 너희들이
하늘에 오를 수 있는 나 여호와의 뜻
을 알며 내가 원하는 깊이를 앎이니라.
20 너희들은 비유의 뜻이요, 비유의 가르

침을 모르고, 그저 한 자를 빼도 안 되
고 더해도 안 된다 그 고집만을 피우
고 있음이니,
21 나의 법전이요, 나의 뜻이요, 내가 이
루고자 하는 것을 너희들이 어찌 알겠
는가?
22 이것이 지금 나의 피조물 만백성을 잘
못 이끌어 가는 길이니라.
23 나의 뜻이요, 비유요, 참진리요, 율법
이요, 십계명이요, 법전 이전에 세상
사에 지키고 살아야 하는 그 법도를
다 내려보냈거늘,
24 그것이 율법보다 앞에 있으며 먼저 있
다는 것을 깨달으라.
25 그를 보지 못하기에 너희들이 하늘에
오르는 그 뜻을 모르고 그저 다람쥐
쳇바퀴 돌듯이 성서에 기록된 대로 그
것만 안고 부르고 부르짖다 죽어 옴이
니,
26 바로 속 알맹이는 하나도 없는 겉껍데
기를 안고 뒹굴다 그저 죽어 오는 것
이 너희들임을 알아야 할 것이니라.
27 성경에 기록된 대로 살아가는 것은 당
연하나, 그것도 그때에 행하고 행하지
아니함이 있으며,
28 내가 어디에서 그와 같은 것을 가르쳤
으며, 어떠한 때 너희들에게 명한 것
인가 그것을 알고 깨닫는 그와 같은
깨달음이 있어야 할 것이니라.
29 내가 말한 장소요, 내가 한 이야기를
제대로 알아듣지 못함으로써 너무나
도 무서운 잘못된 믿음이요, 나의 백
성을 지옥으로 이끌어 감을 너희는 알
아야 할 것이니라.
30 세상사에 살아가는 그 이치도 거기에
있음이니라.
31 그 분위기에 따라, 말의 강약에 따라
서 그 내용이 다른 것이며 너희들이
말하는 대로 생각이 다르거늘,
32 그와 같은 내가 성경에 기록한 그 이
치의 뜻을 알았을 때, 내가 말한 진정
한 의미를 알게 됨이니,
33 너희들에게 이를 깨우치고자 내가 법
전을 내려보냄이니라.
34 너희들 인간의 머리요, 인간의 생각으
로써 성서를 알 수 없기에, 내가 하늘
의 진리요, 하늘의 법도요, 하늘의 교
과서를 법전이라 하여 내려보내니,
35 이를 정독하고 깨우치면 너희들은 모
든 뜻을 알게 될 것이며 그것을 알 것
이니라.
36 자연의 위대함을 모르고 사는 자가 위
대함을 아는 것처럼, 아무리 떠들어도
그 속에서 살다 온 자만큼은 알 수 없
음을 너희들은 알라.

5,348 번째 하나님 말씀

2003년 3월 5일 16시 33분

1 사랑하는 나의 아들아!
2 "네, 아버님! 말씀하옵소서."
3 나 여호와의 뜻은 모든 나의 성령으
로 지탱함이니라.
4 나 여호와의 뜻은 모두 나의 성령으로
지탱하며 너희들이 견뎌 갈 수 있음을
알아야 할 것이니라.
5 너희는 미워하는 자, 사랑하는 자, 또
한 그와 같은 모든 백성을 차별하지
말며 차등을 두지 않고 사는 것, 그와
같은 삶이 나의 뜻을 행하는 것임을

알며, 그와 같이 사는 자는 성령이 너
희들에게 임한다는 것을 알아야 할 것
이니라.
6 나 여호와의 모든 뜻은 나의 성령으로
써 모두를 지탱하며 유지된다는 것을
너희들은 잊어서는 아니 될 것이니라.
7 그러니 성령으로써 지탱하는 백성, 성
령으로써 나의 뜻에 의해 살아가는
백성, 너희들은 이 세상에 곱고 미운
자가 있어서는 아니 되며,
8 남의 슬픔과 남의 고통을 네 슬픔과
네 고통으로 알고 대신 더불어 같이
겪고 인내하며, 그리고 다시 참여하는
그와 같은 마음으로 살아가는 것이 바
로 성령으로써 임한 자들이 살아가는
형태임을 너희들은 알아야 할 것이니
라.
9 너희들에게 베푸는 자의 그 사랑의 마
음을 알며 살아간다면, 너희들은 나에
게 올 수 있는 그 길을 알게 됨이니라.
10 너희들이 서로 베풀고 나눔의 그 사랑
이요, 네 슬픔과 고통을 같이 나누고
사는 그와 같은 삶을 살아가는 자, 그
와 같은 백성은 곧 나에게 선택된 백
성이요, 나에게 오를 수 있는 그와 같
은 삶을 사는 백성이니,
11 하늘의 빛을 보고 그 빛을 따라오는
백성임을 너희들은 알아야 할 것이니
라.
12 그리하여 그 뜻과 그 길을 가라는 것
이 내가 전하고자 했던 나의 뜻이며,
13 나의 뜻을 나의 아들 예수를 통하여
너희들에게 전하도록 그리하였으며,
14 모든 슬픔과 고통을 같이 나누며 살며
모든 인간을 차등을 두지 아니하며 똑
같은 동등한 자격으로서 세상에 나와
산다는 것을 나의 아들을 통하여 너희
들에게 가르치고자 했으나,
15 나의 아들 예수를 그리 비참하게 죽게
하였음이니라.
16 참진리요, 참뜻을 가르치기에 그 길을
가지 못하는 자, 스스로 나의 아들 예
수의 그 가르침이 세상을 덮어 나갈
때 지탱할 수 없으며 그 문을 닫게 되
는 것은 기정사실이며, 그를 너무나
잘 알기 때문에 나의 아들 예수를 그
리 죽게 하였음이니라.
17 진실과 아름다움을 전하는 지도자는
적으로 만들며 그를 죽이고자 하며 이
세상에 견디지 못하게 하는 것이 너희
들이니, 그 사악한 행위를 다 어찌하
겠는가?
18 그리하여 진실한 진리요, 참진리요,
나의 뜻을 전하는 그와 같은 백성은
사악한 사탄이요, 악마라 그리하여 그
들을 죽게 하며, 그들이 세상에 진정
존재하지 못하도록 한 것이 여태껏 흘
러온 너희들의 형태이니라.
19 그리고 사악한 너희들의 행동임을 알
아야 할 것이니라.
20 진리를 가르치는 자 더 많이 가르치도
록 하며, 그 진리를 많은 백성에게 전
할 수 있도록 하는 그와 같은 역사를
이루며 그와 같은 길을 같이 가고자
노력하는 자, 그리고 진리를 전하는
자,
21 너희들이 더불어 그가 있음을 소중히
알며, 그와 더불어 인생을 나누며 만
백성을 구하는 그 지도자로서, 길잡이
로서 같이 가고자 하는 그와 같은 생

각을 하고 사는 것이 천사가 갖는 그
와 같은 마음이거늘,
22 너희들은 지금까지 흘러온 그 역사의
바탕이 무엇이던가?
23 나 여호와의 뜻을 전하는 자, 나 여호
와의 참진리를 전하는 자는 너희들이
그저 비참하고 처참하게 그 최후를 마
치게 했으며, 그들을 다 도륙 내는 그
와 같은 험악한 세상의 삶을 살아왔음
이니라.
24 그리하여 비참하게 죽어 간 그들은
다 사악한 자들로 하여금 그리되었으
며,
25 이 세상에 사악한 소리를 내며 전하는
자, 사악한 행위를 하는 자, 너희들은
더불어 같은 동족이라 어울려 사나,
26 너희들의 그 사악함을 탓하며 바로 세
우고자 하며 진리의 목소리를 전하는
자는 그와 같이 처참하고 비참한 최후
를 마치도록 그들을 다 그 고통 속에
죽게 한 것이 너희들의 행위였음이니
라.
27 그리하여 지금 내가 더 이상 이를 볼
수 없어, 마지막 시대, 새로운 시대를
열고자 새로운 성경으로써 나의 법전
이라 명하여,
28 너희들에게 다시 참진리를 깨우치며
하늘에 오르는 길을 가르치고자 하는
나의 아들이요, 나의 법전을 또한 너
희들이 가장 비참하고 처참한 방법으
로써 도륙 내려 하는 것이 지금 너희
들의 사악한 계획이요, 구상이니,
29 이를 내가 알고 있기에 그를 용서하지
아니할 것이니 그리 알라.

5,349 번째 하나님 말씀

2003년 3월 5일 16시 42분

1 사랑하는 나의 아들아!
2 "네, 아버님! 말씀하옵소서."
3 지금의 모든 믿음의 길을 가는 그 종
파들이요, 종교 지도자요, 신도라 하
여 울고불고 따르는 그 수많은 백성이
진정한 하늘에 오르는 길이 아니요,
4 알맹이 없는 그와 같은 믿음이요, 속
이 없는 빈 껍데기 뿐인 그와 같은 믿
음으로 가는 것이 너희들의 지금의 형
국임을 알라.
5 나 여호와가 이를 깨우쳐 주나, 너희
들은 이게 무슨 날벼락 같은 소리인가
하며, 사탄이요, 사악한 자가 지껄인
다 그리 말할 것이니라.
6 그러면서 너희들은 사탄도 나 여호와
와 똑같은 능력을 갖춘 자니, 사탄이
이 세상을 혼란케 한다며,
7 너희들이 가는 믿음이 잘못되었으며
그저 기복 신앙의 믿음이요,
8 알맹이 없는 빈 껍데기요, 깡통을 두
드리는 그와 같은 믿음으로 가고 있다
는 그와 같은 걸 인정하지 아니하며,
자신을 들여다보지 아니하는 것이 너
희들이니라.
9 나 여호와가 말을 했든, 사탄이 말을
했든, 악마가 말을 했든, 너희들이 빈
깡통이요, 알맹이 없는 믿음을 간다는
것을 한번 들여다보도록 그리해야 할
것이니라.
10 너희는 말로만 다 하고 행동으로 하지
아니하기 때문에, 너희들이 바로 빈
깡통이요, 껍데기요, 속이 없는 믿음

으로 가는 것이 너희들이라는 것이니
라.
11 너희들이 과연 말로 하는 것과 육으로
행하는 것이 얼마나 일치되며 어찌 가
는가를 한번 돌이켜 보라.
12 아무것도 남는 것이 없는 것이 발로써
가는 믿음이요,
13 아무것도 얻어지는 것이 없으며 아무
것도 이루어진 것이 없는 것이 너희들
의 믿음이요, 지금 가는 길이라는 것
을 너희들은 알아야 할 것이니라.
14 기도하며 광란의 찬송을 부르며 너희
들이 또한 이 세상에서 가장 아름다운
말을 다 붙어 찬송하며 울고불고하며
부르짖으나,
15 너희들은 그 모두가 다 나의 아들 예
수를 구세주라 찬양하고 '주여!' 하며,
찬송하며, 그를 위하여 영광의 주라
소리 지르고 악을 쓰는 그것으로써 진
정한 믿음의 길이요, 참진리의 길을
간다 생각하지 말라.
16 그 모두는 나와 아무런 관계도 없는
그와 같은 길을 감이니라.
17 예수가 이루고자 했으며 예수가 행했
던 그 믿음이요, 그가 지키려 했던 그
것을 보라.
18 그것만이 그리 행하고 사는 것이 진정
한 믿음이요, 속이 비지 아니하고 알
찬 믿음을 가는 것임을 너희들은 알아
야 할 것이니라.
19 모두를 다 나에게 드리며 나에게 바치
는 그와 같은 믿음의 길을 간다고 생
각하나,
20 너희들은 무엇 하나를 나에게 바치고
나에게 던질 수 있는가?
21 너희들의 모든 몸과 마음을 다 바쳐
나를 따르며 나를 경배하며 나에게 오
르고자 생각한다면, 너희들은 내가 내
린 십계명부터 지키도록 그리하라.
22 내가 내린 그 십계명 하나도 지키지
못하는 자들이, 모두를 다 나에게 바
치며 나에게 영광이요, 축복을 돌린다
는 그와 같은 말을 두 번 다시 하지 말
라.
23 그렇지 아니하는 자, 그와 같이 십계
명을 지킬 수 있으며 모두를 다 바친
다 말하는 자, 그 십계명을 지키고 살
고자 지킬 수 있다는 자가 모두를 나
에게 바칠 수 있는 자이니라.
24 그와 같이 바칠 수도 없는 자들이, 십
계명 안에 내가 명한 율법도 지키지
못하는 자들이 나에게 모두를 다 바쳐
나에게 오르겠다 말하는 그와 같은 자,
25 너희들이 바로 속이 없는 껍데기만 갖
고 구원이라 부르짖는 것이며 울부짖
는 것이니,
26 그와 같은 믿음으로써 너희들은 구원
을 받을 수 없으며 나에게 오를 수 없
음이니라.
27 너희들이 정녕 구원을 받고자 한다면
예수의 아름다움이요, 예수가 살아가
고자 했던 것, 그가 사랑하고자 했던
것, 그 숭고한 마음을 너희 것으로 만
들어 깨달음을 얻도록 하라.
28 그저 나의 아들 예수의 이름을 부르
며, 예수의 이름을 그저 높이 만들어
놓고, '주여, 주여! 창조주여!' 하며,
'영광의 주'라 너희가 노래 부르며 광
란의 소리를 지른다 해서 구원을 받는
것이 아니니, 착각하지 말라.

29 절대로 너희들은 구원을 받을 수 없느
니라.
30 구원을 받을 수 없거늘, 그와 같은 착
각 속에서 구원을 받는다 울부짖는 어
리석은 행위를 하지 말라.

5,350 번째 하나님 말씀

2003년 3월 5일 21시 54분

1 사랑하는 나의 아들아!
2 "네, 아버님! 말씀하옵소서."
3 너의 제자들에게 깊이 깨우치라 그리
전하라.
4 너희들이 인간사 살아가면서 사악한
짓, 죄를 짓고 스스로 나에게 용서를
빌며 나의 아들 예수의 이름을 부르면
서 용서를 비는 그와 같은 행위를 하
지 말라.
5 너희가 죄를 지었으면 그 대가를 치르
며,
6 너희로 하여금 피해를 당한 자, 너희
로부터 인격을 손상당한 자, 그와 같
은 자에게 직접 용서를 빌고, 먼저 거
기에서 답을 얻으라 그리하지 아니하
였던가?
7 세상사 살아가면서 손바닥이 마주쳤
을 때 소리가 나는 것이요, 마주치지
않을 때 소리가 나지 않는다는 간단한
이치를 모르느니라.
8 너희들은 그와 같이 절대로 서로 마찰
이 되어 소리가 나서는 안 되는 것이
나의 법전을 읽고 가는 백성이니라.
9 어떠한 일이 있어도 지금까지 나의 법
전을 읽었으며 이 경지에 오른 너희들
이 아직도 손바닥이 마주치는 그와 같
은 행위를 해서는 정녕 깨달음의 길을
갈 수 없다는 것을 잊어서는 아니 됨
이니라.
10 그리고 지금 모든 종교 집단이 구원을
받았다 하며 구원을 위해서 몸부림치
고 소리 지르니,
11 그러니 그들의 믿음이 잘못됐다는 것
을 만백성에게 깨우쳐 줘야 할 것이니
라.
12 너희들은 마지막 죽어 가는 그 순간에
구원을 받고 못 받는 그 마지막의 순
간만을 바라보고 그 순간만을 생각하
면서 믿음의 길을 가고 있으니, 모든
종교 집단들이 잘못됐다 하는 것이니
라.
13 너희들이 죽어 나에게 와 심판을 받
는 그 순간까지 살아온 그 과정이 가
장 소중한 것이며,
14 그 과정에 의해 결과가 나오는 것이
니, 거기에서 너희들이 구원을 받고
못 받는 것이지,
15 삶을 어찌 사느냐 거기에 초점을 두는
것이 아니요, 그저 구원받는 거기에만
초점을 두고 몸부림을 침이니, 이게
너희가 잘못된 것이니라.
16 남녀가 만나 결혼해 한 가정을 이루는
것도 결혼식장에 서는 것은 단 몇 분
도 안 되며 그 결혼식은 식으로써 끝
나는 것이니라.
17 그러나 결혼식을 하기 전에 서로의 가
정을 파악하며 서로 인격을 파악해 보
며 서로 그 인성을 파악해 보며, 서로
점검하고 점검하는 그 과정까지가 얼
마나 중요한 것인가를 너희들은 알아
야 할 것이니라.

18 그를 잘못 분석하고 잘못 따졌으며 잘
못 알았을 때, 너희들은 결혼식이라는
것을 치름으로써 불행이 거기서부터
시작됨이니라.
19 그러니 너희들이 결혼이라는 그 결혼
식장에서 예식을 마치는 그 순간을 위
해서 사람을 사귀며 결혼을 한다면 얼
마나 어리석고 불쌍한 백성인가?
20 너희들이 결혼이라는 그 결론에 가기
전까지 완벽하게 두드려 보며 점검해
보며 완벽하다고 생각할 때 결혼이라
는 그 목적을 달성했을 때, 너희들의
인생의 삶이 거기서부터 뒤바뀌는 그
와 같은 결과가 나오느니라.
21 그리고 거기서 미리 점검함이 무엇이
던가?
22 너희들이 죽을 때까지 살아가는 동안
에 얼마나 아름답게 살고 못 사느냐,
인간적인 대우요, 인간적인 가정을 꾸
리며 살고 못 사는 것 또한 시작한 그
이후에 역사함이니,
23 지금 믿음의 길을 가는 그와 같은 백
성이요, 수천 년 동안 흘러오는 그 종
교 집단이요, 종교 지도자들이 결혼식
장에 서는 그것만을 위하여 지금 믿음
의 길을 달려가는 어리석은 백성이니
라.
24 너희들은 결혼식장에 서기 전까지 살
아가는 그 과정을 모르며, 결혼식이
끝난 다음에 죽을 때까지 살아가는 그
인생의 삶이 얼마나 중요한가를 모르
니, 결혼식장에 서기 전까지의 그 과
정이 아주 중요한 것이니라.
25 여기서 너희들은 나의 아들을 통하여
전하는 그 뜻을 알 것이니라.
26 너희들이 구원을 받고 못 받는 것은 1
분도 1초도 안 되는 그 죽음의 순간에
지옥과 천국이 결정되어 그 구원이라
는 것, 그리고 지옥으로 벌 받는 것,
그를 위해서 너희들이 믿음의 길을 가
서는 아니 된다는 그 의미를 내가 지
금 결혼을 예를 들어 너희들에게 깊이
깨우쳐 주었음이니, 이와 같은 의미를
깊이 깨달아야 할 것을 잊지 말라.
27 그러나 지금 모든 종교 지도자요, 종
교 집단이 가르치는 것을 모르며 껍데
기만 가지고 있으며, 속이 차 있지 않
은 그와 같은 믿음으로 간다는 것이
그것이니라.
28 단 1초도 안 되는 그 죽음의 고비를
위하여 그 구원을 받으려고 너희들이
몸부림을 치는 것이지,
29 죽음에 대비하는 그 중요한 과정인 삶
은 무시하며 그것을 소홀히 하고 사는
것이니라.
30 그리하여 너희들이 죽은 다음에 나에
게 올 수 없다는 것이며, 지옥으로 간
다는 그 무섭고 무서운 그 현실을 너
희들은 알아야 할 것이니라.
31 그것을 모르고 믿음의 길을 가는 백
성, 그리하여 지옥으로 가는 것이며
나의 아들딸로서 나에게 오는 진실한
믿음의 길을 가는 것이 아니라는 것
을, 내가 오늘 너희들에게 너무나 중
요하고 소중하기에 다시 한 번 여기
에 기록하여 전함이니,
32 나의 법전을 읽고 깨우쳐 내가 전하는
그 뜻이요, 내가 너희들에게 역사하는
것을 알아 실천하도록 그리하라.
33 너희들은 목적이요, 그 순간의 그것을

위해 사는 것이 아니요,
34 그를 위해 살아가는 과정이 중요하며,
그 후에 이루어지는 그 역사요, 영원
히 사는 삶이 얼마나 소중한가를 가슴
깊이 새기도록 그리하라.

5,351 번째 하나님 말씀

2003년 3월 5일 22시 01분

1 사랑하는 나의 아들아!
2 "네, 아버님! 말씀하옵소서."
3 너를 따르는 선택된 제자들이요, 나의
법전을 읽고 깨우친 만백성, 그리고
나의 법전을 가지고 만백성을 구원하
고자 나의 강론을 직접 들으며 밤과
낮을 가리지 아니하고 이 법전이 세상
을 덮는 그를 위해 노력하는 너희들이,
4 어찌하여 부족하고 남들과 같이 특출
하지도 못한 너희들이 선택되었는가
하는 것을 스스로 불안해하며 두려워
하는 그와 같은 마음을 갖지 말라.
5 두려워하지 말며 부족하다 하여 걱정
하지 말 것이니라.
6 나 여호와는 파괴된 것이며 부서지고
다 깨진 것이요, 인간으로서 고칠 수
없으며 원상태로 회복할 수 없는 그
모두를 나 여호와만이 원상태로 회복
할 수 있으며,
7 나 여호와만이 그와 같이 만들어 놓을
수 있음을 너희들은 알아야 할 것이니
라.
8 너희들이 폐인이라 생각하며 인간으
로서 도리를 다하지 못하는 그와 같이
손가락질 받으며 저주받는 사람이라
하더라도,
9 마약 중독자요, 알코올 중독자요, 폐
인이 된 그와 같은 백성이라도 나 여
호와가 쓰고자 한다면 그를 단 몇 초
만에 정상적인 그보다도 더한 사람으
로 만들 수 있는 것이 나 여호와의 능
력이라는 것을 너희들은 믿어야 할 것
이니라.
10 그리하여 나 여호와는 완벽한 사람이
요, 모든 것이 갖추어진 그와 같은 백
성을 쓰고 그들에게 나의 임무를 부여
하는 것임이 아님을 알라.
11 나 여호와는 내가 부릴 수 있으며 내
가 다스릴 수 있기 때문에 어떠한 부
족한 자라도, 학문의 길을 가지 않은
자, 지식이 없는 자라도 최고의 학문
을 다스리며 지식인이라는 사람보다
도 더 유능하고 훌륭한 지도자로 쓸
수 있음을 너희들은 알아야 할 것이니
라.
12 그러니 내가 선택하여 쓰는 자들은 너
희들이 부족하다 말하는 백성이요, 그
리고 다듬어지지 아니하였다는 백성
이요, 도무지 사람의 구실을 할 수 없
다는 그와 같은 백성을 고난 속에 훈
련하여 그들을 선택해 쓰고 있음을 너
희들은 알아야 할 것이니라.
13 나는 부족한 백성을 쓰며 다듬어지지
않는 백성을 선택하여 그들로 하여금
대명을 이루게 하는 것이 나 여호와의
뜻이니,
14 오늘의 선택된 자로서 부족하며 가진
것이 없으며 역사할 수 있는 능력이
없으며 남들보다 뒤진다 하여 두려워
하지 말며 걱정하지 말라.
15 너희들이 부족하고 모자란다 생각해

도 나 여호와가 너희들을 평가하는 그
기준은 다른 것이며, 인간 세상에서
너희들이 평가하는 그와 같은 것과는
다름을 알라.
16 아무리 인간 세상에서 부족하고 모자
라는 사람이라 해도 나 여호와가 평가
하는 기준은 인간이 평가하는 기준과
다름이니,
17 내가 너희들을 쓰며 내가 너희들을 선
택했다는 것을 잊지 말라.
18 내가 쓰고자 하면 그는 이 세상의 어
느 지도자도 그를 따를 수 없는 유능
한 지도자로서 그 길을 갈 수 있도록
내가 길을 열어 주는 것이니, 너희들
은 두려워하지 말라.
19 부족하고 부적격하다 생각하는 그와
같은 백성을 내가 쓰고 있음을 너희들
은 알아야 할 것이니라.
20 그리하여 너희들이 구약과 신약의 그
많은 세월 속에서도 너희들이 항상 부
족한 자, 그리고 어렵고 힘든 자, 고난
의 길을 가는 자, 그와 같은 백성을 내
가 그들을 불러 썼음을 너희들은 기
억하여야 할 것이니 그리 알라.
21 너희들이 부족함이 없음이니라.

5,352 번째 하나님 말씀

2003년 3월 6일 06시 28분

1 사랑하는 나의 아들아!
2 "네, 아버님! 말씀하옵소서."
3 인간 세상에 살아가면서 가장 소중한
것들이 네 주변에 있을 때 그를 소중
하다 느끼고 깨닫는 사람이 과연 얼마
나 알고 사는가?
4 그것이 소중하다는 것을 알고 깨우치
는 사람, 그 사람이야말로 현명한 자
임을 너희들은 알아야 할 것이니라.
5 너희들이 인간 세상에 살면서 가장 갈
구하고 소원하는 것은 육의 삶이 끝나
고 너희들이 심판을 받을 때 나의 나
라요, 천국에 올라와 영원히 사는 새
로 태어나 그 생명의 삶을 위하여 너
희들은 그리도 갈구하고 원하느니라.
6 그러니 그 길을 내가 뭐라 말하였느냐?
7 육의 삶이 얼마나 아름다우며 육의
삶을 너희들이 어떻게 살았느냐 그 과
정에 따라 구원을 받고 못 받는다 그
리하였느니라.
8 그러나 여기서 많은 종교 지도자들이
말하기를 믿음이라는 그 자체로써 구
원을 받는 것이지, 육의 행동으로써
구원을 받고 못 받는 것이 아니요, 육
과 영혼은 세세히 구분되어 있다 그리
가르침이니,
9 그 말을 믿고 따르는 자들이 욕심에서
얼마나 어리석은 짓을 하고 있는지 알
아야 할 것이니라.
10 너희들은 여기서 내가 성서를 해석하
며 모든 나의 뜻을 따라 행할 때는 너
희들이 불리한 쪽으로 해석하며 어려
운 쪽의 길을 선택해서 가는 것이 나
의 뜻이요, 내가 원하는 진리를 알 수
있다 그리 가르치지 아니하였던가?
11 너희들은 믿음을 가는 것으로써 너희
들의 손으로 지은 성전에 가서 그저
기분 좋은 찬송을 부르며 그리고 금화
와 은화를 몇 닢 넣는 것으로써 용서
를 받았다 생각하는 것은 가장 편안한
생각이며 안일한 생각이니라.

12 그러나 육의 행동이 너희들이 얼마나 아름다운 삶을 살아야 하는가?
13 그리하여 그것으로써 구원을 받는다 그리 가르침이니, 너희들은 행동을 바르게 하는 것이 너희들 자신이 고치고 바로 서는 것보다도 더 힘드니, 너희들은 그 길을 선택하지 아니함이니라.
14 그러나 여기서 너희들이 둘을 놓고 생각해 봐야 할 것이니라.
15 너희들이 믿음이라는 그 길을 가는 것도 좋으나, 그 속에서 사랑을 베풀며 나누고 살며 진정한 진리를 위해 아름다운 모습으로 살아간다면 그것보다 더 좋은 것이 있겠는가?
16 너희들은 둘 다 그리 지키고 살아야 한다는 생각은 어찌하지 못하며,
17 그저 육은 둘째 문제요, 믿음만 가면 된다, 너희 손으로 지은 성전에 와 기도하면 구원을 받는다 그리 가르치는가?
18 그것으로 너희들이 평생 바치는 시간이 구원의 길이 아니요, 지옥으로 가는 길이니라.
19 너희들이 분석을 해 봐도 어떤 것이 옳고 그른지 알만한 지혜를 다 주었거늘, 어찌하여 너희들이 그리 좋은 쪽으로만, 편리한 쪽으로만 생각하는가?
20 이것이 너희들이 오늘날 잘못되었음이니라.
21 잘못되었어도 너무 잘못되었음이니라.
22 그리하여 그를 바로잡고 바로 깨우쳐 주고자 내가 나의 새로운 성경이요, 나의 법전을 내려보내어 이와 같은 내용을 수없이 전하고 전함이니,
23 160권 속에 전하고 또 전하고 기록하는 이유는 이것이 가장 소중한 대목이기 때문이니라.
24 바로 깨우치라.
25 과연 어떠한 것이 하늘에 오르는 길인가?
26 너희들이 육의 삶을 한 점의 부끄럼이 없이 사는 그 삶을 위하여 최선의 노력을 다하는 것만이 너희들이 구원에 오르는 길임을 잊지 말라.
27 그러니 너희들의 손으로 지은 성전에 가 기도하고 안 하고는 관계가 없느니라.
28 너희들은 성령으로써 나로부터 선택된 백성이니라.
29 여기서 너희들이 깨우쳐 주라.
30 사악한 종교 지도자들이 너희들이 성전에 오는 것이 구원을 받는 것이라 그리 못을 박아 가르치는 것은, 그리 말하지 않으면 저희들이 지은 성전에 가서 저희들이 하는 설교를 듣지 않을 것이며,
31 그리되면 나의 백성이 재물을 바치지 않을 것이며, 저희들처럼 종과 같은 행위를 안 하기 때문에,
32 사람을 모아 놓고 재물을 거둬들이고 종과 같이 부려 먹으려고 저희들의 손으로 지은 성전에 와서 제 설교를 듣지 아니하면 구원을 받지 못한다 그리 말하나, 이건 잘못된 것이니라.
33 성전이라는 곳에 가 행함을 하는 것이 너희들은 무언가 다르다고 생각하나, 믿음이라는 것은 성전에 가지 아니하여도 너희들이 행함을 바르게 하는 것과 똑같은 것이니라.

34 그러니 너희들이 바로 행하고 사는 삶
을 살라.
35 나의 성령으로부터 세상에 태어난 나
의 아들딸이니라.
36 그러니 너희들은 똑같은 권리요, 똑같
은 대우요, 똑같은 사랑을 나로부터
받을 자격이 있기 때문에, 이미 너희
들은 믿음이요, 성령이 충만되어 있는
자이니라.
37 그러니 행함만 하라.
38 행하는 것을 아름답게 하면 되는 것
을, 너희들이 살면서 행함을 잘하며
도덕적으로 부끄럽지 아니하며 질서
를 파괴하지 않는 삶을 사는 것이 하
늘에 오르는 길이요,
39 이웃을 사랑하며 형제지간에 사랑하
며 부모에게 효도하며 사는 것이 하늘
에 오르는 길이라 그리 가르치는 종교
지도자는 최고의 지도자이니라.
40 그리 살아가도록 하면 너희들이 나에
게 오를 수 있음이니라.
41 작은 사랑도 실천하지도 못하면서 큰
사랑인 나 여호와를 사랑한다는 것은
말이 되지 아니함이니,
42 이제 만백성 너희들은 들으라.
43 너희 손으로 지은 성전에 와 찬송하고
소리를 질러야 구원받는다는 소리는,
너희들을 모아 너희들에게 재물을 거
둬들이려고 사악한 사기극을 벌이는
것이니 거기에 현혹되지 말며,
44 다락방에서 기도하라 했듯이 너희들
이 조용히 하루의 삶을 반성하고 회개
하며, 도덕적으로 사회적으로 아름답
게 살아가는 것, 남에게 누를 끼치지
아니하고 살아가는 그것이 무엇이더
냐?
45 내가 율법이요, 십계명이요, 신약이
요, 지금 법전을 내려보내기 전에 먼
저 위대한 그 뿌리의 진리를 내려보낸
것이니라.
46 그리 지키고 살면 구원을 받는 것을
알라.

5,353 번째 하나님 말씀

2003년 3월 6일 06시 33분

1 사랑하는 나의 아들아!
2 "네, 아버님! 말씀하옵소서."
3 너희가 구원이요, 정녕 나에게 오르고
자 한다면 이 세상에 존재하는 모든
동식물이요, 인간 너희들은 다 하나
요, 한 형제라 그와 같이 생각하는 마
음을 가져야 할 것이니라.
4 그리하여 너희들은 서로 연결되지 아
니한 것이 없으며, 연결 고리의 하나
로써 다 연결하여 존재함을 너희들은
알고 깨우쳐야 할 것이니라.
5 그러기에 이 종교가 어떻고, 종파가
어떤 것이며, 어떠한 인생의 삶이요,
어떠한 형태로 가느냐 하는 그와 같이
갑론을박하는 그 모두가 인간의 생명
을 존중하는 것보다 그 위에 먼저 있
지 아니함을 너희들은 알아야 할 것이
니라.
6 내가 세상에 모든 생명을 주었으면 그
는 곧 내가 너희들에게 성령을 심어
주었음이니, 너희들은 다 성령으로써
태어난 소중한 나의 아들딸이니,
7 너희들이 종파가 무엇이며, 믿음이 어
떠하며, 사악한 짓을 한다 너희들이

말하는 그 이단이라는 자, 그리고 무
당이요, 굿하는 자, 춤을 추는 자, 그
리고 남들의 점을 봐 주는 점술가요,
예언하는 자요, 그 모두가 다 어떠한
행위를 하든 그 행위가 중요한 것이
아니라,
8 그들의 생명이 존재한다는 것, 나로부
터 생명을 받아나가 내가 만든 세상
에, 이 성전에서 존재한다는 그것이
더 중요하다는 생각과 더 위대하다는
생각을 하는 그런 마음을 갖고 살아야
할 것이니라.
9 그보다 더 위대한 것이 너희들이 믿음
을 가는 것, 그리고 어떠한 믿음이요,
어떠한 종파에 속해서 살아가느냐 하
는 것이 중요하다 그리 생각하는 믿음
은 너희들의 고집이요, 아집이요, 우
월주의에 빠진 자들의 헛소리임을 알
아야 할 것이니라.
10 그보다도 더 소중한 것은 생명체를 가
진 것, 나에게서 성령의 생명체를 가
지고 나간 것이 더 위대하고 소중하고
귀하며, 그보다도 더 존귀한 것이 없
다는 것을 너희들은 알라.
11 나 여호와를 향하여 하나가 되는 그
길을 보라.
12 나를 향하여 너희들이 모두 하나 되어
달려올 수 있는 그 길을 보라.
13 창조주가 존재하며, 창조주의 뜻이 무
엇이며, 내가 원하는 질서가 무엇이
며, 내가 너희들을 어찌하고자 하는
것인가를 보고 깨달아 모두가 다 하나
가 되어 하늘을 향하여 한 길을 향하
여 너희들이 달려오는 그와 같은 선택
의 길을 행하도록 그리하라.
14 모든 백성은 이제 종파요, 어떠한 집
단이요, 이러한 것을 따지지 말라.
15 나 여호와의 뜻이 무엇인가를 알고 나
여호와가 무엇을 원하는가를 알아 내
가 의도하는 것을 깨달아,
16 진리는 하나이니, 그 진리의 뜻을 보
고 살아가는 너희들이 되도록 그리하
라.
17 이제는 너희들 모두가 옷을 벗어 던질
때가 되었음이니라.
18 지금 내가 새로운 성경이요, 새로운
법전을 내려 너희들을 심판하는 역사
를 시작하였으며 심판을 하는 지금,
19 아직도 너희들이 걸친 옷에 대해 연연
하며 그 옷의 색깔에 대해 연연하는
그와 같은 어리석은 믿음의 길을 가지
말라, 사랑하는 나의 아들딸들아!

5,354 번째 하나님 말씀

2003년 3월 6일 09시 07분

1 사랑하는 나의 아들아!
2 "네, 아버님! 말씀하옵소서."
3 높은 지혜를 가지고 있으며 생각의 그
깊이가 끝이 없는 나의 사랑하는 백
성 너희들이 살아가는 생활이 어떠하
던가?
4 너희들은 살아가면서 한 가지 선한 일
을 한 것으로 세상에서 지은 죄를 다
용서받는 것처럼, 그리고 위대한 역사
를 한 것처럼 그리 생각하고 사는 것
이 너희들의 마음이니라.
5 돌이켜 생각해 보라.
6 너희들이 과연 얼마나 많은 죄를 짓
고 살아왔는가?

7 너희가 짓고 살아온 그 죄는 모르면서
조그마한 선행을 했을 때 그것을 자랑
으로 생각하며 만백성에게 보여 주고
자 하며, 그것으로써 선한 사람인 것
처럼, 그리고 죄를 용서받은 것처럼
너희들이 그리 살아감이니,
8 그것이 얼마나 어리석은 삶을 사는
것이던가?
9 너희들은 천 가지를 잘못하고 한 가지
잘한 것을 생색을 내고 싶어하니, 그
런 마음으로 사는 것은 나의 백성이
살아가는 길이 아니니라.
10 이제 나를 따르는 제자들이요, 내가
사랑하는 나의 아들딸 너희들은 나 여
호와의 참진리요, 율법에 있는 나의
가르침을 듣는 것이니, 명심하여 배우
도록 그리하라.
11 너희들이 하나의 선한 일을 해서 그것
을 자랑하고 싶다면, 악한 일을 먼저
남에게 보여 주는 그와 같은 마음의
자세를 가지며,
12 악한 일을 한 것을 자랑처럼 내보여
자기 자신의 부끄러움을 당당히 이야
기할 수 있는 것처럼, 네가 잘못한 것
을 남들에게 말하며 용서받을 수 있
는 그와 같은 마음을 가져라.
13 너희들이 잘못한 것은 추하고 더럽고
부끄러워 남에게 내놓고 얘기하지 못
하면서, 조금 선한 것 하나 했다고 지
금까지 지은 죄를 다 용서받은 것처
럼, 그리고 남들이 못 하는 일을 한 것
처럼 그리 어리석은 삶을 사느니라.
14 내가 성서에 기록하지 아니하고 또 율
법에 기록하기 전에, 내가 너희들에게
가르친 것이 있느니라.
15 병이라는 것은 남에게 자랑하여 그 병
을 고칠 수 있으며, 혼자 웅크리고 앉
아 있으면 고칠 수 없다 하였음이니,
16 그는 많은 것을 내놓음으로 인하여 아
는 사람으로부터 치료를 받을 수 있다
는 그 뜻을 모르는가?
17 너희들이 잘못 산 것, 자신이 실수한
것을 남에게 이야기하며 네가 이렇게
실수하는 사람이라 말할 수 있어야,
18 많은 사람들이 '그와 같이 실수할 때
는 이와 같은 마음을 갖고 견디는 것
이 좋다'라고 가르치는 선생을 만날
것이니,
19 남에게 내놓을 수 없는 추하고 부끄러
운 그와 같은 것을 남들에게 내놓아
보일 수 있는 그것을 선행한 것처럼
자랑할 수 있는 그와 같은 마음의 자
세로 살아가야 함을 잊지 말라.
20 이와 같이 나 여호와가 나의 아들을
통하여 나의 성경에 기록하여 너희들
에게 전하거늘,
21 그를 행하지 아니한다면 하늘의 보화
같은 나의 성령이요, 너희들이 말하는
창조주의 말씀이라 해도 그게 다 하나
의 휴짓조각이요, 아무런 가치가 없는
것이 아니던가?
22 너희들은 알아야 할 것이니라.
23 너희들은 남에게 죄를 짓고 용서받고
자 하며 열 번, 백 번이라도 남에게 잘
못한 것을 용서해 주기를 바라며 너그
러운 사랑으로 베풀어 주기를 바라는
것이니라.
24 그러나 너희들은 용서하지 못함이니
라.
25 그러니 용서하는 그것도 끝이 없다는

것을 알아야 할 것이니라.
26 일찍이 성서에 기록하여 전한 것을 알
것이니라.
27 예수에게 그 제자가 남의 잘못을 얼마
만큼 용서해야 용서하는 것인가 그리
물었느니라.
28 '일곱 번 정도로 용서하면 될 것입니
까?' 물었을 때, 나의 아들 예수가 뭐
라고 했느냐?
29 일곱 번을 일흔 번까지라도 네가 용서
를 해 줘도 된다 하였음이니, 그건 무
엇이던가?
30 그것을 곱하기 셈을 하면 500여 회가
될 것이니라.
31 그러니 500여 회나 되는 것을 세면서
그 사람을 용서할 수 있겠는가?
32 너희들은 그 사람이 너에게 잘못한 것
을 500번까지 세 놓지도 못하며 기록
도 못 할 것이니,
33 끝까지 영원히 용서하는 마음을 갖고
살라는 나의 아들 예수가 너희들에게
전한 그 뜻을 깊이 음미하라.
34 용서는 끝이 없음이니라.
35 너희들이 나에게 올라오는 그 길이 끝
이 보이지 않으며 끝이 없듯이, 사랑
하는 마음이요, 용서하는 마음, 남을
너그럽게 이해하는 마음은 끝이 없느
니라.
36 열 번을 잘해도 한 번 잘못해서 화를
내는 자, 백 번을 잘해도 한 번을 잘못
할 때 용서하지 못하는 자, 그리고 흥
분하는 자, 광분하는 자, 그리고 그를
탓하고 욕하는 자, 그와 같은 마음을
가지고 사는 것은 인간의 도리가 아니
니,
37 제발, 제발! 너희들은 들으라.
38 나의 아들을 따르는 제자들이요, 나의
법전을 읽고 깨우친 백성 너희들은 나
여호와가 나의 가슴을 모두 태워서 조
심스럽게 내려보내는 나의 법전에 전
하는 내용을 듣고 그대로 행하고 실천
하여,
39 하늘에 오르는 길에서 낙오자가 되지
말도록 그리하라, 사랑하는 나의 아들
딸들아!

5,355 번째 하나님 말씀

2003년 3월 6일 09시 14분

1 사랑하는 나의 아들아!
2 "네, 아버님! 말씀하옵소서."
3 너희들이 말로써 가는 믿음의 길이요,
말로써 수다를 떨고 울부짖는 것은 나
와 관계가 없으며, 행함이 중요하다
그리 말하였음이니라.
4 너희들이 인간 세상에 살아가면서 그
런 말이 있지 않은가?
5 '남으로부터 높은 대우를 받고자 하면
가장 낮은 자가 돼라.' 내가 일찍이 성
서에 기록하여 전하였음이니, 그 뜻이
과연 무엇이던가?
6 낮은 자가 되려면 모두를 참아야 하
며, 모두를 행동으로써 옮겨야 하지
않은가?
7 그러한 것을 기록하여, 행함이 얼마나
중요한가를 내가 성경에 수없이 기록
해 놓았건만, 너희들은 그와 같은 이
치요, 그 비유의 뜻을 알지 못하니, 그
저 낮은 자가 되면 대우받는다 그리
말하는 것이니라.

8 낮은 자가 되는 것이 높임을 받는다는
것은 바로 무엇인 줄 알겠는가?
9 행함이니라.
10 그리 행해야 한다는 것을 너희들은 잊
어서는 아니 될 것이며, 내가 가르친
뜻은 행하여야 한다는 것을 말함이니
라.
11 너희들이 남에게 사랑을 받으려면 과
연 어찌해야 하는가?
12 너희들이 먼저 사랑을 베풀며 그를 사
랑할 줄 알아야 하느니라.
13 처음에는 남들이 이해 못 하며 남들
이 너희를 이상하게 볼지 모르며, 너
희가 항상 손해 보는 삶을 사는 것 같
으나,
14 네가 계속 베풀며 사랑을 베풀고 살아
가다 보면 사람들이 너를 알게 될 것
이며, 네 앞에서는 먼저 사랑을 베풀
어야 한다는 것을 그들이 알기에, 네
가 많은 사람에게 사랑을 받을 수 있
으며,
15 이는 사랑을 베풂으로써 사랑을 받는
다는 것을 너희들에게 깨우치고자 함
이 아니니라.
16 그건 누구나 다하는 것이니라.
17 사랑을 베푸는 것은 몸소 행함이니 육
으로써 행함이요, 먼저 행하는 것이
중요하다는 것을 내가 너희들에게 가
르치는 것이니 그리 알라.
18 너희들이 남에게 무엇을 얻고자 할
때, 먼저 베푸는 것, 그리고 주는 것부
터 먼저 배우도록 그리하라.
19 주는 것, 또한 무엇이더냐?
20 행함이니라.
21 행동으로써 보여 줌이니라.
22 너희들이 남으로부터 모든 것을 얻고
이루고 더불어 살아가고자 한다면, 네
가 먼저 베풀며, 네가 먼저 남에게 주
는 그 훈련부터 먼저 쌓으라.
23 네 것은 움켜쥐며, 네 것은 줄 줄 모르
며, 남의 것을 받기만 하려는 세상은
황폐한 세상이요,
24 지금이 그와 같은 세상으로 되어 있기
에 그러하니라.
25 모든 종교 지도자요, 집단들이 이기주
의로 나의 백성을 가르쳐 놓았기에 그
들이 오늘의 이 세상을 이리 험악하게
만들었다 내가 수없이 기록하여, 그들
이 반성하고 깨우치도록 했으나,
26 그들은 줄 줄 모르며 베풀 줄 모르느
니라.
27 대가를 바라고 주는 것, 바침으로써
구원을 받으며 바침으로써 하늘에 오
를 수 있다는 그와 같은 계산법 속에
가르치고 깨우쳤기 때문에, 너희들은
진정한 사랑을 모르느니라.
28 그리고 행함을 모르도록 하였음이니
라.
29 너희들은 먼저 주라.
30 그러면 주는 그 행동으로써 실천함으
로써 남들이 너에게 줄 수 있는 것이
며,
31 너희가 사랑을 베풂으로써 남에게 네
가 많은 사랑을 받을 수 있다는 것, 이
를 잊지 말고 행하라.
32 그 모두가 행함이니라.
33 행하지 않는 것은 이루어지는 것이 없
으니 이 모든 가르침은 행함이 있어야
빛이 나며 행함에서 모두가 이루어진
다는 것, 그것을 너희들에게 가르쳐

주는 것이지, 그 큰 뜻을 너희들에게
알려 주고자 하는 것이 아니니,
34 어리석은 백성 너희들이 삶을 바로 살
아야 할 것이며, 나의 성경의 깊은 뜻
을 음미할 수 있는 눈을 떠야 할 것이
니라.
35 너희들이 아무리 성서를 보고 읽어도
그 의미를 알 수가 없음이니라.
36 나의 법전을 읽고 깨우쳐 너희들이 천
사와 같은 마음으로 변하고자 할 때,
너희들이 아름다운 모습으로 살아가
고자 할 때, 지금까지 살았던 삶의 방
향을 반대쪽에서 들여다보는 그와 같
은 깨달음이 있을 때,
37 너희들은 모두를 다 볼 수 있으며, 성
서의 내용도 알 수 있으며, 나의 법전
에 기록한 그 뜻을 다 알게 될 것이니,
38 나의 법전을 가슴에 안고 정독하는 데
게을리하지 말라.

5,356 번째 하나님 말씀

2003년 3월 6일 09시 19분

1 사랑하는 나의 아들아!
2 "네, 아버님! 말씀하옵소서."
3 너희들이 세상에 태어난 것이며 생명
을 가지고 이 세상에 존재하는 것이
얼마나 귀한 역사며 소중한 것인가를
내가 너희들에게 수없이 말하여 주었
음이니라.
4 너희들은 이 세상에 태어날 때 나 여
호와에게서 나의 성령을 받아 세상에
태어나 너희들 정신의 지배함이 존재
하기 때문에,
5 모든 사리판단이요, 생각하며 너희 자
신을 다스려 나가는 그와 같이 귀중하
게 태어난 백성이기 때문에 너희들이
소중한 것이니라.
6 그리하여 나의 성령을 받아 세상에 태
어난 너희들은 그 성령이 지시하는 뜻
대로, 그리고 성령이 내리는 그 아름
다운 생각이요, 아름다운 마음을 가지
고 사는 것이 곧 나의 뜻을 따라 사는
것이며 나에게 오르는 길이라는 것을
알아야 할 것이니라.
7 너희는 나와 하나가 되는 것이니라.
8 너희들은 성령으로써 세상에 태어났
으니, 너희들이 성령인 나의 뜻대로
살아간다면, 곧 이는 너희들과 내가
한 몸이 되는 그와 같은 역사함을 알
아야 할 것이니라.
9 나의 아들 예수는 이를 행했으며 이를
실천하였음이니라.
10 그는 성령으로 세상에 태어났으니 그
가 곧 육을 가지고 그와 같은 뜻을 행
하였기에 그는 바로 너희들에게 그를
보여 주고자 하였으며 그 역사함을 너
희들에게 가르치고자 했던 것이 나의
아들 예수가 행한 것이니라.
11 예수가 성령으로 태어나 나 여호와와
한 몸이라 했으며 나와 같다 한 것은,
예수가 나의 뜻대로 행하기 때문이니
라.
12 너희들도 성령을 받아 세상에 나갔음
이니, 나의 뜻대로 너희들이 살아가면
곧 너희가 나와 한 몸이 된다는 것을
잊지 말라.
13 그리하여 나의 아들딸 너희들이 소중
한 것이니라.
14 그와 같은 축복과 은혜요, 영광 속에

서 세상에 태어난 너희들이 그 길을
가지 아니함이니, 이를 보는 나 여호
와가 아픈 마음을 달랠 길이 없다 하
였음이니라.
15 그리하여 구약 시대 너희들을 깨우치
고자 했으며, 예수의 시대 또한 그와
같이 깨우치고자 했음이니라.
16 너희들이 그리 깨우쳐 행함이 중요함
을 알며, 그리 행하면서 하늘에 오르
는 길을 볼 수 있게 하려고 내가 그리
하였던 것이니라.
17 그리하여 나의 뜻대로 행하지 않는 인
간의 생각이요, 너희들 멋대로 생각하
는 그것은 나에게 오르는 것이 아니라
인간 세상에서 끝나는 것이기에,
18 하늘의 뜻에 따라 사는 것이 너희들이
나와 하나라는 것, 성령이 임하여 사
는 것이 너희들이 나와 하나라는 그
위대한 것을 나의 아들은 가르치고자
했음이니라.
19 그리하여 그는 죄인이요, 사악한 자
요, 저주받는 자요, 용서받지 못하는
자도 다 똑같다 생각했음이니, 그는
바로 무엇이더냐?
20 그들이 살아가는 그 속에 나의 성령이
더불어 임한 것을 예수는 알고 있었기
에 그와 같이 위대한 역사를 하고자
하였음이니라.
21 그러나 기득권 세력들이 저희들이 가
진 그 모두를 지탱하기 위해서,
22 그와 같이 하나라 말하는 예수의 가르
침을 이해할 수가 없으며 그는 위배된
것이며 저희들만이 위대하다는 속에
서 살아가는 그들에게는 받아들여질
수 없었으니,
23 그들은 세상에 태어날 때 다 똑같이
나에게서 성령을 받아 태어났다는 그
귀하고 소중한 인간의 생명의 존엄성
을 말살하고 묵살하고 살았던 사악한
자들이니라.
24 그와 같은 자들의 후손이 오늘날 또
내가 나의 성령을 내려보내,
25 너희들은 누구나 다 똑같은 자이며,
누구나 다 나 여호와같이 될 수 있으
며, 나 여호와와 한 몸이 될 수 있으
며, 내가 내린 성령이요, 내가 내린 법
전이요, 내가 내린 계명대로 그리 지
키고 살면 너희들이 나와 한 몸이라는
그 말을 전하는 나의 아들을 사탄이
요, 이단이라 하며 그를 죽이고자 할
것이니라.
26 이를 알라.
27 나 여호와는 형체가 없음이니라.
28 오로지 나 여호와만이 형체가 없음이
니,
29 너희들은 그 형체를 가지고 있어 너희
들이 내 영혼이 너희들의 가슴속에 있
음이니,
30 너희들이 그대로 행하고 사는 것은 곧
나이니라.
31 그리하여 너희들이 그리 사는 건 나와
너희가 하나가 되고, 하나가 되는 자
가 만백성의 지도자가 될 수 있으며
선생이 될 수 있다는 것을 잊지 말라.
32 사랑하는 나의 아들아, 너희들이 나의
계명이요, 법대로 살아가는 그것이 곧
성령의 양식이 태어남이니라.
33 그 성령의 양식이 너희들을 지배하며
관장함이니,
34 그는 오로지 진리요, 사랑이요, 아름

다움만이 있는 것이니라.
35 그리되면 너희들과 내가 한 몸이니라.
36 나는 형체가 없으니, 나의 성령이 네
몸에 들어가면 곧 무엇이던가?
37 너는 나와 하나이니, 그리하여 예수가
나와 하나라 하였음이니,
38 그리 살지 못하는 자, 나와 하나가 될
수 없음이니라.
39 너희들은 이 깊은 뜻의 의미를 깨닫도
록 그리하라.

5,357 번째 하나님 말씀

2003년 3월 6일 09시 45분

1 사랑하는 나의 아들아!
2 "네, 아버님! 말씀하옵소서."
3 믿음이란 쉬지 않고 계속 전진하는 그
것만이 믿음이라 내가 너에게 그리 말
하지 아니하였던가?
4 지금 네가 십계명을 암송하느니라.
5 '나 외에 다른 신을 네게 있게 하지 말
라.' 그를 네가 암송하고 수없이 암송
하면서 네 마음속에 자리를 잡아가는
것이 무엇이던가?
6 "그는 결코 해서도 안 되며 그를 할
수 없다는 것을 깨닫고 있사옵나이
다."
7 그러하니라.
8 내가 너의 제자들과 너희들에게 십계
명을 암송하라 하는 것은, 십계명을
암송하고 암송함으로써 너희들이 그
를 해서는 아니 되며 절대 할 수 없다
는 것이 너희들도 모르게 너희들 마
음속에 굳어짐이니라.
9 '네 부모를 공경하라.' 그를 계속 암송
하고 암송하다 보면,
10 너희 자신이 부모에게 과연 어찌하는
가 그것을 생각하게 되며, 네 부모를
공경하는 것을 생각하게 됨이니라.
11 그리하여 내가 십계명을 지키는 길은
암송하고 또 암송하는 것이라 함이니
라.
12 우선 암송하고 암송하는 그 속에서 그
를 지킬 수 있는 마음이 생기며,
13 그는 당연히 가야 하며 너희들도 모르
게 그는 당연히 역사하는 것이며 이루
어지는 것이며, 그 십계명을 어겨서는
안 된다는 것을 알게 됨이니라.
14 내가 너희들과 항상 같이 있다고 생각
하며 너희들이 항상 나를 생각하며
살라 하는 것은 바로 무엇이던가?
15 너희들과 내가 더불어 같이 있다고 생
각함으로 인하여 너희들이 하려는 잘
못된 것을 중단할 수 있으며, 하지 아
니할 수 있음이니라.
16 그러나 너희들은 항상 나를 생각하지
아니하느니라.
17 그리고 나를 의식하지 않고 부르짖지
아니하고 잊어버리고 살기에, 감히 해
서는 안 되는 그와 같은 일을 할 수 있
는 것이니라.
18 그리하여 너희들이 가장 지키고 행해
야 하는 것이 십계명이기에 내가 나의
법전에 십계명을 수없이 기록해 전해
주며 읽게 하는 것이며, 십계명을 암
송하고 또 암송하라 함이니라.
19 암송하고 계속 암송하면 너희들도 모
르는 사이에 이를 해서는 안 되며 꼭
지켜야 한다는 것이 너희들 가슴속에
깊이 자리를 잡음이니,

20 그게 바로 하늘에 오르는 기본을 너희
들이 깨닫는 것이요, 나의 성령이 너
희들 가슴에 자리 잡는다는 것을 잊
지 말고, 계속 암송함을 게을리하지
말도록 그리 전하라.

5,358 번째 하나님 말씀

2003년 3월 6일 09시 52분

1 사랑하는 나의 아들아!
2 "네, 아버님! 말씀하옵소서."
3 나 여호와가 너에게 세상의 모두를 한
색깔로 보라는 깨우침을 얻으라 하였
음이니, 너는 아직도 그 뜻을 알지 못
하겠는가?
4 내가 세상의 모두를 한 색깔로 보라는
그 의미를 너는 아직도 정녕 그를 모
르는가?
5 "네, 아버님! 이제야 좀 알 것 같사옵
나이다.
6 이 세상의 모두는 다 다른 것들이 존
재하고 있사옵나이다.
7 동물 중에도 수천수만 가지 동물이
있으며, 식물 중에도 수천수만 가지
식물이 있으며, 사람도 수십억의 그
헤아릴 수 없는 인구가 있으나, 같은
자가 없으며 똑같이 닮은 자가 없다는
것을 알고 있사옵나이다.
8 세상 것은 모두가 다 다르며, 모든 것
이 같은 게 없사옵나이다.
9 그러나 그 모두는 하나라는 것을, 그
리고 그 말씀 하신 뜻을 이제 알 것 같
사옵나이다.
10 이 세상에 생명을 갖고 존재하는 미
물에서부터 인간까지 아버님의 성령
으로써 아버님의 뜻으로써 존재하지
않는 것은 아무것도 없음이니,
11 오로지 생명을 가진 것은 아버님의
성령으로써 존재하기에 우리는 다 다
른 것 같으면서도 하나라는 걸 이제야
깨달았사옵나이다.
12 세상에 살아 움직이는 물체를 하나의
색깔로 보는 것뿐만 아니라 모든 것은
다 성령으로써 태어난 하나라는 것을,
13 각자가 다르면서 하나라는 그 뜻을 이
제야 깨달았사옵나이다.
14 짐승은 짐승일 뿐이요, 식물은 식물일
뿐이요, 또한 인간은 인간일 뿐이라는
것을 알았사옵나이다.
15 그러나 각자가 다르면서도 각자가 하
나요, 다 같다는 것을 이제야 깨달았
사옵나이다.
16 한 색깔로 세상을 보라는 그 깨달음의
말씀이 이와 같은 깨달음인 것 같사옵
나이다.
17 정녕 저는 그것을 이제야 알았사옵나
이다, 아버님!"
18 사랑하는 나의 아들아, 그러니라.
19 모두는 다 다르니라.
20 다르면서 같으니라.
21 너희들 또한 같으면서 다른 그 역사함
을 살아가는 것이니라.
22 인간은 인간으로서 삶이 있으며, 동물
은 동물로서 삶이 있느니라.
23 인간이 천태만상으로 자기 생활이 다
르나, 그들이 살아간다는 것은 다 같
은 것이며, 그들이 죽음을 면치 못한
다는 것은 다 똑같은 것이 아니던가?
24 그와 같은 이치이니라.
25 세상의 모두는 나의 성령으로써 나왔

음이니, 다 하나로서 같으며,
26 그러나 너희들의 형체요, 살아가는 모
습이요, 무엇으로 태어나 세상에 사느
냐에 따라서 또한 모두가 다 다른 것
이니라.
27 다르면서 같은 것이 창조주 나 여호와
가 만든 모든 동물이요, 식물이요, 미
물까지 그러한 것이니, 너희는 다 같
으며 다름이니라.
28 이 이치를 깨달았다면 네가 나의 뜻을
알고 있음이니라.
29 너의 제자들에게 그와 같은 마음으로
세상을 살라 전하라.
30 모두는 다르면서 하나요, 하나면서 다
른 형국이니 그 달라지는 것에서 연연
하지 말라 그리 이르라.
31 이제 너희들 인간은 인간일 뿐이니라.
32 그러니 인간으로서 천태만상으로 살
아가는 그 가지의 역할에서 가지의 삶
을 위해서 살아가는 그와 같은 백성이
되어서는 아니 되며,
33 원뿌리인 하나인 뿌리로써 살아야 한
다는 것을 잊지 말도록 그리하라, 사
랑하는 나의 아들아!
34 내가 너희들에게 성서를 내린 것은,
모든 동식물이 살아가면서 질서를 지
키도록 할 수 있는, 성서 위에, 율법
위에 내려 준 법도가 세상에 전해져
있으며, 율법이요, 십계명이요, 성경
이요, 나의 법전이요, 내려가는 인간
세상의 너희들에게 내가 일부분을 전
하며 깨우치고자 하는 그 뜻을 알라.
35 그래서 가지라 하였음이니라.
36 너희들이 모두 하나의 성령으로 태어
난 것은 한 뿌리이며,
37 인간이 기능에 따라, 능력에 따라서
서로 다르게 사는 것은 바로 너희들의
그 삶의 형태이니 그 삶이 위대한 것
이 아니라,
38 성령의 한 뿌리로서 이루어졌다는 것
이 더 소중하고 귀한 것을 알아야 할
것이며, 거기에서 가르친 위대함을 너
희들은 알아야 할 것이니라.
39 세상이 그러하니라.
40 모두는 다 다르면서 하나요, 인간은
모두가 다 살아가는 방법이요, 형태가
다르나, 너희가 다른 가운데 하나라는
것을 잊지 말라.
41 너희들이 피부색이 다르든, 환경이 다
르든, 사는 지형이 다르든, 삶이 다르
든 그것은 다 겉 가지일 뿐이요,
42 성령으로써 세상에 태어난 하나의 그
뿌리는 같음이니라.
43 그러니 수천수만 가지 지상의 존재하
는 것이 다 네가 한 색깔로 볼 수 있는
것을 깨달았듯이,
44 오늘 내가 모두가 다 하나면서 또 다
르며, 다르면서 하나라는, 나의 성령
으로써 모두가 이루어진다는 그 깨달
음을 네가 얻었음이니,
45 이를 만백성에게 전하여 너희들이 뿌
리를 찾도록 하며 뿌리의 소중함을 알
도록 하라.
46 인간이 각자 살아가는 그 생활의 가지
를 생각해서 거기에 얽매이며 그 삶을
사는 것은 뿌리를 모르고 가지로 삶이
니,
47 하늘에 오르는 길을 모르고 육의 욕심
에 의하여 육의 가지의 삶을 위해 살
다 너희들이 나에게 오르는 그 뿌리를

보지 못하고 죽는 너희들을 내가 바로 깨우쳐 주고자 하여, 오늘 내가 나의 아들을 통하여 160권의 법전에 이 모두를 기록하여 너희들에게 전하는 나의 뜻을 반드시 기억하도록 그리하라, 사랑하는 나의 아들딸들아!

5,359 번째 하나님 말씀

2003년 3월 6일 10시

1 사랑하는 나의 아들아!
2 "네, 아버님! 말씀하옵소서."
3 이 지상이요, 내가 만든 성전에 생명을 가지고 존재하는 그 모두는 다, 너희들이 육을 가지고 존재하는 모든 동물은 죽어 간다는 것을 알라 하였음이니라.
4 그러나 다 죽어 가되, 너희들 인간은 나로부터 심판을 받으며 심판에 따라서 그 영혼이 다시 살아나는 길과 죽음의 길이요, 지옥으로 가는 그와 같은 모두가 다 거기서 이루어진다 하여,
5 너희들이 이를 가슴 깊이 새기며 이를 두려워하며 그와 같은 심판을 받음을 잊지 말고 살라 내가 너희들에게 그리 말하였느니라.
6 그러나 지금 나의 피조물 만백성 너희들은 백 년도 되지 않는 그 육의 삶을 영원히 죽지 않는 삶이라 그리 착각하고 살아가는 지금의 삶이니,
7 너희들이 얼마나 어리석은 삶을 사는 것인가를 너희 스스로 돌이켜 보라 함이니라.
8 너희들은 영원히 죽지 않는 삶을 생각하고 살고 있음이니, 그리하여 너희들이 육의 삶에 모두를 다 바치며 육의 삶의 향락을 위하여 모두를 다 걸고 살고 있음이니,
9 그러니 너희들이 새로운 생명으로써 태어나는 다음 세상의 그 영광스러운 것을 기억하지 아니하려 하며 생각하지 아니하려 하며 그 삶을 위하여 대비하지 않는 그와 같은 삶을 살아가고 있음이니,
10 너희들은 영혼이 죽어 가고 있다는 그 자신을 알지 못하고 있음이니라.
11 너희들이 육의 향락에 의해 살아가는 그 삶 속에서 너희들이 새로운 생명으로 다시 태어나 영원히 살 수 있는 생명이 죽어 가고 있다는 것을 지금 의식지 아니하며 그를 생각하지 아니하고 살아가는 것이니라.
12 이제 너희들은 깨우쳐야 할 것이니라.
13 이 세상의 자연의 모두가 오묘하게 지탱하며 살아가는 그 삶을 볼 때, 너희는 반드시 창조주가 있다는 것을 느껴야 할 것이며,
14 그 창조주로 하여금 모든 것이 주관된다는 것을 너희들은 알아야 할 것이니라.
15 그리하여 너희들이 그와 같은 삶을 살다 나에게 돌아오는 다음의 세상이 있다는 것,
16 너희를 보낸 나 여호와의 뜻에 따라 너희들을 보냈던 곳으로 돌아와야 한다는 것이니,
17 그러나 너희들이 돌아오지 못할 때는 영원히 사는 세상에 오를 수 없는 것이요, 지옥이요, 죽음으로 가는 것이 나에게 오르지 못하는 삶이니라.

18 그러니 오늘의 육의 삶은 영혼의 삶을
위한 준비 기간이라 하였으니, 오늘의
준비요, 훈련에 최선을 다하는 삶을
살라는 것이 나 여호와의 뜻이니라.
19 그리하지 않는 자 구원을 받을 수 없
으며 다시 태어날 수 없다는 것을 너
희들은 알라.
20 너희들은 반드시 죽으며, 너희들이 죽
었을 때 심판을 받으며, 그 심판은 육
이 얼마나 선을 행하고 어찌 살았느
냐에 따라서 그 점수에 따라 벌을 받
는다는 것을 절대 잊지 말라.
21 이를 너희들이 가슴에 새기고 산다면
오늘의 삶을 얼마나 뒤돌아봐야 하는
가를 생각해 보라.
22 하나의 선행을 잘해 놓고 세상에 자랑
하고자 하는 너희는 천 가지, 만 가지
죄를 짓고 잘못한 것은 감추려 하며
하나의 선행으로써 모두가 다 덮이며
씻기는 것같이 하며,
23 거기다 한 술 더 떠 소리 지르며 광란
의 짓을 하는 것은 무엇이더냐?
24 너희 손으로 지은 성전에서 예수의 이
름을 찾으면 보혈로써 구원을 받는다
그리 안일하게 생각하고 가는 자들,
25 너희들이 죽어 와 불바다를 건너야 할
때 그때부터 너희들 자신이 정신을 차
리지 못할 것이며, 너희들은 통곡과
불안과 공포요, 후회가 쌓일 것이니
그리 알라.

5,360 번째 하나님 말씀

2003년 3월 6일 10시 18분

1 사랑하는 나의 아들아!
2 "네, 아버님 말씀하옵소서!
3 저 자신은 남에게 용서받기를 원하며,
4 그러면서 너희들은 정녕 남을 용서하
지 아니하며 남을 용서하지 아니하려
하는 것이 너희들이니라.
5 그것이 지금 너희들이 살아가는 형국
이며 너희들이 가진 마음의 자세이니,
6 이를 거꾸로 뒤집어보며 너희들은 얼
마나 욕심이 그득 차 있는 백성인가?
7 너희들 스스로 남을 먼저 용서했을 때
너희들이 다 용서를 받을 수 있거늘,
너희들이 그 정답이 있거늘,
8 그 정답은 행하지 아니하고 오답의 인
생을 살아가듯이,
9 네가 남을 용서해 줌으로써 그것이 남
에게 용서를 받을 수 있는 그 기회는
정답이며, 나 여호와가 너희들을 사랑
하며, 내가 그와 같은 자 버리지 아니
함이니라.
10 그러나 너희들은 용서받기를 바라며
너를 이해해 주기를 바라면서, 그와
같이 받은 만큼 남에게 더 베풀지 아
니하려 하니,
11 너희들이 세상을 얼마나 정답이 아니
요, 오답을 가지고 살아가는가?
12 사랑하는 나의 아들딸 너희들은 이 작
은 이치 하나라도 바로 깨우쳐야 할
것이니,
13 이와 같은 이치를 깨닫는 것이, 율법
이요, 구약이요, 신약보다도 먼저 나
의 법도요, 나의 진리가 세상에 내려
가 너희들을 깨우치고자 역사하고 있
다는 것을 너희들은 이제 알아야 할
것이니라.
14 남에게 용서를 받으며 사랑을 받은 만

큼, 은혜를 입은 만큼 너 또한 이웃에
그리 베풀며 그리 나눠 주며 사는 것
이 이 세상의 법도이니라.
15 그것이 나 여호와에게 오르는 길이며,
16 너희들이 천날만날 말로써 울고불고
하며 말로써 구원받았다 하며, 그저
금전 몇 푼을 바치고 하늘에 쌓아 놓
음으로써 용서받았다는 그와 같은 허
황된 소리를 하지 말라.
17 그 말이 얼마나 추한 말이며 얼마나
욕심에 찬 말이던가?
18 그것은 나 여호와가 계획해 놓은 모든
질서까지도 다 파괴하라는 것이니,
19 너희들이 하늘을 지배하고자 하는 그
와 같은 사악한 자들이 무서운 행위
를 하는 것을 모르고 있느니라.
20 나 여호와가 너희들을 얼마나 사랑했
던가?
21 모세의 시대에 너희들을 구원하고자
역사했으나 그를 버리고 십계명을 내
린 것을 파괴하였으며,
22 그리고 신약 시대에 나의 아들을 내
려보내 또 너희들을 그와 같이 구원하
고자 한 것은 내가 너희들을 얼마나
사랑했으면 그 역사를 했겠는가?
23 나 여호와는 나의 피조물 만백성 너희
들을 그리 사랑하며, 수없이 용서를
하고 또 용서를 하며 사랑하느니라.
24 그러나 나에게서 용서를 받으며 나에
게 사랑을 받고 이 세상에 태어나 살
아가는 너희들은 너희 형제요, 너희
부모요, 이웃이요, 너희들이 알고 지
내는 주변 사람들에게 과연 얼마나
사랑을 실천하며 나누며 살아왔는가
너희들 자신을 한번 돌이켜 보도록 그
리하라.
25 너희들이 나에게서 받은 만큼 사랑을
베풀고 행하고 산다면 그것이 이 세상
이 천국이 되며 너희는 천국에 사는
나의 백성이니,
26 그와 같은 백성이요, 그와 같은 마음
을 가지고 행하는 자는 죽어 육은 그
저 한 줌의 흙으로 돌아가나, 너희들
은 새로운 생명으로써 나의 천국에 다
시 태어나 내 앞으로 오는 것이니,
27 그와 같은 나로부터 선택된 백성이요,
나의 법전을 읽는 백성이요, 나의 아
들을 따르는 제자라는 너희들은 천국
의 삶을 사는 데 최선을 다하며, 잠시
도 게을리해서는 아니 되느니라.
28 너희들이라도 천국에 사는 백성으로
서 바로 서야 할 것이니라.
29 그것이 나 여호와가 바라고 또 바라는
것이니라.
30 지금 나에게 선택된 백성 너희들이 천
국의 백성임을 잊어서는 아니 될 것이
며, 너희들은 천국의 백성으로서 길이
빛나는 삶을 살며 만백성의 거울이 되
어야 함을 잊지 말라.
31 너희들이 쓰러지면 누구도 이 지상에
서 천국의 백성이 될 수 없으며, 지상
의 낙원은 이루어질 수가 없음이니라.
32 그리하여 너희들이 소중하며, 내가 너
희들을 처음부터 선택한 백성이라 그
리 말하였음이니라.
33 지금 밤과 낮을 가리지 아니하고 달려
가는 나의 아들의 그 목 쉰 음성을 들
으면서 너희들은 과연 무엇을 생각하
는가?
34 그가 저 자신의 영달을 위하여 저의

부귀영화를 위하여 그가 그 길을 가는
가?
35 너희들은 그를 들여다보도록 그리하
라, 사랑하는 나의 아들딸들아!

5,361 번째 하나님 말씀

2003년 3월 6일 10시 55분

1 사랑하는 나의 아들아!
2 "네, 아버님! 말씀하옵소서."
3 사랑하며 용서함은 끝이 없느니라.
4 그리고 진정한 믿음의 가는 길 또한
끝이 없음을 알아야 할 것이니라.
5 사랑을 베푸는 것이 끝이 있으며 용서
하는 것이 끝이 있다면, 그리고 진리
를 탐구하는 것이 끝이 있다면, 그것
은 진리가 아니며 사랑이 아니며 용서
함이 아님이니라.
6 그러니 믿음 또한 끝이 없는 길을 가
는 것이 믿음이니, 오늘의 나의 아들
을 따르는 제자 너희들의 고통스럽고
힘든 그 멀고도 먼 길을 나 여호와는
아느니라.
7 그러나 너희들은 그 길을 가야 하며,
그 길을 벗어날 수 없는 것이 너희들
임을 알아야 할 것이니라.
8 그리고 모두를 다 사랑하라.
9 너희의 잘못으로 부족한 생명으로 세
상에 태어나 어렵게 살아가는 사람도
있느니라.
10 인간의 부주의로 인하여 정상적으로
태어나지 못하는 사람이 있는가 하면,
세상에 정상적인 모습으로 태어나지
못하는 사람도 있음이니라.
11 그는 나 여호와가 그를 쓰고자 그 신
체 일부가 불편한 그와 같은 모습을
가지고 세상에 태어나는 백성도 있음
이니라.
12 너희들은 그들을 보기를 과연 어떻게
보는가?
13 그들이 만일 나 여호와가 쓰고자 하
여, 너희들처럼 정상적인 형태의 몸을
가지고 세상에 태어나지 못하고, 불편
함을 안고 억울하게 세상을 살아가며
힘들게 살아간다면,
14 그와 같은 자를 볼 때 그 사람이 살아
가는 불편한 모습을 보며 너희들이 이
와 같이 완전한 모습으로, 완벽한 모
습으로써 부족함이 없이 세상에 태어
난 것을 감사하며 그것으로써 감사하
는 마음을 가지고 살아갈 수 있는 그
와 같은 깨달음이 있다 하면,
15 그는 너를 깨우쳐 주기 위해 너를 위
하여 희생한 삶이라 과연 생각할 수는
없겠는가?
16 잘못된 사람이요, 완벽한 신체 구조를
갖지 못한 사람들을 보고 너희들이 완
벽한 신체 구조를 가지고 세상에 태어
난 걸 나 여호와에게 감사하며, 그와
같은 형태로 살아가는 그것만으로도
나에게 감사하는 마음을 가지고 있다
하면,
17 거기서 그 깨달음을 준 그는 너희 스
승이니, 그가 불편한 형태로 나온 것
은 너희들을 깨우치려고 세상에 나와
그가 어렵고 힘든 삶을 살아감이니,
18 그 희생이요, 어려운 그것을 너희들의
아픔으로 감싸고 더불어 돌아다보며
같이 살아가는 그와 같은 아름다운 마
음을 갖고 살 수는 없는가?

19 그는 희생의 길을 가는 자며 봉사의
길을 가는 것이니,
20 저도 모르게 나로부터 선택되어 만백
성의 스승이요, 희생과 봉사의 길을
한 사람이 감으로 인하여 많은 백성
이 그를 보고 깨우치며 나에게 감사할
수 있는 그 길이 있다 하면, 그는 대를
위하여 기꺼이 희생당하는 하나의 희
생양이니,
21 그 어렵고 힘든 것을 너희의 삶이요,
너희라 생각하고 그를 도우며 아름다
운 마음으로 그를 보는 마음을 너희들
은 가질 수 없는가?
22 그들에게 감사하는 마음을 가지고 살
라.
23 그리고 그들을 보살피는 마음을 가지
고 이 세상을 살라.
24 그와 같은 생각을 하고 살아간다면 이
세상에 과연 무엇이 필요하겠는가?
25 너희들이 부족한 자를 보면서 이와 같
이 완벽한 모습으로 태어난 것에 감사
드리는 그 마음이 바로 무엇인 줄 알
겠는가?
26 그것이 내가 세상을 만들면서 너희들
이 깨달을 수 있는 마음이요, 자연현
상에서 느끼고 살아가는 그 마음이 구
약의 율법이요, 신약 시대 예수의 가
르침보다도, 지금 세상에 내려오는 법
전보다도 먼저 내가 내려보낸 나의 진
리요, 나의 법도라는 것을 너희들은
알라.
27 그를 너희들이 지키지 아니하며 그대
로 살아가지 못하기에 내가 율법인 구
약을 내려보냈으며, 신약을 내려보내
예수의 삶의 그 고통의 역사를 이루었
으며,
28 오늘 밤과 낮을 가리지 아니하며 160
권의 장정의 법전을 만들어 너희들을
깨우치는 그 역사를 하고자 하는 것이
나 여호와의 뜻이니, 너희들은 이와
같은 마음을 가지고 살며,
29 너희들이 완전한 모습으로 세상에 태
어난 그것 하나만으로도 감사한다면
나 여호와의 은혜에 더 이상 감사할
길이 없거늘,
30 그와 같은 감사함을 일순간 느끼고 지
워 버리는 것이 아니라,
31 그 감사함을 만백성에게 전하는 그와
같은 마음 자세로 살아가며 변하지 않
고 영원히 가슴에 간직하며, 그들의
슬픔을 알며 고통을 알며 그 나눔을
같이하는 자가 바로 베푸는 것을 알며
사랑하는 백성임을 너희들은 알아야
할 것이니라.

5,362 번째 하나님 말씀

2003년 3월 6일 10시 59분

1 사랑하는 나의 아들아!
2 "네, 아버님! 말씀하옵소서."
3 너를 따르는 제자들과 나의 법전을 읽
고 깨우친 만백성 너희들은 알아야 할
것이니라.
4 나의 법전을 먼저 접했기에 너희들이
먼저 가야 하며 깨달음이 높아야 한다
는 그와 같은 생각을 하고 살아서는
아니 될 것이니라.
5 항상 너희는 앞에 가는 자가 있을 것
이며, 너희들이 어찌 살아가느냐에 따
라서 늦게 온 자가 앞에 가는 자가 있

는 것이 나의 법도요, 나의 뜻이라는
것을 알아야 할 것이니라.
6 다만, 나의 법전을 읽고 깨우치며 나
의 강론을 듣고 사는 너희가 어떤 생
각이요, 어떤 마음을 가지고 사느냐
그것이 중요함이니라.
7 너희들이 부지런히 법전을 읽고 정독
하며 내가 가르치는 강론을 듣고 실천
하고자 그리 행하고자 노력하는 자는
늦게 온 자라 해도 나에게 먼저 가는
선택을 받는다는 것을 너희들은 알아
야 할 것이며,
8 그 모든 것은 나의 뜻이며 내가 이루
고자 하며 내가 다스리는 것임을 알아
야 할 것이니라.
9 다만, 너희들이 어찌 살아가며 어찌
행하느냐 그것이 중요한 것이며, 지금
먼저 오고 늦게 온 것은 중요함이 아
니라는 것을 너희들은 알아야 할 것이
니라.
10 그리하여 먼저 오고 늦게 온 것이 중
요한 것이 아니요, 너희들이 어찌 임
무를 수행하였으며 어찌 깨우쳐 가느
냐 하는 것이 중요한 것이니라.
11 그때 임무를 받아 나의 성전을 떠나
세상 밖에 나가 만백성을 구하는 지도
자로서 바로 서고 못 서느냐 하는 그
순서는 너희들이 얼마만큼 노력하느
냐 그 여하에 달렸다는 것을 너희들
은 알아야 할 것이니라.
12 내가 늦게 온 자를 먼저 선택하여 그
에게 세상에 나가 만백성을 구하는 대
명을 줘 내려보낼 때, 먼저 온 자가 나
로부터 그를 받지 못했다 하여 불평하
지 말며 가슴 아파하지 말라.
13 나의 법전을 과연 얼마나 정독하고
얼마나 깨우쳐 바른 삶을 사느냐가 중
요함을 너희들은 알라.

5,363 번째 하나님 말씀

2003년 3월 6일 12시 11분

(강론을 마치며)

1 사랑하는 나의 아들아!
2 "네, 아버님! 말씀하옵소서."
3 너희들이 남남으로 만나 한 부부요,
한 가정을 이루는 그 결혼이라는 것을
하게 되느니라.
4 그러나 그 결혼이 중요한 것이 아니며
그 목적을 달성하는 것이 중요한 것이
아니지 않으냐?
5 너희들이 결혼하기 전까지 밟아 온 그
과정이 소중한 것이며, 한 가정을 이
룬 다음에 살아가는 그 삶이 얼마나
소중한 것인가?
6 그를 위해 열심히 살아가는 그와 같은
삶을 살아야 할 것이니라.
7 너희들이 지금까지 살아오며 스스로
지은 죄요, 알며 지은 죄, 모르며 지은
죄, 그 죄 때문에 그 모두가 죄라는 것
을 깨달으며 너무 괴로워하지 말며 슬
퍼하지 말라.
8 너희들이 결혼을 하여 출발할 때 어찌
사느냐가 중요하듯이, 너희들이 나의
법전을 접하며 나의 강론을 듣는 그
순간부터 어찌 변하여 살아가느냐는
것이 더 소중하며 그것이 너희들이 가
야 할 길이니라.
9 너희들이 나의 계명을 암송하는 것을
수없이 들으며 나의 십계명을 수없이

암송하느니라.
10 그리하면서 하나하나 그 계명을 지켜
가며 그 계명을 지켜 갈 수 있도록 굳
어진다면 그 계명을 암송한 의미와 뜻
은 충분히 거기에 있음을 알라.
11 내가 너희들을 사랑함이니라.
12 너희들은 만백성을 가르치고 지도해
야 할 것이니라.
13 하늘에서 내가 내리는 그 가르침보다
도 더 위대한 가르침이 없기 때문이니
라.
14 너희들은 세상의 추하고 더러운 것을
너희들 몸속으로 다 빨아들여 그를 정
화하여, 나오는 것은 깨끗하고 아름다
운 것이 나오는 삶을 살아가는 것이
너희들이 아니던가?
15 추하고 더러운 것은 너희들의 입으로
다 소화하며, 다시 내보내는 것은 아
름답고 고귀한 것만을 내보내야 하는
삶을 살아야 하는 것이 너희들의 삶이
라는 것을 만백성에게 전하도록 그리
하라.
16 너희들이 세상에 이와 같이 존재하는
것은, 이 세상을 정화하며, 이 세상을
아름답게 살아가며, 이 세상의 질서를
지키며, 내가 내려 준 이 아름다운 성
전의 자연을 지키고 보호하는 것이 너
희들이 살아가는 삶인 것을 어찌 그리
모른단 말이더냐?
17 세상을 정화하며 아름답게 살아가는
것이 너희들의 목표이며 살아가는 방
향이거늘, 인간 너희들이 지금 살아가
는 것은 그것을 역행하며 그를 파괴하
며, 그를 지켜야 할 자들이 그를 지키
지 아니하고 살아감이니, 그는 무엇이
더냐?
18 도둑이 도둑질하는 것보다, 도둑을 잡
는 자가 도둑질하는 것이 더 사악하고
나쁜 것이지 않더냐?
19 도둑을 잡으라는 그 권한을 받은 자
가 그를 이용하여 도둑질을 하는 그와
같은 형국이 되어 있음이니,
20 도둑을 잡는 자가 빈집을 알며 훔칠
물건을 알며 장소를 알아 훔친다면 그
가 도둑보다 더 많은 도둑질을 할 것
이며 그는 쉽게 역사를 이루지 않겠는
가?
21 바로 그와 같은 이치를 너희들이 지금
모르고 있음이니라.
22 이 자연을 정화하며 이 자연을 아름답
게 다스리고 살며 모두를 아름답게 가
꾸며 살아가라 한 것이 너희들이거늘,
23 그 명을 받은 너희들이 지금 정화가
아니요, 이 세상을 오염시키며 이 세
상을 파괴하며 이 세상의 질서를 무너
트리는 그와 같은 삶을 살아가고 있음
이니,
24 그리 살아서는 안 된다는 것을 만백
성에게 전해 주라.
25 세상의 더러운 것은 너희들이 먼저 다
먹어 치우며,
26 그래서 아름다운 말이 나올 수 있는
그와 같은 좋은 것을 세상에 내놓으
며, 그와 같은 것으로 살아가는 것이
나에게 선택된 백성이요, 너희들이 세
상에 존재하는 이유이니라.
27 지혜가 높으며 깨달음이 높으며 생각
이 높은 그 모두는 다 더럽고 추한 것
은 너희들 것이요, 그래서 더럽고 추
한 세상에 아름다운 걸 만드는 것이

너희들이거늘,
28 이 아름답고 깨끗한 세상을 추하고 더
럽게 만드는 것이 너희들이 주범이 되
어 있으니,
29 이를 보는 나 여호와의 속상함을 너
희들은 알겠느냐?
30 너희들에게 잘 관리하고 아름답게 만
들라 했거늘, 너희들에게 내가 준 권
한을 가지고 나의 뜻을 거역하고 살며,
31 모두를 다 아름답게 가꾸는 것이 아니
라 추하고 더러운 쪽으로 뭉개고 망가
트리며 모든 것을 파괴하는 삶을 사는
너희들을 바라볼 때, 나 여호와가 하
늘에서 발을 구르고 있음을 알라.
32 내가 고통스러워서 발을 구르는 것이
아니요,
33 그와 같이 살다 그 죄를 감당하여 지
옥으로 가는 나의 아들딸을 보는 내
마음이 너무나 고통스럽고 괴로워 내
가 발을 구름이니,
34 너희들을 바로 가르칠 길이 없음이니
라.
35 그리하여 지금 너희들이 역사하는 나
의 160권의 법전을 세상에 내보내 만
백성을 구하고자 하니,
36 오늘에 참여하며 이 길을 가는 너희
들이야말로 얼마나 소중한 것인가?
37 네가 있고 없고, 네가 약하고 강하며,
네가 죄를 짓고 안 지은 지난 과거사
의 삶에 너희들이 잠시도 시간을 낭비
하지 말라.
38 너희들은 그리할 시간이 없음이니라.
39 나의 법전을 읽고 깨우쳐 너희들이 변
해 가는 그것으로써 너희들의 지난날
의 모든 죄는 내가 다 거둬들인다 하
지 아니하였느냐?
40 너희들은 천사와 같이 살아가는, 나의
선택된 백성임을 알라.

부 록

【하나님께서 가르쳐 주신 운동】

천재지변이 일어날 때, 동물이나 미물들은 미리 알고 대피하지만, 인간은 알지 못하고 큰 화를 당합니다. 하나님께서 인간에게 가장 높은 지혜를 주시고 완벽하게 창조해 주셨기에 동물들보다 더 잘 알 수 있지만, 욕심으로 마음이 혼탁해져서 한 치 앞을 보지 못하는 것입니다.

마찬가지로, 인간은 누구나 스스로 필요한 운동을 해서 건강을 지킬 수 있도록 하나님께서 만들어 주셨습니다. 우리의 머리에서 우리 몸에 필요한 동작을 해 달라고 끊임없이 신호를 보내지만, 인간이 혼탁하게 살아서 그 신호를 알아채지 못합니다. 그러니 자연스럽게 자기 몸이 원하는 그 신호를 따라서 운동하는 것이 하나님께서 가르쳐 주신 운동 방법입니다. 바로, 우리의 영이 육을 이끄는 운동입니다.

▶ 하나님 운동법

1. 눈을 감고, 발을 어깨너비로 벌리고 바르게 선다.
2. 몸에 힘을 풀고, 허리를 숙이면서 손과 머리를 아래로 내린다.
3. 허리를 펴고 싶을 때, 천천히 펴면서 하고 싶은 동작을 하면 운동이 시작된다. (사람마다 다르다.)
4. 멈추지 말고, 어떤 동작이든지 자기 몸의 느낌대로 계속 이어서 한다.

▶ 참고 사항

① 눈을 감은 상태로 아무 생각 하지 않고, 자기 몸의 느낌대로 움직입니다.

② 마음을 비우고, 욕심을 버리고, 지난날의 잘못을 반성하면서 몇 차례 시도하다 보면, 자기도 모르게 하고 싶은 동작이 끊임없이 생깁니다.

③ 운동 장소는 방 안이든 운동장이든 관계없으며, 걷거나 달리고 싶을 때는 눈을 떠도 됩니다.

④ 매일 40분 이상, 주 4회 이상, 3개월 이상 하면 음식 조절에 들어갑니다.
- 음식으로 생긴 병은 음식으로 치료하게 되며, 어떤 음식을 먹어야 하는지 스스로 알게 됩니다.
(자기 몸에 필요한 음식만 먹고 싶어집니다.)

⑤ 사랑하는 사람과 함께 운동하면 서로 치료해 주기도 합니다.

⑥ 운동을 하다가 몸의 어느 한 부분을 계속 손으로 자극한다면 그쪽에 이상이 있는 것이니, 의사에게 상담을 받고 적절한 치료를 받으면 됩니다.

⑦ 다이어트 및 기타 건강관리에 효과적입니다.

⑧ 꾸준히 운동하여 영이 맑아지면, 자신의 과거와 미래를 스스로 보게 됩니다.

누구나 스스로 하실 수 있습니다.

간행사

《새로운 성경》은:

· 새로운 성경은, 하나님께서 선량하고 선한 자를 선택하여 십계명을 암송하도록 하시고, 십계명을 암송한 다음에 음성으로써 들려주시는 말씀을 듣고 그대로 카세트테이프에 녹음해서 받아쓴 책입니다.

· 90분짜리 녹음테이프 700여 개에 달하는 말씀으로, 1999년 8월부터 2004년 7월까지 총 160권(권당 288쪽)을 완성하였으며, 그 이후에도 현재까지 계속 말씀을 내려 주고 계십니다.

· 새로운 성경은 "하늘을 두루마리 삼고 바닷물을 먹물 삼아 쓰고 써도 다 못 쓴다"는, 끝없이 방대한 하나님의 말씀이 두루마리로 직접 내려오는 것입니다. 이러한 새로운 성경은 구약과 신약을 폐하려는 것이 아니라 "인봉된 성서의 비유의 뜻"을 상세히 설명하여 완성하고자 하나님께서 직접 내려 주신 말씀입니다.

《새로운 성경》의 구성:

· 제 목: 2013년, 160권 모음집을 발간하면서, 본 도서의 제목을 "하나님! 말씀하옵소서"에서 《새로운 성경》으로 명해 주셨습니다.

· 단행본: 각 권당 288쪽(신국판) 책이 160권까지 시리즈로 출판됩니다.
(모음집은 단행본을 16권씩 묶어서, 총 10부로 구성됩니다.)

《새로운 성경》의 성경적 근거:

· 신약 성경 [요한복음] 16장 13절에 "진리의 성령이 오시면 그가 너희를 모든 진리 가운데로 인도하시리니 그가 자의로 말하지 않고, 오직 듣는 것만을 말하며" 하신 말씀처럼 하나님의 음성을 들은 것만 기록하였으며,

· "장래 일을 너희에게 알리시리라" 하신 말씀과 같이 개인, 나라, 인류의 "장래"일을 하나님께서 알려 주시는 것만 기록하여 책으로 만들었습니다.

《새로운 성경》의 기록 방법:

· 1999년 8월부터 하나님께서 저에게 들려주시는 음성을 기록하였습니다. 처음에는 제가 들은 말씀을 불러 주면 저의 아내가 기록하여, 2000년 1월 29일에 1권 초판이 세상에 나왔습니다. 2000년 4월부터는 주시는 말씀을 받아 녹음기에 기록하여 시리즈로 출간하기 시작하였습니다.

· 녹음을 시작하면서 하나님의 말씀을 받는 데 가속도가 붙었고, 2001년 5월 3일에 1부(1~16권까지)를 인쇄하여 출판하였으며, 2004년 7월까지 총160권 분량의 말씀을 받아 기록하였습니다.

하나님께서 저에게 주신 것은:

· 첫째, 만백성을 상대로 내려 주시는 "기도", 둘째, 수시로 내려 주시는 "묵상", 셋째, 개인의 과거, 현재, 미래를 알려 주시는 "개인 기도", 넷째, 개인의 건강을 위해서 내려 주시는 "음식 처방", 다섯째, 하나님께서 가르쳐 주신 "운동"등이 있습니다. 이 중에 첫 번째, "기도"를 책으로 편찬하였습니다. 사람의 생사, 개인의 미래에 관한 천기는 수록하지 말라 하셨습니다.

강론 안내:

· 하나님께서는 지금도 매일 저에게 새로운 하늘의 비밀의 말씀을 내려 주고 계십니다. 수시로 내려 주시는 말씀을 정리해서 제자를 육성하라는 말씀에 따라 매주 강론을 하고 있습니다. 누구나 무료로 들으실 수 있습니다. (book160.com)

《새로운 성경》을 읽는 분들에게 드리는 선물:

· 개인 기도: 개인의 과거, 현재, 미래에 관하여 말씀을 내려 주십니다.

· 음식 처방: 사람은 음식을 먹고살다가 건강을 잃으니, 음식과 운동으로 건강을 되찾는 방법을 알려 드립니다. 단, 하나님이 계심을 믿고, 십계명을 지키겠다고 진실로 서약하는 분들께 알려드립니다.

《새로운 성경》의 은혜와 기적:

· 새로운 성경 전160권은 16권씩 묶어서 총 10부의 모음집으로 구성됩니다. 모음집 한 부를 읽고 깨우치는 자에게 하나님께서 다음과 같은 기적이 있다고 하셨습니다.

· "첫째, 그가 죽어 하늘에 갔을 때 그의 죄를 묻지 아니하며, 구원을 받는 위대한 은혜가 있으며, 둘째, 그의 소원과 소망이 이루어지고, 셋째, 죽은 자(부모, 형제, 자식, 사랑하고 은혜 입은 분)의 이름으로 구입한 책을 읽고 누군가 한 사람이 깨우칠 때, 그 죽은 자가 지옥에서 천국으로 구원을 받게 되며, 넷째, 유산, 중절 수술 등으로 태어나지 못한 아이를 위하여 구입한 책을 보고 한 명이 깨우쳤을 때, 그 아이가 사람으로 다시 한 번 태어나는 은혜를 받는다."

· "새로운 성경"을 3회 이상 정성을 다해 정독하는 자, 성서의 비밀을 알게 되고, 세상의 이치를 알게 되며, 세상을 지배하고 통제할 수 있는 지혜를 다 얻게 된다고 하셨습니다. 이 책은 만백성이 정독하고 이웃에게 전하여, 평생 가슴에 묻은 슬픔과 고통의 짐을 벗고 미래를 위한 힘찬 삶을 살아가도록 하는 책입니다.

끝으로

· 하나님께서는 흰 눈이 세상을 덮듯이 새로운 성경을 온 세상에 전하라고 하셨습니다. 《새로운 성경》을 각국어로 번역해서 온 인류에게 구원의 길을 깨우쳐 주고, 그 수익으로 가난하고 어려운 백성을 구제하여, 만백성의 영과 육을 함께 구원하는 선지자의 임무를 수행하라고 저에게 명하셨습니다.

· 하늘에서 내려 주신 말씀의 보화를 만백성에게 나누어 주는 것이 선지자의 임무라고 하셨습니다. 새로운 성경을 통해서 얻는 재물을 사용할 곳도 하나님께서 일일이 명해 주십니다. 모든 재물은 저의 자의로 쓸 수 없고, 하나님께서 명하시는 대로만 쓰여집니다.

· 어떤 명분으로든 십일조나 각종 헌금을 거두어들이지 말라 하셨으며, 국내뿐 아니라 각국에 성전과 단독 서점을 운영하며, 한국의 많은 젊은이들을 전 세계에 지도자로 내보내라고 하셨습니다.

· 우리는 세계적으로 새로운 성경을 보급하며 어려운 이들을 돕는 역사를 해 나갈 것입니다. 지금까지 비록 몇 명 안 되는 제자들과 함께 이러한 일을 역사했지만, 앞으로도 계속 하나님께서 기뻐하시는 일들을 해 나갈 것입니다. 부족한 저희에게 여러분들의 지혜와 성원을 보내 주시기를 바랍니다. 많은 분들의 참여와 도움을 간절히 기다립니다. 감사합니다.

한국어로 내려온 《새로운 성경》 단행본을 출간하며
2016년 4월 10일

발행인 **김 용 철**

한국어로 내려온

새로운 **성 경** · 5부 · 제72권

지은이 하나님 말씀
대역자 김용철

초판인쇄 1쇄 2017년 4월 3일

펴낸 곳 도서출판 하얀마음
등록번호 제 10-2107호 (2001년 2월 14일)
주소 서울시 노원구 덕릉로86길5, 2층
전화번호 02) 313-1114
팩스 02) 393-5554
전자우편 book160@hanmail.net
편집위원 조나영 김미향 이석교
제작지원 김창현 김지영

도서상담 1600-7527
ISBN 978-89-5875-172-4 (04230)
978-89-5875-100-7 (세 트)

값 10,000원
잘못된 책은 구입하신 곳에서 바꾸어 드립니다.

※이 책은 10부로 제작되며, 각 부 16권씩 총160권으로 구성됩니다.※

1부	2부	3부	4부	**5부**	6부	7부	8부	9부	10부
1권	17권	33권	49권	65권	81권	97권	113권	129권	145권
2권	18권	34권	50권	66권	82권	98권	114권	130권	146권
3권	19권	35권	51권	67권	83권	99권	115권	131권	147권
4권	20권	36권	52권	68권	84권	100권	116권	132권	148권
5권	21권	37권	53권	69권	85권	101권	117권	133권	149권
6권	22권	38권	54권	70권	86권	102권	118권	134권	150권
7권	23권	39권	55권	71권	87권	103권	119권	135권	151권
8권	24권	40권	56권	72권	88권	104권	120권	136권	152권
9권	25권	41권	57권	73권	89권	105권	121권	137권	153권
10권	26권	42권	58권	74권	90권	106권	122권	138권	154권
11권	27권	43권	59권	75권	91권	107권	123권	139권	155권
12권	28권	44권	60권	76권	92권	108권	124권	140권	156권
13권	29권	45권	61권	77권	93권	109권	125권	141권	157권
14권	30권	46권	62권	78권	94권	110권	126권	142권	158권
15권	31권	47권	63권	79권	95권	111권	127권	143권	159권
16권	32권	48권	64권	80권	96권	112권	128권	144권	160권